Peter Landesmann

Die Juden und ihr Glaube

Peter Landesmann

Die Juden und ihr Glaube

Geschichte, Gegenwart und Erkenntnis

Mit 35 Abbildungen

nymphenburger

Besuchen Sie uns im Internet unter
www.nymphenburger-verlag.de

2., aktualisierte Auflage 2003
© 1987 nymphenburger in der F. A. Herbig Verlagsbuchhandlung
GmbH, München. Alle Rechte, auch der fotomechanischen Ver-
vielfältigung und des auszugsweisen Abdrucks, vorbehalten.
Schutzumschlag: Wolfgang Heinzel
Schutzumschlagmotiv: Forum Romanum, Titusbogen,
akg-images, Berlin
Herstellung und Satz: VerlagsService Dr. Helmut Neuberger
& Karl Schaumann GmbH, Heimstetten
Gesetzt aus der 11/14 Punkt Sabon
Druck: Graph. Kunstanstalt Jos. C. Huber, Dießen
Binden: Oldenbourg Buchmanufaktur, Monheim
Printed in Germany
ISBN 3-485-00971-7

INHALT

Geleitwort 9

Vorwort zur Erstausgabe 1987 11

Vorwort zur 2. Auflage 14

I. Der Glaube 17

Die Bibel 17
Moses und die Propheten 26
Die Entwicklung der Gesetze 32
Die Lehre des richtigen Verhaltens 41
Die Glaubensrichtungen 46
Gott 48
Die Heerscharen Gottes 55
Leib und Seele 58
Schuld und Sühne 60
Die Auferstehung und der Messias 65
Das auserwählte Volk 73

II. Das rituelle Leben 79

Im Alltag 79

Die Zehn Gebote 79
Opfer und Gebet 82
Die Segenssprüche 93
Die rituelle Reinigung 101

Mann und Frau 103
Die Speisegesetze 115
Der Tierschutz 119
Das äußere Erscheinungsbild 125
Das Lernen 130
Der Erwerb 135
Das Gelübde 147
Der Aberglaube 150
Das Verlassen des Judentums, der Übertritt
und die Mischehe 153

Die Feste des Kalenders 158

Allgemeine Bemerkungen 158
Der Sabbat 161
Das Neujahr, Rosch Haschana 167
Der Versöhnungstag, Jom Kippur 172
Das Laubhüttenfest, Sukkot 173
Chanukka 176
Purim 180
Pessach 182
Das Wochenfest, Schawu'ot 186
Weniger verbreitete Feiertage 188

Der Lebenslauf 189

Geburt und Beschneidung 189
Bar Mitzwa – Bat Mitzwa 195
Die Hochzeit 198
Der Tod 202

III. Die jüdische Gemeinschaft 209

Die Gemeinde 209
Die Synagoge 212
Der Rabbiner 220
Die Armenfürsorge und die Wohltätigkeit 226
Der Schutz der Fremden 234

IV. Kultur und Zivilisation 237

Zahlensystem, Schrift und Sprache 237
Die Toraauslegung mittels Zahlen-
Buchstaben-Kombination, die Gematria 241
Die jüdische Mystik 243
Der Kalender 247
Die bildende Kunst 250
Die Literatur 253
Die Vorstellung über die Welt 264
Das Geschichtsbild 269
Der Zionismus 272
Der Staat und die Religion 279

V. Die Verfolgung 283

Der Antisemitismus 283
Blut- und Ritualmordlegenden 292
Die Zwangstaufe 296
Das »Weltjudentum« 298

Anmerkungen 306
Sachregister 315
Personenregister 318

GELEITWORT

Der Autor des vorliegenden Buches, Generalkonsul Landesmann, ist einer der Vorsitzenden des christlich-jüdischen Koordinierungsausschusses, dessen Tätigkeit ich kenne und sehr schätze. Ich kann es daher meinerseits nur begrüßen, dass Herr Landesmann auch mit seinem schriftstellerischen Werk bestrebt ist, das jüdisch-christliche Gespräch zu fördern. Es ist ein sehr anerkennenswerter Versuch, über die üblichen gesellschaftlichen Kontakte hinaus für Christen und Nichtjuden Einblick zu geben in die religiöse Praxis, so wie sie im Alltag in der jüdischen Familie und in der Gemeinde gelebt wird. Damit ist die Möglichkeit gegeben, auf die größeren Zusammenhänge der Geschichte des jüdischen Volkes und der theologischen Interpretationen, wie sie durch das Alte und das Neue Testament gegeben sind, näher einzugehen. Dem Autor gelingt es, religiöses Brauchtum und religiöse Praxis in ihrer Schlichtheit und Einfachheit dem Außenstehenden zu erklären und zu erläutern. Dadurch werden die Voraussetzungen geschaffen, den jüdisch-christlichen Dialog in größerer Tiefe zu führen, sodass er an Lebensnähe gewinnt und gegenseitigen Respekt fördert.

Wenn ich – über die Absicht des Autors hinaus – dieses Buch in die größeren religiösen und religionsgeschichtlichen Zusammenhänge hineinstelle, so sei es mir gestattet, auch aus diesem Anlass darauf hinzuweisen, dass die Religion des Neuen Testamentes in der Religion des Alten Testamentes und seiner Propheten wurzelt. Jesus selbst ist nach seiner menschlichen Abstammung ein Jude, so wie die Apostel Juden sind und wie die Glieder der ersten christlichen Gemeinden Juden waren. Der Eingottglaube (Monotheismus) des Alten Testamentes ist innerhalb der damals *polytheistischen* Stammesreligionen in Kanaan und dann außerhalb Kanaans ein religionsgeschichtlich schwer erklärbares Phänomen, wenn man nicht nach metahistorischen Gründen sucht. Mit den »fremden Göttern Kanaans«, mit der kultischen Verehrung und der Vielgötterei ist der Eingottglaube des Volkes Israels nicht zu vereinbaren. So heißt es zum Beispiel in Exodus: »Du sollst neben mir keine anderen Götter haben. Du sollst dir kein Gottesbild machen und keine Darstellung von irgendetwas am Himmel droben, auf der Erde unten oder im Wasser unter der Erde. Du sollst dich nicht vor anderen Göttern niederwerfen und dich nicht verpflichten, ihnen zu dienen. Denn ich der Herr, dein Gott, bin ein eifersüchtiger Gott« (20,3–5).

Der Dialog zwischen Juden und Christen soll nicht nur das gegenseitige Verständnis, die gegenseitige Wertschätzung fördern, sondern außerdem den Christen helfen, ihre eigene Geschichte und ihre Verwurzelung im Eingottglauben des Alten Testamentes besser kennen zu lernen.

Franz Kardinal König

VORWORT
ZUR ERSTAUSGABE 1987

Das vorliegende Buch beschreibt unter Hinweis auf die Quellen, die für die Entwicklung der christlichen Lehre von Bedeutung waren, die wesentlichen Aspekte des Judentums.

Die Schilderung der jüdischen Religion erfolgt vom traditionellen Standpunkt aus. Es werden aber auch die Erkenntnisse der Bibelwissenschaften, die teilweise im Widerspruch zur religiösen Überlieferung stehen, berücksichtigt. Als Beispiel für diesen Widerspruch sei angeführt, dass es für orthodoxe Juden unverrückbar feststeht, dass jedes Wort der Tora auf Grund göttlicher Offenbarung von Moses stammt. In der Forschung kennt man hingegen mehrere unabhängige Quellen, die mehr als ein halbes Jahrtausend nach der Zeit Moses' zusammengefasst wurden.

Um die Verbundenheit der Juden mit den heiligen Büchern zu betonen, werden die Kapitel mit einem Zitat aus der Tora* eingeleitet.

Die Leser dieses Buches sollen auf einige wichtige Fragen eine Antwort finden:

Woran glauben religiöse Juden?

Welche Sitten, Bräuche und Riten bestimmen das religiöse Leben?

---

* Das hebräische Wort »Tora« bedeutet wörtlich »Weisung, Gesetz«. Im Folgenden sind mit »Tora« die fünf Bücher Mose gemeint. Siehe dazu bes. Anm. 2 zu Kap. 1.

Wie leben die Juden?

Wie ist ihre Kultur?

Welche Ursachen haben die Judenverfolgungen?

Wieso weist dieses zahlenmäßig kleine Volk als einziges eine rund dreitausendjährige ununterbrochene Traditionskette auf?

Die letzte Frage kann dieses Buch allerdings nicht beantworten und auch in der Zukunft wird eine objektive Antwort kaum möglich sein. Die Leser werden gebeten zu versuchen, für dieses einmalige Phänomen eine Erklärung zu finden, die im religiösen Bereich liegen mag.

Das Buch soll sich von anderen Büchern zum gleichen Thema dadurch unterscheiden, dass es auch das Verständnis des *christlichen* Lesers für die besondere Art der jüdischen Religiosität zu wecken versucht. Es wird der symbolischen Bedeutung der Bräuche nachgegangen, die meistens auch der christlichen Religion entsprechen.

Das christliche Denken richtet sich vor allem auf die wesentlichen Glaubensgrundlagen: auf das Geschehen nach dem Tod, auf die göttlichen Personen und ihre Einheit. Das traditionelle jüdische Denken hat hingegen vorwiegend die gottgewollte Lebensführung zum Gegenstand. Dabei werden nicht nur allgemeine Richtlinien aufgestellt, sondern es wird auch, etwas übertrieben ausgedrückt, für fast jeden Schritt und Handgriff des täglichen Lebens nach Regeln gesucht. So wird etwa noch heute über den richtigen Vollzug des Opferdienstes nachgedacht, obwohl dieser seit rund zweitausend Jahren nicht mehr durchgeführt wird.

Es wäre falsch, in diesem Forschen einen Selbstzweck zu erblicken. Es handelt sich vielmehr um das Bestreben, durch das Ergründen und durch die Befolgung des göttlichen Willens eine Harmonie allen Seins, ob irdisch oder überirdisch, zu erreichen.

Wien, im Juni 1987 *Peter Landesmann*

VORWORT ZUR 2. AUFLAGE

Nach fünfzehn Jahren wird dieses Buch neu herausgegeben. Deshalb nahm ich es wieder in die Hand und war selbst neugierig zu erfahren, ob ich nach dieser langen Zeit noch zu den Aussagen dieses Buches stehen kann. Denn in der Zwischenzeit absolvierte ich zwei theologische Studien, mit denen ich mein Wissen über die jüdische und christliche Religion vertiefen konnte. Mit Freude habe ich festgestellt, dass ich kaum einen Anlass zu einer sachlichen Korrektur gefunden habe. Ich habe mit diesem Buch einen neuen Weg in der Darstellung der jüdischen Religion beschritten. Denn ich habe aus dem breiten Schatz der jüdischen Legenden und aus den Sprüchen der Weisen Israels geschöpft und diese der Beschreibung der Vorschriften und Bräuche des jüdischen Lebens hinzugefügt. Damit wird dem Leser nicht nur das Wissen über das Judentum, sondern auch die besondere Art des religiösen Gefühls des Juden vermittelt.

Den Erfolg dieses Buches, der diese neuerliche Auflage zur Folge hat, führe ich zum Teil auf das wachsende Interesse für das Judentum zurück. Zum Teil aber auch darauf, dass mir vor fünfzehn Jahren etwas Besonderes gelungen ist: Ich konnte nicht nur die wichtigsten Informationen über das Judentum vermitteln, sondern auch die jüdische Denkungsart und deren geistigen Hintergrund. Ich bitte meine Leser für dieses Selbstlob um Verzeihung, doch dies wurde mir so oft gesagt, dass ich nunmehr selbst daran glaube.

Weshalb ist das vorliegende Buch für Juden und Christen gleichermaßen lesenswert? Für Juden deshalb, weil sie als Jugendliche zum Großteil in der Schule keinen Religionsunterricht und zu Hause keine Vermittlung der jüdischen Bräuche erhielten. Für Christen deshalb, weil man nach einer bekannten Redensart zuerst ein guter Jude sein muss, bevor man ein guter Christ werden kann.

Das Buch wurde durch die Überarbeitung des Textflusses leichter lesbar gestaltet. Des Weiteren wurde ein umfassendes Personen- und Sachregister erstellt, womit es auch als Lexikon des Judentums dienen kann.

Wien, im Sommer 2002 *Peter Landesmann*

*Erste Seite vom Buch Exodus, aus einer Handschrift
(Archiv Verfasser).*

I. DER GLAUBE

Die Bibel

> »... denn nicht durch das Brot
> allein lebt der Mensch, sondern
> durch all das, was der Ewige durch
> seinen Mund verlauten ließ.«[1]

Juden und Christen verehren gemeinsam die hebräische Bibel als ein Werk, in dem die unter Gottes Einfluss geschriebenen heiligen Bücher zusammengefasst sind. Es bestehen jedoch unterschiedliche Ansichten darüber, welche Bücher heilig sind und daher zur Bibel gehören. Die fünf Bücher[2], die *Tora*, die Moses zugeschrieben sind, werden zumindest seit dem 5. Jahrhundert v. Chr. von den Juden und später auch von den Christen als heilig betrachtet. Ähnliches gilt auch für die als *Prophetenbücher* bezeichneten Schriften, zu denen die früheren Propheten (Josua, Richter, 1 und 2 Samuel, 1 und 2 Könige) sowie die späteren (Jesaja, Jeremia, Ezechiel) und die zwölf »kleineren« Propheten[3] gehören.

Bücher, die in der jüdischen Tradition als »frühere Propheten« bezeichnet werden, sind eigentlich Schriften, die über geschichtliche Ereignisse berichten. So über die Geschichte der Landnahme, die Entstehung des Königreiches, die Spaltung in ein Nord- (Israel) und in ein Südreich (Juda) sowie die Entwicklung bis zum Babylonischen Exil. Dabei spielen öfters Propheten, die keine Schriften hinterlassen haben, eine maßgebende Rolle. Das orthodoxe Judentum behauptet, getreu seiner Tradition, dass auch diese Geschichtsbücher von Propheten verfasst wurden.

Eine Anzahl biblischer Bücher wird zu den sog. *Schriften* gezählt. Diese sind u.a. die Psalmen, die Sprichwörter, Hiob, Lied der Lieder, auch Hohelied genannt, Ruth, 1 und 2 Chronik.

Der Prozess der Kanonisierung, wodurch diese Schriften als heilig und als biblische Bücher von anderen (außerbiblischen) Schriften streng abgegrenzt wurden, fand im 1. Jahrhundert n. Chr. einen Abschluss. Die Reihenfolge der einzelnen Bücher jedoch stand zu diesem Zeitpunkt noch nicht fest.

Sieben Bücher, die sich erst in der griechischen Bibelübersetzung finden, wurden in das katholische Alte Testament als »deuterokanonische« Bücher aufgenommen. Juden und Protestanten betrachten diese Schriften nicht als göttlich inspiriert und haben sie nicht in ihre Bibel aufgenommen. Sie bezeichnen sie als apokryphe (griechisch: »verborgene«) Bücher.

Während die Protestanten die Meinung vertreten, dass das Lesen dieser Bücher erbaulich sei, wird dies im Talmud untersagt, obwohl diese Bücher vor dem talmudischen Verbot in der jüdischen Welt sehr populär waren, wie zum Beispiel das Buch Sirach. Eine Reihe von Büchern, die in den meisten Fällen im 1. vor- und 1. nachchristlichen Jahrhundert entstanden (Himmelfahrt des Moses etc.), werden von den Katholiken als Apokryphen, von den Protestanten und Juden als Pseudepigraphen bezeichnet. Man schrieb damals diese Schriften einer ehrenvollen biblischen Person vergangener Zeiten (z.B. Esra oder Henoch) zu, um damit dem Werk eine höhere Glaubhaftigkeit zu verleihen.

In den Büchern der Bibel finden sich Hinweise auf andere schriftliche Werke, die leider nicht erhalten sind. Es bleibt zu hoffen, dass uns der Zufall, ähnlich wie bei der Auffindung der Qumranrollen oder der Genizaschriften[4], behilflich sein wird, weitere Werke kennen zu lernen. Der Hergang der Auffindung dieser Schriften soll kurz geschildert werden.

Die Qumranrollen entstanden in der Zeit vom 2. Jahrhundert v. Chr. bis zum 1. Jahrhundert n. Chr. Damals hatte sich eine wahrscheinlich den Essenern nahe stehende Gruppe in eine unwirtliche Gegend in der Nähe des Toten Meeres, nach Chirbet Qumran, zurückgezogen. Im Jahr 1947 konnte dort eine große Zahl von Handschriften von arabischen Hirtenjungen entdeckt werden. Diese versuchten, einige verirrte Ziegen durch Steinwürfe wieder zur Herde zurückzutreiben. Ein Stein fiel dabei in eine der in dieser Gegend zahlreich vorhandenen Höhlen und verursachte ein klirrendes Geräusch. Die Hirten wurden aufmerksam und kletterten in die Höhle, in der sie die in länglichen Tongefäßen aufbewahrten Pergamentrollen fanden.

Kurze Zeit später kamen beschriebene Pergamentstücke bei Antiquitätenhändlern in Umlauf. Als einige Exemplare ihren Weg auf die israelische Seite der damals geteilten Stadt Jerusalem fanden, wurde ihre Tragweite von einem Professor der Hebräischen Universität erkannt.

Der israelischen Regierung gelang es nach und nach, den Großteil dieser an die zweitausend Jahre alten Schriftrollen in ihren Besitz zu bringen. In der Nähe des Israel Museums in Jerusalem wurde von Frederik John Kiesler (1896–1965), einem gebürtigen Wiener, ein überaus eindrucksvoller, aber schlichter Bau errichtet. Dort werden diese Schriftrollen verwahrt und zum Teil auch ausgestellt.

Funde in einer Dachkammer der Synagoge in Alt-Kairo waren nicht weniger sensationell. Schon längere Zeit waren Gerüchte im Umlauf, wonach sich dort alte Schriften befänden. Die Wärter aber ließen niemanden die Kammer betreten, da das Entweichen böser Geister befürchtet wurde. Durch Bestechung gelang es dort Ende des 19. Jahrhunderts, ein riesiges Archiv mit Handschriftenfragmenten sicherzustellen.

Trotzdem muss man damit rechnen, dass ein Großteil der Schriften, die im ersten Jahrtausend v. Chr. entstanden, unwiederbringlich verloren ist. Das Klima Palästinas, die Unbeständigkeit des verwendeten Schreibmaterials sowie vor allem die vielen kriegerischen Auseinandersetzungen in diesem stets als Reibungsfläche der Großmächte dienenden Landstreifen waren der Erhaltung von Schriften überaus abträglich.

Die gebräuchlichen Namen der Bücher der Tora, wie Genesis, Exodus, Levitikus, Numeri und Deuteronomium, sind von der griechischen und lateinischen Bibelübersetzung übernommen, während die hebräischen Bezeichnungen aus den Anfangsworten der einzelnen Bücher gebildet werden.

Die früheste Übersetzung eines biblischen Buches in das Aramäische ist zwar nicht vor dem 1. Jahrhundert n. Chr. nachgewiesen, vermutlich gab es aber schon viel früher aramäische Bibeltexte. Denn das dem Hebräischen verwandte Aramäisch war die Sprache der Juden im Babylonischen Exil und in Palästina setzte sich diese Sprache seit der Rückkehr eines Teils der Juden aus dem Exil Ende des 6. vorchristlichen Jahrhunderts nach und nach durch.

Eine Übersetzung der Tora ins Griechische erfolgte Anfang des 3. vorchristlichen Jahrhunderts. Dies ist zugleich die erste erhalten gebliebene Übersetzung eines Schriftwerkes in der Geschichte der Literatur. Die Legende besagt, dass Ptolemaios II. Philadelphos (308–246 v. Chr.) für dieses Werk zweiundsiebzig Gelehrte von Jerusalem nach Alexandrien bringen ließ.

Um sicher zu sein, dass sich die Übersetzer genau an das hebräische Original hielten, ließ er sie einzeln in vollkommener Abgeschiedenheit arbeiten. Dennoch stimmten alle ihre Übersetzungen wortwörtlich überein. Dieses Wunder führte man auf eine göttliche Intervention zurück. Nach und nach folgte auch die Übersetzung der anderen biblischen Bücher. Das Gesamtwerk, die Septuaginta, benannt in Anlehnung an die legendären zweiundsiebzig Gelehrten, wurde durch die geschilderte Legende als Werk göttlicher Inspiration angesehen und dann von der christlichen Kirche dem hebräischen Original vorgezogen. Die vielen Abweichungen vom hebräischen Text und der freie Umgang mit diesem führten jedoch dazu, dass später das Judentum sich von der Septuaginta distanzierte.

Origenes (etwa 185–253 n. Chr.), ein christlicher Theologe, fertigte zwischen 230 und 240 n. Chr. eine neue Übersicht der vielen bis dahin für das griechisch sprechende Judentum notwendig gewordenen jüngeren Übersetzungen an. Bahnbrechend für die christliche Kirche wurde dann die Vulgata, eine von Hieronymus (395–420) vorgenommene lateinische Übersetzung des Alten Testaments aus dem Hebräischen.

Die hebräische Bibel ist mit dem christlichen Alten Testament nahezu identisch. Altes und Neues Testament ergeben zusammen die christliche Bibel. Zwar gilt für beide Religionen gleichermaßen die hebräische Bibel, die das Alte Testament der Christen ist, als Gottes Wort, doch gibt es unterschiedliche Meinungen hinsichtlich der Auslegung von Versen oder Kapiteln, in denen die Christen Hinweise auf das Kommen Jesu Christi und den »Neuen Bund« sehen. Die Verbindung zwischen den beiden Teilen der christlichen Bibel ist auch dadurch gegeben, dass im Neuen Testament wiederholt Sätze aus dem Alten Testament zitiert werden.

Katholiken und Protestanten vertreten über die Bibel verschiedene Auffassungen: Während die Protestanten allein die Bibel als Grundlage ihres Glaubens anerkennen, binden die Katholiken Bibelaussagen stärker an die Entscheidungen der Kirche. Die Christen behaupten, dass das Neue Testament in seinen ethischen Forderungen über das Alte Testament hinausgehe. Nach jüdischer Auffassung wäre jedoch das friedliche Zusammenleben der Menschheit schon dann gesichert, wenn sich alle den Vorschriften der hebräischen Bibel unterwerfen würden.

Für die verschiedenen jüdischen Glaubensrichtungen ist die Frage wesentlich, ob Moses der alleinige

Autor der Tora ist oder ob der Text aus mehreren Grundschriften entstanden ist, die anscheinend sogar mehrmals redaktionell bearbeitet worden sind. Einen Hinweis auf unterschiedliche Quellen kann u.a. in Erzählungen gesehen werden, die sich einander fast gleichen. So wird im ersten Buch im Kapitel 12 geschildert, wie Abraham während eines Aufenthalts in Ägypten seine Frau als seine Schwester ausgab. Denn er befürchtete, dass man ihn erschlagen könnte, um seine schöne Frau mit einem ägyptischen Machthaber zu vermählen. Tatsächlich nahm der Pharao Sara zur Frau. Doch Gott strafte ihn hierfür und ließ ihn wissen, dass sie in Wahrheit die Frau Abrahams sei. Daraufhin ließ der Pharao Sara und Abraham reich beschenkt ziehen. Das Kapitel 20 beinhaltet den gleichen Bericht, nur spielt die Geschichte diesmal in Gerar und statt dem Pharao scheint König Abimelech auf. In Kapitel 26 wird das gleiche Geschehen insofern variiert, als Isaak die Stelle Abrahams und Rebekka die der Sara einnimmt.

Ein weiteres Problem bietet die Anordnung der Berichte: Im Kapitel 20 sind die handelnden Personen der geschilderten Erzählung Abraham, Sara und Abimelech. Vorher, im Kapitel 18, wird die Zeugung Isaaks geschildert. Da aber Sara bei der Ankündigung der Geburt Isaaks schon in sehr fortgeschrittenem Alter war, ist es unwahrscheinlich, dass Sara zu einem späteren Zeitpunkt durch ihre Schönheit auf Abimelech noch besonders anziehend wirkte. Das orthodoxe Judentum hält trotz dieser Widersprüche die These aufrecht, dass Moses allein der Autor der Tora war. Die im Zeitablauf unlogischen Beschreibungen erklärt es mit dem talmudischen Grundsatz, dass es in der Tora weder ein Früher noch ein Später gibt.

Die nachstehende Legende belegt, wie sehr ein in der Tradition verankerter Jude Moses als den alleinigen Verfasser der Tora ansieht: Während einer Diskussion behauptete ein Gelehrter, dass es unmöglich sei, dass Moses die letzten acht Verse der Tora geschrieben habe, da diese mit den Worten »Danach starb Moses«[5] eingeleitet werden. Moses hätte auch schon deshalb nicht der Autor der Schlussverse sein können, da drei Kapitel zuvor die Übergabe der Tora an die Leviten beschrieben wird.[6] Nach Übergabe der Tora und deren Hinterlegung in der Bundeslade konnte niemand mehr den Text ergänzen.

Ein anderer Gelehrter widerlegte diese Ansicht und meinte, dass Moses die Worte der letzten Sätze, genauso wie die anderen Sätze der Tora, von Gott vorgesprochen erhielt. Moses habe sie niedergeschrieben und dabei geweint, da diese Sätze seinen Tod schildern.

Dieser Auffassung stehen die Erkenntnisse der Wissenschaft entgegen. Es gelang ihr, anhand sprachlicher Besonderheiten, darunter fällt auch die Verwendung verschiedener Gottesbezeichnungen wie Elohim und Jahwe, unterschiedliche Überlieferungen nachzuweisen. Obwohl dem Endredakteur der Tora sicherlich aufgefallen sein musste, dass es sich bei diesen Texten um Varianten ein und desselben Motivs handelte, nahm er alle in das Werk auf und stellte damit seine Demut vor der Überlieferung unter Beweis. Das liberale Judentum folgt im Unterschied zur Orthodoxie den Erkenntnissen der Wissenschaft.

Aus Ehrfurcht vor dem heiligen Text und um eine getreue Weitergabe des Textes zu sichern, ist es strengstens untersagt, bei der Abschrift der Tora Änderungen vorzunehmen. Manche Buchstaben werden ohne offensichtlichen Grund größer oder kleiner geschrieben. Auch diese Eigentümlichkeiten sowie gewisse Verzierungen von Buchstaben müssen immer getreu kopiert werden. Passiert ein Fehler beim Kopieren des Textes, ist die Torarolle nicht mehr verwendbar. Hat sich im Lauf der Zeit ein Fehler im Text eingeschlichen, so ist der Kopist verpflichtet, auch diesen Fehler genau abzuschreiben. Deshalb unterscheidet sich der heutige Bibeltext kaum von den in einer Höhle von Qumran gefundenen Textfragmenten, obwohl dieser Fund rund zweitausend Jahre alt ist.

Besonders hoch ist den Toraschreibern anzurechnen, dass der Text auch dort keine Änderung erfahren hat, wo er über moralisch verwerfliche Handlungen der Urahnen des jüdischen Volkes berichtet oder etwa Handlungen beschreibt, die der im Lauf der dreitausend Jahre gewandelten Sexualmoral extrem widersprechen. So wird zum Beispiel in der Tora erwähnt, dass die Töchter Lots ihren Vater verführten, um mit ihm Nachkommen zu zeugen.

Auch unverständliche Texte wurden ohne den Versuch einer Deutung oder einer Korrektur unverändert wiedergegeben. So steht, dass Abraham »vor allen, die zum Tore seiner Stadt Zutritt hatten«[7], das Grundstück Efrons in Machpela erhielt. Die Toragelehrten interpretierten diesen Ausdruck verschiedentlich, konnten jedoch keine befriedigende Erklärung finden. Die Ausgrabung kanaanitischer und frühisraelitischer

Städte zeigte, dass es beim Stadttor einen Platz mit Steinbänken gab, wo offensichtlich wichtige Besprechungen abgehalten wurden. Erst dieser Fund gab dem Text seinen ursprünglichen Sinn wieder.

Moses und die Propheten

> »Daran sollt ihr erkennen, dass Gott mich gesandt hat.«[8]

Menschen haben seit alters her das Bestreben, ihr Schicksal im Voraus erfahren zu wollen. Daher gab es bei allen Völkern »heilige« Männer, deren Aufgabe es war, den Mächtigen die Zukunft vorauszusagen. Sie prophezeiten sehr oft in einem Zustand der Ekstase, in den sie sich durch Musik, Tanz oder die Einnahme oder Einatmung verschiedener Substanzen versetzen konnten. So wurden Apollos Priesterinnen, die Sibyllen, durch Einatmen von Rauch und Dämpfen in einen Dämmerschlaf versetzt. Priester fassten die mehr oder weniger verständlichen Worte, die sie in diesem Zustand von sich gaben, in Sprüche.

Meist leiteten die im Dienst eines Herrschers stehenden Zukunftsdeuter ihre Voraussagen aus auffallenden Phänomenen in der Natur – in der Pflanzen- oder Tierwelt – ab. Diese Art der Wahrsagerei war den Juden ausdrücklich verboten.[9] Um dennoch eine Möglichkeit zu haben, Gott zu befragen, erhielt der Hohepriester Aaron im priesterlichen Kleid (Ephod) und in der Brustplatte (Choschen) zwei Orakel (Urim und Tummim), wobei nicht überliefert ist, wie diese Befragung erfolgte. Aus den verzeichneten Fragestellungen ist zumindest ableitbar, dass die Antwort nur Ja oder Nein lauten konnte. Vermutlich wurde dieser Brauch bald nach der Eroberung von Gebieten Kanaans im 12. Jahrhundert v. Chr. aufgegeben.

In der Tora wird mehrmals über Weissagungen im Zustand der Ekstase berichtet: »... und es geschah, als der Geist auf ihnen ruhte, da weissagten sie ... einer war Eldad und der andere Medad und es ruhte auf ihnen der Geist ... und sie weissagten.«[10] Als Josua Moses aufforderte, den Männern dies zu untersagen, antwortete Moses, dass er sich wünschen würde, das ganze Volk bestünde aus Propheten.

Eine weitere Erzählung handelt von Saul. Dieser wurde von seinem Vater ausgeschickt, um nach entlaufenen Eselinnen zu suchen. Er ging zum Propheten Samuel, um ihn nach dem Ort zu fragen, wo die Tiere sein könnten. Samuel, der Sauls Kommen schon erwartete hatte, salbte ihn zum König. Er verkündete ihm sodann, dass die Eselinnen inzwischen gefunden waren und dass er auf dem Weg nach Hause eine Gruppe von Musik spielenden Propheten treffen werde. Als Saul auf die Propheten traf, geriet er zusammen mit diesen in Verzückung.[11]

Die Propheten nahmen somit nicht nur religiöse Aufgaben wahr, sondern gaben auch alltägliche Auskünfte und standen den Machthabern mit Ratschlägen und Anweisungen zur Verfügung.

Religiöse Ekstase ist nicht nur in der hebräischen Bibel, sondern auch im Neuen Testament belegt, so etwa bei der Schilderung des Pfingstfestes: »... und sie begannen, in fremden Sprachen zu reden, wie es der Geist ihnen eingab.«[12] Ähnliches wird von Heiden berichtet, die des Heiligen Geistes teilhaftig wurden[13], oder bei der durch Paulus vorgenommenen Taufe in Ephesus[14]. Paulus schreibt in seinem 1. Brief an die Korinther im Kapitel 12, dass der Heilige Geist auch die Sprachengabe und die Auslegung der Sprache bewirkt. Später, als im Christentum die ekstatischen Kulte überhand zu nehmen drohten, wurde dem entgegengetreten.[15]

Muslimische Derwische geraten noch heute in Verzückungszustände. Sie werden in christlichen Berichten »als heulende Derwische« bezeichnet.

Mit Moses beginnt die lange Reihe der von Gott gesandten Propheten. Zuvor wurde schon Abraham von Gott als Prophet bezeichnet.[16] In dieser Zeit gab es aber noch kein jüdisches Volk, dem er Gottes Worte übermitteln konnte.

Maimonides (1135–1204) meint, dass Moses der größte aller Propheten ist, da er mit Gott von Angesicht zu Angesicht, nicht durch Engel und nicht im Schlaf sprach. Moses redete mit Gott wie mit einem Freund, ohne dass er sich fürchten musste. Er konnte sogar dieses Gespräch jederzeit von sich aus herbeiführen.

Moses ist für die Orthodoxie der bedeutendste Führer des jüdischen Volkes und der Begründer der jüdischen Religion. Von allen guten Eigenschaften, die ihm zugeschrieben wurde, hebt die Bibel seine Demut hervor: »Und Moses war sehr bescheiden, mehr als alle Menschen auf der Erde.«[17] Zu seinen schlechten Eigenschaften gehörte sein aufbrausender Charakter. Denn er wird wiederholt als sehr jähzornig geschildert.

So wird in der Tora berichtet, dass Moses von Gott den Auftrag erhalten hat, das Volk der Israeliten aus der ägyptischen Sklaverei zu befreien und es nach Kanaan zu führen. Ihm war es aber nicht vergönnt, gemeinsam mit seinem Volk das gelobte Land zu betreten. Aus der Tora können zwei Gründe für den vorzeitigen Tod Moses' entnommen werden: Der erste ist sein Verstoß gegen Gottes Auftrag, für das Volk Israel bei Kadesch in der Wüste Zin aus dem Felsen Wasser fließen zu lassen. Gott befahl Moses und Aaron: »… *redet* zu dem Felsen vor ihren (der Israeliten) Augen, dass er sein Wasser gebe …«[18] Moses hingegen *schlug* mit seinem Stab zweimal auf den Felsen und sprach im Zorn zum Volk: »… Hört, ihr Widerspenstigen, können wir euch aus diesem Felsen Wasser fließen lassen?«[19] Durch sein Verhalten entstand der Eindruck, dass es Moses war, der das Wasser fließen ließ, und nicht Gott. Der zweite Grund könnte in der Verantwortung Moses' für die Auflehnung der Israeliten gegen Gott in der Wüste Paran sein.[20]

Maimonides betont zwar auch den Jähzorn Moses'. Gleichwohl glaubt er, dass ihm die Strafe, das gelobte Land nicht betreten zu dürfen, für die Beleidigung der Israeliten auferlegt wurde. Moses prüfte nicht jeden Einzelnen, sondern sprach die ganze Gemeinde mit den Worten an: »Hört, ihr Widerspenstigen!«[21]

Von den Gelehrten wurde Moses besonders deshalb in hohem Ansehen gehalten, weil er seinen Auftrag auch dann weiterhin ausführte, als Gott ihm seine Strafe angekündigt hatte. Im Talmud wird er als Einziger unter den Führern der Israeliten als ein treuer Hirte bezeichnet.

Die Propheten gehen in der Tradition auf Moses zurück; jeder wirkte für sich allein und alle gingen in die Geschichte Israels ein. Es gab unter ihnen auch Nichtjuden wie Bileam, den Gott veranlasste, Israel zu segnen. Ihre Sprache war »wie Feuer und wie ein Hammer, der Felsen zerschmettert«.[22] Sie sprachen nicht nur zum Herrscher, sondern vor allem zum Volk. Sie konnten die göttliche Offenbarung durch nichts herbeiführen, diese traf sie sogar manchmal vollkommen unvermutet. Sie zogen aus ihrer Berufung nicht nur keinen Vorteil, sondern setzten sogar ihre persönliche Sicherheit aufs Spiel. Besonders dann wenn sie gelegentlich dem Volk oder dem Herrscher ein ungünstiges Schicksal voraussagen mussten. Sie wirkten Wunder und verwendeten sich bei Gott, um Schicksalsschläge abzuwenden. Jeremia maßte sich sogar an, Gott der Unfähigkeit zu beschuldigen, seinem Volk beizustehen.

Das Bedeutendste aber war der Inhalt ihrer Botschaft. Sie zogen moralische Werte den Riten und Bräuchen und das Herz dem Verstand vor. Als anzustrebendes Ideal sahen sie das friedliche Zusammenleben aller Menschen. Sie forderten das Volk zur Reue auf und sahen den Untergang des Staates, die Zerstreuung der Juden über die ganze Erde, ihre Rückkehr sowie die nationale Wiedergeburt Israels voraus.

Das größte Problem bei der Beurteilung der Propheten bildet die Frage, woran »falsche Propheten« erkannt werden können. Dieser Begriff existiert überraschenderweise nicht in der Bibel, da Propheten mit oder ohne göttlichen Auftrag mit demselben hebräischen Wort bezeichnet werden. In dem am Beginn dieoco Kapitels angeführten Toravers weist sich Moses als Prophet aus. Er sagte voraus, dass Korach und sein Gefolge, die seinen alleinigen Führungsauftrag bestritten hatten, keines gewöhnlichen Todes sterben würden. Sofort tat sich die Erde auf und verschlang die Frevler.

Dieser unmittelbare Nachweis der Richtigkeit eines prophetischen Wortes ist bei Weissagungen, welche die ferne Zukunft betreffen, naturgemäß nicht möglich. Ein Beispiel dafür ist die Kontroverse zwischen Jeremia und Hananja.[23] Hananja sagte die Rückkehr der von Nebukadnezzar verschleppten Tempelgeräte und die Rückkehr König Jojachins binnen zwei Jahren voraus. Trotz der Entgegnung Jeremias blieb Hananja bei seiner angeblich von Gott gegebenen Prophezeiung und bestärkte diese durch eine für Propheten bezeichnende symbolische Handlung, indem er ein hölzernes Joch zerbrach. Jeremia konnte ihm nicht antworten und verließ sprachlos den Ort der Auseinandersetzung. Erst später, als Jeremia Gottes Stimme vernahm, konnte er entgegnen, dass Hananja als Zeichen, dass seine Weissagung falsch sei, innerhalb eines Jahres sterben werde. Dies bewahrheitete sich auch. Zur Zeit der Auseinandersetzung freilich konnte noch niemand wissen, welche der Voraussagen richtig war. Da die Prophezeiungen der echten Gesandten Gottes auch nicht immer zutreffend waren, ist die Unterscheidung zwischen den echten und den falschen Propheten noch schwieriger. Dazu sagt Jeremia, dass nur solche Voraussagen, die das Heil betreffen, unbedingte Erfüllung finden müssen.[24]

Genauso verhält es sich mit dem Wunderwirken. Im Matthäus-Evangelium heißt es über ein Austreibungswunder: »Im Bund mit dem Anführer der Dämonen treibt er die Dämonen aus«[25] und »mancher falsche Prophet (wird) auftreten, und sie werden große Zeichen und Wunder tun ...«[26].

Wie diese Zitate zeigen, ist das Wirken von Wundern allein auch kein untrüglicher Beweis für echtes Prophetentum. In der Tora wird als Zeichen für einen falschen Propheten angeführt, dass dieser den Abfall von Gott predige.[27] Im ersten Brief des Johannes wird ein ähnlicher Beweis geboten: Falsche Propheten sind die, die sich nicht zu Jesus als Christus bekennen.[28] Am treffendsten aber formuliert es Matthäus: »An ihren Früchten werdet ihr sie erkennen ...«[29] Jesus und die von ihm vollbrachten Wunder stehen zwar im Wesentlichen in der Tradition der jüdischen Propheten, unüberbrückbar trennt aber die Juden von der christlichen Kirche die Frage der Göttlichkeit Jesu.

Die Entwicklung der Gesetze

> »Denn dieses Gebot, das ich dir heute gebiete ..., ist nicht fern von dir. Es ist nicht im Himmel ... Nein, ganz nah bei dir ist das Wort ...«[30]

Wie die nachstehende talmudische Erzählung beweist, ist der obige Toravers für die Entwicklung der jüdischen Gesetze von grundlegender Bedeutung:

Bei einem Disput unter Rabbinen ließ sich eine himmlische Stimme vernehmen und gab einem Rabbi

Recht, dessen Meinung nur einige wenige Gelehrte teilten. Der Vorsitzende der Rabbinerversammlung wies die himmlische Intervention zurück, indem er sagte: »Die Tora ist nicht im Himmel, sie wurde uns gegeben und beinhaltet die Regelung, dass die Mehrheit zu entscheiden hat.« Gott schmunzelte und sprach: »Meine Kinder haben mich besiegt.«

Die Erzählung weist auf den biblischen Vers: »Du sollst dich nicht der Mehrheit anschließen, wenn sie im Unrecht ist ...«[31] Diesem Satz ist durch Umkehrschluss zu entnehmen, dass der Mehrheit zu folgen ist, wenn sie im Recht ist.

Jehuda Halevi (1075–1171), der berühmteste der jüdischen Dichterphilosophen des Mittelalters, stellte fest: »Das, was in der Tora als eindeutig erscheint, ist unklar, umso mehr das, was schon unklar ist.« Diese Bemerkung ist verständlich, wenn die Tora als Gesetzbuch betrachtet wird. Denn man findet darin nicht nur sich widersprechende, sondern für den Gebrauch eines Richters viel zu wenig präzise Angaben. Für gewisse Fälle, vor allem aus dem Bereich des Handelsrechts, fehlen Bestimmungen ganz. Man konnte daher schon zu ältesten Zeiten das schriftliche Gesetz nur durch das ergänzende mündliche Gesetz anwenden. Der Tora zufolge soll man, wenn die Bestimmungen des schriftlichen Gesetzes verborgen sind, »vor die levitischen Priester und den Richter treten, der dann amtiert«.[32] Deren Spruch hat Gesetzeskraft.

Die Rabbinen, welche die Rolle der Priester und Richter übernahmen, vertieften sich in den schriftlichen Text. Nach orthodoxer Ansicht sind ihnen mit Gottes Beistand die an Moses gegebenen, mündlichen

Weisungen tradiert worden. Maimonides hielt es nicht nur für möglich, sondern auch für wünschenswert, dass auf Grund dieser Ermächtigung Entscheidungen gefällt werden, die sogar den schriftlichen Bestimmungen der Tora widersprechen. Aber nur dann, wenn dies im Interesse der Erhaltung der Lehre der Tora liegt. Er verglich dies mit einer lebensnotwendigen Amputation einer Hand und berief sich dabei auf einen für eine solche Auslegung überaus wichtigen Satz der Tora: »Wenn du auf die Gebote des Herrn, ... auf die ich dich heute verpflichte, hörst, ... dann wirst du *leben* ...«.[33] Diese Lehre Maimonides' wird von den liberalen Rabbinern so ausgelegt, dass Gesetze, die in der Bibel und im Talmud zwar festgelegt wurden, aber für den ethisch-moralischen Inhalt der jüdischen Religion keine Bedeutung haben, nicht mehr angewendet werden müssen.

Vom 1. Jahrhundert v. Chr. an fällte der Gerichtshof, der Große Sanhedrin, Urteile, die gemeinsam mit den Debatten der Schriftgelehrten und ihren Folgerungen zuerst mündlich überliefert wurden. Anfang des 3. Jahrhunderts n. Chr. wurden diese mündlichen Überlieferungen vom Patriarchen Jehuda ha-Nasi zusammengestellt, geordnet und schriftlich in der Mischna niedergelegt. Der Patriarch war der Vorsitzende des Sanhedrins und in der Zeit nach der Zerstörung des zweiten Tempels der anerkannte geistige Führer des palästinischen Judentums.

Bis dahin hatte man die umfangreichen Texte auswendig gelernt und so von Generation zu Generation überliefert. Mit der schriftlichen Fixierung zögerte man, weil es im 5. Buch der Tora heißt: »Diese Worte, auf die ich dich heute verpflichte, sollen auf deinem Herzen geschrieben stehen.« Erst als die Gefahr bestand, dass die Worte langsam in Vergessenheit geraten könnten, entschied man sich zu ihrer schriftlichen Aufzeichnung.

Die Rabbinen setzten ihre Arbeit an der Interpretation der Gesetze nach Fertigstellung der Mischna weiter fort. In mehreren Orten entstanden rabbinische Schulen und Akademien, die in Palästina bis zum 5. Jahrhundert n. Chr. und in Babylonien bis zum 8. Jahrhundert n. Chr. ein umfangreiches Werk hinterließen: den Jerusalemer und den babylonischen Talmud.

Die in diesen Akademien entstandenen Kommentare wurden zum Teil viele Generationen hindurch mündlich überliefert und dann den jeweiligen Kapiteln der Mischna zugefügt. Diese Kommentare werden Gemara genannt und bilden gemeinsam mit der Mischna den Talmud. Dieser beinhaltet außer den erwähnten Gesetzeskommentaren auch viele religiöse Erzählungen und wertvolle Informationen über die Lebensgewohnheiten und den damaligen Stand aller Wissensbereiche. Deshalb ist das Werk ein einmaliges kulturhistorisches Dokument für die Zeit vom 3. bis zum 8. Jahrhundert n. Chr.

Die Gemara ist stellenweise einem Sitzungsprotokoll ähnlich, das auch Zwischenrufe oder Mehrheits- und Minderheitsmeinungen festhält, wobei die Debatte des Öfteren ohne Entscheidung abgebrochen wird.

Das gesamte Rechtssystem des *orthodoxen* Judentums (hebr. Halacha) beruht somit auf folgenden Grundlagen:

- Das geschriebene Gesetz der Tora
- Die mündliche Überlieferung der Moses am Sinai gegebenen Weisungen. Aus dem Vers »Dies sind die Gebote, die der Herr Moses für die Israeliten auf dem Sinai gegeben hat«[34] wurde gefolgert, dass alle Gebote Moses übergeben wurden. Die in der Bibel Propheten und später den Talmudgelehrten zuge- schriebenen Weisungen gehen daher auf die münd- liche Überlieferung dieser schon an Moses überge- benen Gesetze zurück.

Die Interpretation dient dazu, unklare oder sich widersprechende Bestimmungen der schriftlichen und mündlichen Überlieferung zu erläutern. Des Weiteren wurden unter Zuhilfenahme der Überlieferung neue Gesetze für durch die geschichtliche Entwicklung sich ergebende, geänderte Sachverhalte geschaffen. Für diese Ableitungen gibt es festgelegte Auslegungs- regeln, die zum Teil auf der Lehre der griechischen Philosophen fußen.

Immer wieder wird behauptet, dass im Talmud Haarspalterei betrieben wird. Dieser Vorwurf verkennt das Wesen des im Talmud praktizierten Rechtssystems, das mit dem »case law« gleichzusetzen ist. Dieses im anglosächsischen Bereich angewendete System beruht auf früheren Entscheidungen, die ein laufendes Verfah- ren präjudizieren. Im Talmud hingegen werden Grenz- fälle konstruiert und dabei Entscheidungen getroffen, die für ähnliche Streitfragen herangezogen werden können. Deshalb ist es ohne Bedeutung, wenn die im Talmud behandelten Fälle vollkommen irreal sind. Wichtig ist nur, dass die getroffene Entscheidung klare Rechtsverhältnisse schafft.

Erste Seite des Babylonischen Talmuds. In der Mitte der Mischna-text und die Gemara, umrahmt von den im Mittelalter verfassten Kommentaren (Archiv Verfasser).

Die Auseinandersetzung der Gelehrten ist vom Wunsch durchdrungen, bei allen Handlungen des täglichen Lebens die religiösen Gesetze genauestens zu befolgen. Dennoch wird immer wieder auf das ethisch-moralische Verhalten hingewiesen, das für die Beurteilung des Menschen durch Gott maßgebend ist. Folgende Zitate mögen dies näher erläutern: Die Gelehrten suchen nach einer Erklärung für den (scheinbaren) Widerspruch zwischen zwei Versen im Buch der Psalmen. Psalm 57,11 lautet: »Denn groß *bis* zum Himmel ist seine Gnade«, Psalm 108,5 hingegen: »Denn groß *über* dem Himmel ist Deine Gnade.« Sie finden, dass der erste Vers sich auf den bezieht, der die Gebote um ihrer selbst willen befolgt, der zweite hingegen auf den, der sie nicht um ihrer selbst willen befolgt. Weiter heißt es:

»Drei liebt der Heilige, gepriesen sei Er: Wer nicht in Zorn gerät, wer sich nicht betrinkt und wer nicht auf seinem Recht besteht.«

»Auf dreierlei hat die Welt Bestand: auf der Tora, dem Gottesdienst und den Liebeswerken.«

»Seid nicht wie Diener, die dem Herrn dienen, um Lohn zu erhalten.«

»Das gute Verhältnis des Einzelnen zu seinem Mitmenschen ist oberstes Gebot.«

Ein bezeichnendes Zitat für die Einstellung der Gelehrten zu ihrer eigenen Arbeit, dem Kommentieren der Gesetze, lautet: »Nicht die Erörterung ist die Hauptsache, sondern die Handlung.«

Die gedankliche und juristische Arbeit der Rabbinen ging nach dem 6. Jahrhundert n. Chr. weiter. So ist das Gesetzbuch von Joseph Caro, der »Schulchan

Aruch«, deutsch »Der gedeckte Tisch«, erschienen im Jahr 1565, bis heute von allergrößter Bedeutung. Da diese Schrift die Halacha und Bräuche des deutsch-nordfranzösisch-aschkenasischen Raumes zu wenig berücksichtigte, verfasste kurz danach Moses Isserles in Krakau als Ergänzung das Werk »Mappa«, deutsch »Das Tischtuch«. Im Prinzip wird der Schulchan Aruch noch heute für halachische Entscheidungen verwendet, obwohl in der Zwischenzeit noch viele Rechtsauslegungen erarbeitet wurden.

Gegen jüdische Schriften und besonders gegen den Talmud wurde vor allem von christlicher Seite immer wieder vorgegangen. Die Vorwürfe zielten in zwei Richtungen: Einerseits glaubte man in der Rückführung der mündlichen Überlieferung auf einen göttlichen Ursprung ein weiteres Hindernis für die Bekehrung der Juden zu sehen, andererseits wies man auf die für Christen als blasphemisch empfundenen Textstellen hin, die gegen Jesus gerichtet sind.[35] Der von Papst Gregor IX. (um 1170–1241 n. Chr.) im Jahr 1239 verfügten Beschlagnahme aller hebräischen Schriften folgte eine erste öffentliche Disputation in Paris. Solche Disputationen fanden im Lauf der folgenden Jahrhunderte immer wieder statt. Sie dienten im Grunde nur dazu, den jüdischen Gegner und vor allem das Publikum von der Richtigkeit der christlichen und von der Unhaltbarkeit der jüdischen Religion zu überzeugen. Dabei erhielten die jüdischen Teilnehmer nur in Ausnahmefällen die gleichen Möglichkeiten, ihre Meinung vorzubringen, wie ihre christlichen Gegner.

Zwei Jahre nach der erwähnten Disputation verurteilten die kirchlichen Behörden die Ansichten, die im

Talmud niedergelegt sind, und veranlassten in Paris im Juni 1242 die Verbrennung von vierundzwanzig Wagenladungen mit Büchern. Auch in Toulouse und an anderen Orten kam es in der Folge zu Bücherverbrennungen. In England und Spanien wurden jüdische Bücher konfisziert. Nachdem die Päpste sich wiederholt gegen den Talmud geäußert hatten, beschloss das Basler Konzil (1431–1443), das Studium des Talmuds zu untersagen.

Die liberale Auffassung der Renaissancezeit machte es dem großen deutschen Humanisten Johannes Reuchlin (1455–1522) möglich, den Talmud tatkräftig zu verteidigen. Aber schon in der Zeit der Gegenreformation wurde neuerlich ein Autodafé jüdischer Bücher, diesmal das größte, das es je gab, angeordnet. Zum jüdischen Neujahrstag im Jahr 1555 ließ man in Rom eine riesige Pyramide von hebräischen Büchern in Flammen aufgehen. Diesen Maßnahmen wurde auch von christlicher Seite mit Kritik begegnet. Der christliche Hebräist Andrea Masio meinte, die Verurteilung des Talmuds durch die Kardinäle sei der Vorstellung eines Blinden über Farben gleichzusetzen. Die letzte, fast rituelle Talmudverbrennung fand 1757 in Polen statt.

Durch die Übersetzung des Talmuds ins Deutsche und Englische wurden das Lesen und das Studium dieses in seiner Art einmaligen Werkes für viele möglich.

Die Lehre des richtigen Verhaltens

>»Alles, was der Herr gesagt hat,
> wollen wir tun.«[36]

Von Anfang an stellte die jüdische Religion das richtige Verhalten vor den richtigen Glauben. Eine der ganz wenigen Stellen der Tora, in denen das Wort »glauben« vorkommt, ist Gen 15,6: »Abraham glaubte *dem* Herrn, und der Herr rechnete es ihm als Gerechtigkeit an.«

Der einleitende Toravers weist auf die Annahme dieser neuen Lehre durch den Menschen hin, da der Glaube *an* Gott für den Menschen der damaligen Zeit selbstverständlich war. Nicht selbstverständlich und neu an dieser Religion war, dass sie nicht nur die Pflichten der Menschen gegenüber Gott, sondern auch die Pflichten der Menschen gegenüber dem Menschen zum Glaubensinhalt erhob. Dadurch wurde Menschendienst auch Gottesdienst. Der Gottesdienst im althergebrachten Sinn blieb in diesem Glauben nach wie vor unangetastet, die Gottesverehrung beinhaltete jedoch keine für das moralisch-ethische Empfinden anstößige Riten wie Tempelprostitution, Sodomie oder Menschenopfer. Von den Riten anderer Völker fand vor allem die Darbringung von Opfern in die jüdische Religion Eingang, wobei diese Kulthandlungen durch zahlreiche Gebote genauen Regeln unterworfen waren.

Die weitere Entwicklung der Lehre, vor allem nach der Staatsgründung und der Errichtung des Königreiches durch Saul (wahrscheinlich zwischen 1020 und

1004 v. Chr.) fiel den Propheten zu. Sie gestalteten in den folgenden sechs Jahrhunderten den Gottesbegriff plastischer, betonten dessen Allgemeingültigkeit und schufen dadurch aus einer Volksreligion eine Weltreligion.

In den ersten vorchristlichen Jahrhunderten gaben sowohl der Hellenismus als vor allem auch die persische Religion den Impuls zu einer neuen Sichtweise der Lehre, die bald durch die Aufnahme neuer Elemente das jüdisch-christliche Religionsverständnis prägte. Eine Gruppe, deren Angehörige nach dem griechischen Wort für Offenbarung als *Apokalyptiker* bezeichnet werden, bekämpfte die damals im Judentum vorhandene Tendenz zur Assimilation an den Hellenismus. Sie verkündete das bevorstehende Ende dieser Welt und den Beginn einer neuen Weltordnung und gewann allmählich einen nachhaltigen Einfluss auf das Judentum. Die wiederholten Aufstände der Juden gegen die Römer, die in vielen Fällen militärisch aussichtslos waren, sind dem Einfluss dieser Gruppe zuzuschreiben.

Viele, die auf der jüdischen Seite diesen Kampf führten, verstanden sich als die Partei der Gerechten. Sie glaubten durch eine Geheimlehre in Gottes Willen Einsicht gewonnen zu haben und wollten die um sich greifende Verdorbenheit der Welt niederringen. Dadurch meinten sie, der demnächst anbrechenden »kommenden Welt« teilhaftig zu werden. Solche Gedankengänge fanden in mehr oder weniger abgeschwächter Form in die christliche Lehre Eingang und beeinflussten auch entscheidend die Entwicklung der jüdischen Mystik.

Die Gruppe der *Pharisäer* vertrat von allem Anfang an eine viel realistischere Ansicht, da sie den Glauben an einen unmittelbar bevorstehenden Anbruch des Gottesreiches nicht teilte. Die Pharisäer können etwa bis in das 2. vorchristliche Jahrhundert zurückverfolgt und als Vertreter der Laienfrömmigkeit bezeichnet werden. Der pharisäerfeindlichen Einstellung des Neuen Testaments, die zur Folge hat, dass das Wort Pharisäer fälschlicherweise mit Heuchler gleichgesetzt wird, liegt der Konflikt zwischen frühchristlichen Apokalyptikern und Pharisäern zugrunde.

Zu den *Sadduzäern* gehörten die herrschende Oberschicht und somit auch die Priester des Tempels. Sie hielten sich ausschließlich an die ältere schriftliche Überlieferung und lehnten daher etwa die Lehre von der Auferstehung der Toten, vom Kommen des Messias oder vom Ende der Welt ab.

Um Christi Geburt traten noch weitere, meist apokalyptische Sekten in Erscheinung, so etwa die *Zeloten*, die mit der Waffe in der Hand den Anbruch der Gottesherrschaft beschleunigen wollten. Sie sahen in Pinchas ihr Vorbild, der ebenfalls durch Waffengewalt die Reinheit der Religion bewahren wollte. Dieser hatte ein aufeinander liegendes Paar mit dem Speer durchbohrt, als die Israeliten während der Wanderung in der Wüste mit moabitischen Frauen Unzucht trieben.[37] Zu erwähnen sind auch die asketisch eingestellten *Essener*, denen Johannes der Täufer und die Qumrangemeinde nahe standen.

Von allen Gruppen ist es allein den Pharisäern gelungen, die Kontinuität der jüdischen Religion zu sichern, trotz der vernichtenden Niederlage der

Juden im Kampf gegen die Römer (66–73 n. Chr.) und trotz des Untergangs ihres zentralen Heiligtums, des Tempels in Jerusalem. Durch ihre Art der Gesetzesauslegung bestimmten sie sowohl die Religionsausübung als auch das äußere Erscheinungsbild der Juden.

Im Mittelalter entwickelte sich die jüdische Religionsphilosophie unter dem Einfluss der neuplatonischen und der aristotelischen Philosophie. Es herrschten unterschiedliche Ansichten, inwieweit der Glaube rational ableitbar ist und inwieweit er auf die Offenbarung zurückgeht. Die von Maimonides verfassten Dreizehn Glaubensgrundsätze wurden nach heftig geführten Kontroversen für einen bedeutenden Teil des Judentums die Lehre schlechthin:

1) *Ich glaube mit vollkommenem Glauben, dass der Schöpfer, gesegnet sei sein Name, schafft und führt alle Geschöpfe und dass er allein bewirkt hat, wirkt und wirken wird.*

2) *Ich glaube mit vollkommenem Glauben, dass der Schöpfer, gesegnet sei sein Name, einzig ist und dass es keine ihm vergleichbare Einheit gibt und dass er allein unser Gott ist, der war, ist und sein wird.*

3) *Ich glaube mit vollkommenem Glauben, dass der Schöpfer, gesegnet sei sein Name, kein Körper ist und dass ihn die Begriffe des Körpers nicht umfassen und dass es in Bezug auf ihn keinerlei Gleichnis (Gleichgestalt) gibt.*

4) *Ich glaube mit vollkommenem Glauben, dass der Schöpfer, gesegnet sei sein Name, der Erste und der Letzte ist.*

5) Ich glaube mit vollkommenem Glauben, dass der Schöpfer, gesegnet sei sein Name, allein der Anbetung würdig ist und es nicht angeht, zu einem anderen zu beten.

6) Ich glaube mit vollkommenem Glauben, dass alle Worte der Propheten wahr sind.

7) Ich glaube mit vollkommenem Glauben, dass die Prophetie unseres Lehrers Mose, über ihm sei Friede, wahr ist und dass er der Vater der Propheten vor ihm und nach ihm war.

8) Ich glaube mit vollkommenem Glauben, dass die ganze Tora, die sich jetzt in unseren Händen befindet, unserem Lehrer Mose, über ihm sei Friede, gegeben wurde.

9) Ich glaube mit vollkommenem Glauben, dass diese Tora nicht vertauscht wird und dass keine andere Tora vom Schöpfer, gelobt sei sein Name, ausgehen wird.

10) Ich glaube mit vollkommenem Glauben, dass der Schöpfer, gesegnet sei sein Name, die Taten und Gedanken aller Menschen kennt, wie es heißt: »Er, der ihre Herzen allesamt gebildet hat, versteht auch all ihr Tun« (Ps 33, 15).

11) Ich glaube mit vollkommenem Glauben, dass der Schöpfer, gesegnet sei sein Name, Gutes erweist den Hütern seiner Gebote und die Übertreter seiner Gebote bestraft.

12) Ich glaube mit vollkommenem Glauben an das Kommen des Messias und wenn er auch zögert, so harre ich doch jeglichen Tages seines Kommens.

13) Ich glaube mit vollkommenem Glauben an die Auferstehung der Toten zu der Zeit, da es der Wil-

le des Schöpfers ist, sein Name sei gelobt und erhoben und sein Gedenken von Ewigkeit zu Einigkeit.
(Der Text wurde aus: Schalom Ben Chorin, »Jüdischer Glaube«, Tübingen ²1979, entnommen.)

Die Glaubensrichtungen

> »Das ist die Tora ... die der Herr dem Moses am Sinai aufgetragen hat.«[38]

Die Tora wird von drei Religionen, vom Judentum, vom Christentum und vom Islam, als heilig verehrt. Einzelne Verse werden jedoch nicht nur in jeder der drei Religionen anders gedeutet, sondern auch innerhalb der verschiedenen Richtungen der einzelnen Religionen (Interpretationsunterschiede zum Beispiel bei Katholiken, Protestanten, Orthodoxen).

Im Judentum sind sich die einzelnen Glaubensrichtungen zumindest über die »Definition« eines Juden einig: Jude ist, wer entweder von einer jüdischen Mutter geboren wurde oder im Sinn der jüdischen Lehre zum Judentum übergetreten ist. Die Auslegung des Begriffs »im Sinn der jüdischen Lehre« ist allerdings mehrdeutig: Die streng orthodoxen Juden erkennen den vor einem Reformrabbiner vollzogenen Übertritt nicht an. Wie aus der Definition ersichtlich, ist die Zugehörigkeit zum Judentum nicht an bestimmte Glaubensinhalte gebunden. Jedem Juden steht es daher frei, die Lehre der Tora nach seinem besten Wissen zu interpretieren, eine verpflichtende Interpretation existiert nicht. Die weitgehende Glaubensfreiheit, welche die jüdische Religion dem Einzelnen einräumt, führte notgedrungen zu einer Vielfalt von Gruppen im Judentum. Alle jedoch betrachteten die fundamentalen ethischen Forderungen der Tora, wie etwa die Zehn Gebote, als verbindlich.

Seit dem 19. Jahrhundert sind drei Hauptrichtungen innerhalb des Judentums maßgebend:

Die *Orthodoxie* sieht als ihre Urväter die Pharisäer, die erst nach dem nationalen Niedergang des jüdischen Staates im Jahr 70 n. Chr. allmählich bestimmend für das religiöse Leben wurden. Signifikant für die Orthodoxie ist ihre sehr traditionalistische Einstellung zu vielen Grundgedanken wie Auferstehung, Messianismus etc. und ihr unbedingtes Festhalten an der Offenbarungslehre. Innerhalb der Orthodoxie gibt es noch weitere Unterteilungen. Eine maßgebende ultraorthodoxe Gruppe lehnt zum Beispiel noch heute Israel als Staat ab, da ihrer Meinung nach ein jüdischer Staat erst nach dem Kommen des Messias gegründet werden darf.

Das *Reformjudentum* ist vor allem in den Vereinigten Staaten präsent, wo die Konferenz, die ihre »Plattform« (Charta) bestimmte, 1885 in Pittsburgh zusammentrat. Bestrebungen in diese Richtung gab es schon seit dem Anfang des 19. Jahrhunderts in Deutschland, England, Frankreich und Ungarn. Ein Großteil der religiösen Gesetze wird nur sinnbildlich verstanden, die Speisegesetze oder die umfassende Sabbatruhe überhaupt abgelehnt. In Israel kämpft das Reformjudentum noch immer vergebens um staatliche Anerkennung.

Das *konservative Judentum* nimmt zwischen der wörtlichen Befolgung der Gesetze der Tora und des Talmuds und der nur symbolhaften Auffassung dieser Gesetze eine Zwischenstellung ein. Auch innerhalb dieser Richtung sind verschiedene Splittergruppen zu beachten, die entweder mehr dem Reformjudentum oder mehr der Orthodoxie zuneigen. Für die unterschiedliche Haltung der Orthodoxen und der Konservativen ist zum Beispiel ihre Einstellung zur Organtransplantation bezeichnend. Der Organspender wird, um die Unversehrtheit des Gewebes zu erhalten, an eine Beatmungsmaschine angeschlossen. Obwohl keine Gehirnfunktionen mehr zu verzeichnen sind, betrachten ihn die Orthodoxen als noch am Leben, da für sie entsprechend der Tradition die Atemfunktion einzig und allein das Kriterium für Leben oder Tod ist. Ein weiterer Einwand gegen die Entfernung eines Organs ist die ihrer Meinung nach für die Auferstehung beim Kommen des Messias unerlässliche Unversehrtheit des Körpers. Konservative hingegen halten die Rettung eines Lebens für vorrangig und befürworten daher die Organtransplantation.

Gott

> »Du sollst den Herrn, deinen Gott,
> lieben mit deinem ganzen Herzen,
> mit deiner ganzen Seele und mit
> deiner ganzen Kraft.«[39]

Es ist ein weit verbreiteter Irrtum, wenn man nur dem Christentum die Bezeichnung »Religion der Liebe« zugesteht. In der Tora wird an vielen Stellen gefordert,

Gott zu lieben, und diese Liebe wird von Gott erwidert. Besonders die Propheten Jeremia und Hosea sprechen ausdrücklich von der Liebe Gottes zu den Menschen.[40] Sogar die Strafen Gottes und das Vergeben der Sünden werden als ein Akt der Liebe Gottes aufgefasst. Am eindringlichsten wird dies mit dem Satz »Sein Zeichen über mir heißt Liebe«[41] ausgedrückt. Nach Jesaja[42] übertrifft die Liebe Gottes sogar die Mutterliebe.

Die Liebe zu allen Mitmenschen wird mit den Worten »Du sollst deinen Nächsten lieben wie dich selbst«[43] geboten. Der Prophet Micha verkündet: »Es ist dir gesagt worden, Mensch, was gut ist und was der Herr von dir erwartet: Nichts anderes als dies: Recht tun, Güte und Treue lieben, in Ehrfurcht den Weg gehen mit deinem Gott.«[44]

Die Bezeichnung »Gott der Rache« wurde fälschlich auf den von Martin Luther (1483–1546 n. Chr.) übersetzten Psalm 94 zurückgeführt, in dem das Verhalten Gottes »Stolzen« und »Frevlern« gegenüber beschrieben wird. In der Einheitsübersetzung heißt es richtig: »Gott der Vergeltung«. Der Gedanke der Rache steht den sinaitischen Gesetzen fern. Im 5. Buch der Tora werden folgende Worte Gottes wiedergegeben: »*Mein* ist die Rache und die Vergeltung.«[45] Dem Menschen steht es demnach nicht zu, sich durch Gedanken an Rache oder Vergeltung leiten zu lassen und Handlungen außerhalb der Rechtsnorm zu begehen.

Die Gottesfurcht gehört so wie die Gottesliebe zum jüdischen Verständnis der Beziehung zu Gott. Ein rabbinischer Spruch hierzu lautet etwa: »Man soll Gott nicht so fürchten wie den Tod, sondern man soll Gottes Ferne, die durch die Sünde bewirkt wird, fürchten.« Diese Ansicht ist aus mehreren Versen der Bibel, besonders aus den Psalmen, abzuleiten.

Die Gebote, die fälschlicherweise das Bild des unbarmherzigen jüdischen Gottes in die Welt gesetzt haben, sind die so genannten Gesetze der Vergeltung: »Leben für Leben, Auge für Auge, Zahn für Zahn, Hand für Hand, Fuß für Fuß.«[46] Damit wurde aber lediglich die Verhältnismäßigkeit des Schadenersatzes festgeschrieben. Durch einen Umkehrschluss kommt in diesem Gesetz dasselbe Gerechtigkeitsgefühl zum Ausdruck wie im oft zitierten Ausspruch des Rabbi Hillel, der etwa um Christi Geburt lebte. Ein Heide kam zu Hillel und wollte unter der Bedingung zum Judentum übertreten, dass der Rabbi ihm die gesamte Tora in der Zeit erkläre, in der er auf einem Fuß stehen könne. Hillels Antwort war: »Was du nicht willst, das man dir antut, das tu auch nicht deinem Nächsten an. Das ist die gesamte Tora, alles andere ist nur Kommentar. Gehe hin und lerne.«

Nichts deutet darauf, dass dieses Gesetz, Gleiches mit Gleichem zu vergelten, jemals dem Wortsinn nach umgesetzt wurde. Aus der Zeit des zweiten Tempels (zwischen 515 v. Chr. und 70 n. Chr.) stammt die im Talmud aufgenommene Interpretation, wonach der Ersatz in Geld zu leisten ist. Die Begründung dafür war, dass beim Entfernen eines Auges auch Blut vergossen werden muss. Das Blut wiederum ist mit dem Leben eng verbunden. Bei einer buchstabengetreuen Befolgung dieser Bestimmung wäre das Ergebnis also: Auge für Auge und etwas Leben. Dies wäre mit der Idee, dass die Strafe der Tat genau entsprechen soll, jedoch nicht mehr im Einklang. Genauso ist es unmöglich, ein gleiches Auge zu entfernen, da ein Auge größer oder kleiner ist als ein anderes. Deshalb wurde festgesetzt, dass der eingetretene Schaden durch Zahlung eines vom Gericht zu bestimmenden Betrages auszugleichen ist.

Die Weisen Israels ermahnten das Volk, Barmherzigkeit zu üben und nicht immer das Recht zu suchen. Sie beriefen sich dabei auf den Bibelvers: »Sag nicht: Wie er mir getan hat, so will ich auch ihm tun ...«[47]

Gott wird an vielen Stellen der Bibel gepriesen. Es heißt: »Doch das Auge des Herrn ruht auf allen, die ihn fürchten und ehren, die nach seiner Güte ausschauen; denn er will sie dem Tod entreißen und in der Hungersnot ihr Leben erhalten. Unsere Seele hofft auf den Herrn; er ist für uns Schild und Hilfe. Ja, an ihm freut sich unser Herz, wir vertrauen auf seinen heiligen Namen. Lass deine Güte über uns walten, o Herr, denn wir schauen aus nach dir.«[48]

Neben der Liebe und Güte Gottes stellt die Körperlosigkeit, wie sie vor allem Maimonides hervorhob, eine der wesentlichen Eigenschaften Gottes dar. Diese Vorstellung beruht auf dem Gebot: »Du sollst dir kein Gottesbild machen ...«[49]

Dies stellt bis in die Gegenwart die größte religiöse Herausforderung an das menschliche Auffassungsvermögen dar. Das Gebot, einen nicht nur unsichtbaren, sondern nicht einmal symbolisch abgebildeten Gott zu verehren, konnte, wie sich immer wieder zeigte, von vielen Menschen nicht befolgt werden. Sowohl die jüdische als auch die christliche Religionsgeschichte sind beredte Zeugen für die Durchbrechung dieses Gebots. So wurde im 3. Jahrhundert n. Chr. auf Fresken einer Synagoge in Dura Europos die Hand Gottes als Zeichen göttlicher Wundertat wiederholt abgebildet.

Die Völker, mit denen die Juden in Berührung kamen, durften ihre Gottesvorstellung durch Bilder konkretisieren und konnten sich Gott oder die Götter jederzeit vergegenwärtigen. Dies erleichterte naturgemäß die Gottesverehrung, da es schwierig war und ist, zu einem Gott zu beten, den man sich mangels Abbildungen nur vorstellen kann. Noch schwieriger ist es, einen unvorstellbaren Gott zu verehren. Dies erfordert eine innere Sammlung, die zu einem mystischen Erlebnis im Gebet führen kann.

Dieser Gottesvorstellung ist die Verehrung von Bildern und Ikonen diametral entgegengesetzt. Wie sehr Gläubige von einer Ikone oder Statue abhängig werden können, dokumentieren Verzweiflungsausbrüche, die eintreten, wenn das Kultobjekt durch ein unerwartetes Ereignis verloren geht. Dies ist nicht im Sinne der katholischen Theologie, die immer wieder bekräftigt, dass der Gläubige *durch* das verehrte Bild zu den Heiligen betet und durch diese Gott anbetet. Für einen rechtgläubigen Juden ist dies sehr schwer nachvollziehbar, da dieser Gedanke sich nicht mit dem abstrakten jüdischen Gottesbegriff vereinbaren lässt.

Alle drei großen monotheistischen Religionen, Judentum, Christentum und Islam, hatten zu verschiedenen Zeiten Religionsführer, die das »Bilderverbot« wörtlich nahmen und nicht nur alle Gottesdarstellungen untersagten, sondern auch bestehende zerstören ließen. Im 8. und 9. Jahrhundert n. Chr. führte diese Einstellung im Byzantinischen Reich zu blutigen Bürgerkriegen.

Das entscheidende Element in der jüdischen Religion ist, abgesehen vom Gottesbild, vor allem der Monotheismus. Dieser Ausdruck bedeutet aber nicht allein, dass Gott einzig ist. Er bedeutet auch, dass er der Schöpfer und Herr des Alls ist. Das Besondere bei dieser Vorstellung von Gott ist, dass dieser allmächtige Gott, der zugleich nah und fern ist, zu seinen Geschöpfen eine untrennbare Beziehung unterhält.

Juden machten immer ihr Urteil über das gerechte Leben Andersgläubiger vor allem von deren Glauben an einen einzigen Gott abhängig, während die Verehrung von mehreren Göttern mit Götzendienst gleichgesetzt wurde. Den Islam betrachteten die Juden immer als monotheistisch. Die christliche Religion hingegen wurde erst nach längeren theologischen Auseinandersetzungen als Eingottglaube anerkannt, weil den Rabbinern die Lehre von der Trinität nur schwer verständlich war. Noch heute ist es ja für die katholische Kirche kein leichtes Unterfangen, den Gläubigen diese Lehre sowie die Marienverehrung und die Gemeinschaft der Heiligen so zu erläutern, dass es nicht zu einer Beeinträchtigung des Begriffs des einzigen Gottes kommt.

Doch auch in der jüdischen Religion entstanden hie und da Bräuche, die geeignet waren, die monotheistische Sicht zu trüben. So gibt es jüdische Gruppen, die große jüdische Gelehrte und Weise verehren. Nach deren Tod wurden ihre Grabstätten zu einer Art Pilgerstätte. Persönliche Wünsche werden auf Zettel geschrieben und in die Steinfugen dieser Gräber gesteckt. Dahinter steht die Vorstellung, dass die Seele des Gelehrten in Gottes Nähe weilt und daher in der Lage ist, die Anliegen des Pilgers zu vermitteln.

Einen ähnlichen Brauch gibt es auch an der »Klagemauer«, dem Rest des von den Römern vernichteten Tempels in Jerusalem. Hier ist nicht die Vorstellung der Vermittlung durch eine Seele maßgebend, sondern der Begriff der »Schechina«. Das Wort ist vom hebräischen Zeitwort »sich aufhalten« abgeleitet und diente zur Bezeichnung der Anwesenheit Gottes. Dieser Gedanke bekam eine Eigendynamik mit der Tendenz, eine eigene mythische, gottähnliche Person zu werden. Die Gefahr, die mit dieser Entwicklung verbunden war, wurde von den Gelehrten erkannt; sie warnten davor, einen dem unbedingten Monotheismus entgegengesetzten Begriff entstehen zu lassen. Wenn solche gefährlichen Gedanken ausgesprochen wurden, etwa in der Beschreibung eines Zwiegesprächs Gottes mit der Schechina, fügten die Rabbinen jeweils die Bemerkung hinzu: »Als ob das überhaupt möglich wäre«.

Die Schechina wurde im Lauf der Zeit als das Licht, die Glorie und die Heiligkeit Gottes interpretiert. Allgemein nimmt man an, dass die Schechina im Tempel zumindest bis zu dessen Zerstörung anwesend war. Die Gläubigen, die ihre auf kleine Zettel geschriebenen Wünsche den Mauerritzen der noch stehenden Tempelmauer anvertrauen, nehmen ein Weiterverweilen der Schechina an diesem Ort an.

>»Er ... stellte östlich des Gartens
>von Eden die Kerubim auf.«[50]

In der Tora ist kein Hinweis auf die eigentliche Natur
der Kerubim angegeben. Sie werden im obigen Toravers als von Gott eingesetzte Bewacher des Gartens
Eden erwähnt, um Adam und Eva nach ihrer Vertreibung die Rückkehr zu verwehren. Sowohl aus dem
mesopotamischen Raum als auch aus Ägypten sind
uns geflügelte mythologische Wesen bekannt. Die
Propheten Jesaja und Ezechiel erwähnen in ihren
Visionen auch solche Kreaturen, die Gottes Aufträge
durchführen, in ihrer Erscheinung allerdings den
Menschen gleichen. Zwei Kerubim aus getriebenem
Gold wurden auch für den Deckel der Bundeslade
angefertigt. Möglicherweise waren sie als Thron für
den unsichtbaren Gott gedacht.[51]

Engel kommen in der Tora oft vor, so auch im
Traum Jakobs: »Er sah eine Treppe, die auf der Erde
stand und bis zum Himmel reichte. Auf ihr stiegen
Engel Gottes auf und nieder.«[52] Drei Engel besuchten
auch Abraham und verkündeten ihm die Geburt
Isaaks.[53] Weiters führten Engel Lot und seine Familie
aus Sodom[54] und ein Engel Gottes ging dem Zug der
Israeliten beim Auszug aus Ägypten voraus.[55]

In der Tora wird berichtet, dass der Hohepriester
Aaron am Versöhnungstag einen symbolisch mit den
Sünden Israels beladenen Ziegenbock zu Azazel in die
Wüste schickte. Ob Azazel die Bezeichnung eines
Ortes oder Satans ist, lässt sich nicht eindeutig fest-
stellen. Im Buch Ijob erscheint Satan als zu Gottes

Umkreis gehörig und ihm untertan. Mit dem Begriff »gefallene Engel« wurden in der Zeit vor Jesu Geburt jene »Gottessöhne« bezeichnet, von denen es in der Genesis heißt: »[Da] sahen die Gottessöhne, wie schön die Menschentöchter waren, und sie nahmen sich von ihnen Frauen, wie es ihnen gefiel.«[56]

In den späteren Büchern der Bibel kommen Engel auch als eine Gruppe himmlischer Wesen vor, die Gott preisen. Im Buch Daniel, das wahrscheinlich im 2. Jahrhundert v. Chr. verfasst wurde, spielen Engel eine besonders wichtige Rolle. Hier werden erstmals Gabriel und Michael mit Namen genannt.[57] Durch die große jüdische Gemeinde im Babylonischen Exil wurden Mythen und Legenden der Babylonier in das Judentum aufgenommen. Um diese mit dem Judentum in Einklang zu bringen, ersetzte man babylonische Götter durch Engel. Es scheint, dass die Lehre über die Engel umstritten war, da Engel nicht in allen biblischen Büchern erwähnt werden.

In der Zeit vor Jesu Geburt war der Glaube an Engel, vor allem bei den Essenern, sehr ausgeprägt. Aus dieser Zeit stammt auch die Vorstellung von den sieben Erzengeln, denen die anderen Engel unterstehen.

Im Talmud werden Engel mehrmals erwähnt und Empfehlungen über die Umgangsweise mit den die Menschen begleitenden Schutzengeln gegeben. Es wird sogar von einer kleinen Sekte berichtet, die Engel angebetet hat. Später kam es oft vor, dass Gebete an Engel gerichtet wurden. Die bedeutendsten Lehrer des Mittelalters verurteilten diese Praxis stets und forderten die Tilgung aller Gebete aus der Liturgie, in denen um die Hilfe von Engeln ersucht wird. In der jüdischen Mystik nahm die Engelslehre naturgemäß einen breiten Raum ein. Auch im jüdischen Volksglauben sowie in Folklore und Brauchtum sind deutlich Einflüsse dieser Lehre nachzuweisen.

Sowohl die Engel als auch Satan fanden in das Neue Testament Eingang. Das Christentum hat, so wie das Judentum, die Einreihung Satans unter die von Gott geschaffenen, aber später von ihm abgefallenen Engel bewahrt.

Warum konnte Gott, der doch die personifizierte Güte ist, den Satan und das Böse in die Welt bringen? Diese Frage wurde in der Bibel nicht gestellt und daher auch nicht beantwortet. In rabbinischer Zeit war es für die Gelehrten vordringlich, den jüdischen Glauben gegen den Einfluss der dualistischen Lehre der persischen Religion zu stärken, die zwei gegeneinander kämpfende Götter als Versinnbildlichung des Guten und Bösen kennt. Daher wird im Talmud zwar öfter auf den göttlichen Ursprung des Bösen hingewiesen, die Frage aber, warum Gott das Böse zuließ, wird nicht beantwortet. Im Mittelalter betrachteten die jüdischen Gelehrten das Böse nicht als von Gott in die Welt gesetzt, sondern als eine Abwesenheit der Güte oder ein fehlerhaftes Verhalten der Geschöpfe. Die jüdischen Philosophen unseres Jahrhunderts sehen den Ursprung des Bösen auch in einem Defekt des menschlichen Verhaltens, wofür der freie, von Gott unabhängige Wille des Menschen verantwortlich ist.

Leib und Seele

> »Da formte Gott, der Herr, den
> Menschen aus Erde und Ackerboden
> und blies in seine Nase den
> Lebensatem.«[58]

Dieser Toravers sowie der Vers: »Da sprach der Herr:
Mein Geist soll nicht für immer im Menschen bleiben,
weil er auch Fleisch ist …«[59] dienten den Rabbinen als
Ausgangspunkt, über das Leib-Seele-Problem nachzu-
denken. In den frühen biblischen Büchern wurde zwischen Leib und Seele nicht unterschieden. Wahrscheinlich beeinflusste ab dem 4. Jahrhundert v. Chr.
platonisches Gedankengut die Entwicklung der Lehre
über die unsterbliche Seele im Gegensatz zum Körper,
der dem Tod preisgegeben ist. In der Zeit vor Christi
Geburt brachte die durch den Dualismus beeinflusste
apokalyptische Lehre den Körper mit dem Bösen und
die Seele mit dem Guten in Verbindung.

Der Mensch nimmt zwischen den chthonischen
und den himmlischen Mächten eine Zwischenstellung
ein; denn einerseits ist er durch seinen Körper mit dem
Erdreich verbunden: »… denn aus Staub bist du und
zu Staub kehrst du zurück«[60] und andererseits durch
den ihm bei der Schöpfung eingeblasenen Geist mit
dem Himmelreich: »Er blies in seine Nase den Hauch
des Lebens.«[61]

Die Rabbinen schenkten dem Problem Leib-Seele
als einer zu theoretischen und für das Verhalten in dieser Welt nur wenig bedeutenden Frage kaum Aufmerksamkeit. Eine talmudische Erzählung berichtet,
dass die Seele den Körper während des Schlafes ver-

lässt, um sich in den Höhlen zu erfrischen. Die meisten Gelehrten vertraten die Ansicht, dass die Seele getrennt vom Körper eine unabhängige Existenz zu führen vermag. Gott gibt den Menschen die Seele, indem er sie in den menschlichen Embryo einpflanzt. Deshalb darf der Mensch sie nicht zurückgeben, sondern nur Gott darf sie wieder zurücknehmen. Somit sind Abtreibung, Selbstmord und Euthanasie verboten.

Folgende Erzählung aus dem Talmud dient als Widerlegung der dualistischen Auffassung von Leib und Seele: Einer nahm einen Blinden und einen Lahmen auf, damit sie seinen Obstgarten bewachten. Er dachte, dass weder der eine noch der andere in der Lage sein würde, das Obst zu stehlen. Der Blinde nahm jedoch den Lahmen auf seinen Rücken und so bestahlen sie den Besitzer. Als dieser die beiden zur Verantwortung zog, beteuerten beide ihre Unschuld und verwiesen auf ihre Gebrechen. Was machte nun der Eigentümer des Gartens? Er setzte den Lahmen auf den Rücken des Blinden und richtete beide gemeinsam. So wird auch Gott Leib und Seele gemeinsam richten.

Den Glauben der Orthodoxie und der Konservativen illustriert folgender Absatz aus dem Morgengebet: »Mein Gott! Die Seele, die du mir gegeben hast, ist rein. Du hast sie geschaffen und gebildet und sie in mich hineingehaucht; du wahrst sie in mir, du nimmst sie einst von mir und wirst sie mir auch wiedergeben in der Zeit, die kommt.«

Schuld und Sühne

> »Bei denen, die mir Feind sind,
> verfolge ich die Schuld der Väter an
> den Söhnen an der dritten und
> vierten Generation; bei denen, die
> mich lieben und auf meine Gebote
> achten, erweise ich Tausenden meine
> Huld.«[62]

Der Pharao sah im Traum nacheinander sieben fette und sieben magere Kühe. Weiter sah er sieben volle Ähren und sieben taube Ähren. Als keiner der ägyptischen Traumdeuter eine Erklärung dafür finden konnte, erinnerte sich ein Hofbeamter, dass Josef ihm im Gefängnis einen Traum richtig gedeutet hatte. Als er das dem Pharao mitteilte, ließ dieser Josef aus dem Gefängnis holen. Josef sagte auf Grund des Traumes voraus, dass sieben Jahre mit hervorragenden Ernten von sieben Dürrejahren abgelöst werden würden.[63] Weiter sagte er: »Dass aber der Pharao gleich zweimal träumte, bedeutet: Die Sache steht bei Gott fest und Gott wird sie bald ausführen.«[64]

An keiner anderen Stelle der Tora wird die Zukunft durch zwei verschiedene von Gott herbeigeführte Traumbilder geschildert. Daraus schließt man gerne, dass nur in diesem einen Fall Gottes Vorhaben unumstößlich gewesen ist und es sonst dem Menschen gegeben ist, im Rahmen des von Gott vorgegebenen Plans, sein eigenes Schicksal zu formen. Diese Feststellung ist für Schuld und Sühne von entscheidender Bedeutung. Denn wenn alles schon im Voraus festgelegt ist, dann wäre niemand für seine Taten verantwortlich.

Von Rabbi Akiba wird folgender paradoxer Spruch überliefert: »Alles ist festgelegt, aber die freie Wahl ist gegeben.« Und im Talmud steht: »Alles ist in Gottes Hand außer der Gottesfurcht.«

Im Talmud wird die Vorbestimmung u.a. anhand des folgenden Toraverses abgehandelt: »Wenn du ein neues Haus baust, sollst du um die Dachterrasse eine Brüstung ziehen. Du sollst nicht dadurch, dass jemand herunterfällt, *Blutschuld* auf dein Haus legen.«[65] Wieso trifft denn denjenigen eine Blutschuld, der auf seinem Dach kein vorschriftsmäßiges Geländer anbrachte? War es denn nicht dem Opfer schon seit der Schöpfung beschieden herabzufallen?[66] Die Erklärung wurde in der göttlichen Gnade gesehen: Gott kann jederzeit in das Geschehen eingreifen und daher demjenigen, dessen Bestimmung es war, vom Dach zu fallen, ein besseres Schicksal zuteil werden lassen. Deshalb ist es richtig, dass den nachlässigen Hausbesitzer die Blutschuld trifft.

Das Christentum übernahm diese Auffassung, wobei die katholische Kirche dem Menschen mehr Möglichkeit einräumt, Gottes Wege zu beeinflussen als die reformierte Kirche. Die Bibel führt an, dass die guten Taten des Menschen ihm und seiner Nachkommenschaft mit einem schönen und langen Leben auf dieser Erde vergolten werden. Sünden bewirken genau das Gegenteil. Diese können jedoch durch Reue und Sühne getilgt werden. Gott weiß von den sündigen Neigungen des Menschen: »... denn das Trachten des Menschen ist böse von Jugend an ... «[67], und er gibt Gelegenheit zur Sühne.

Im ausgehenden 4. oder 5. Jahrhundert v. Chr. wurde die Frage nach der Gerechtigkeit Gottes im biblischen Buch Hiob gestellt. Eine klare Antwort auf die Frage nach dem unverschuldeten Leid gibt jedoch auch dieses Buch nicht.

Wie der einleitende Toravers dieses Kapitels besagt, wurde eine Erklärung für das Leiden Unschuldiger in den von den Vorfahren begangenen Sünden gesehen. Diese Auffassung der Sippenhaftung entsprach aber nicht mehr der in der hellenistischen Zeit, seit dem 3. Jahrhundert v. Chr., aufgekommenen Wertschätzung für das Individuum.

Talmudgelehrte suchten daher nach einem Schriftbeweis für die Ansicht, dass jeder Mensch nur wegen seiner eigenen Sünden sterben muss, und fanden ihn in der Tora: Die Töchter Zelofhads erschienen vor Moses, um ihr Erbrecht nach dem Tod ihres verstorbenen Vaters zu fordern. Sie brachten vor, dass ihr Vater nicht wegen der Sünde Korachs starb, sondern »wegen seiner eigenen Sünde«.[68] Die wenigen, die keine Sünde begehen, sterben nach rabbinischer Auffassung nur deshalb, weil sie sich im hohen Alter selbst den Tod wünschen.

In der Gegenwart beschäftigen sich jüdische Theologen wieder mit diesem Problem. Sie bemühen sich, einen religiösen Standpunkt zu finden, von dem aus das Schicksal der von den Nazis umgebrachten etwa sechs Millionen Juden verständlich werden kann. Der Schock nach der Katastrophe war so groß, dass erst Martin Buber zwanzig Jahren danach als Erster versuchte, eine für einen religiösen Menschen akzeptable Deutung dieser tragischen Ereignisse zu erarbeiten. Er sprach von einer Gottesfinsternis, die plötzlich hereingebrochen war.

Ein anderer Theologe meinte, dass nach Auschwitz der herkömmliche Glaube an einen die Geschichte lenkenden Gott aufgegeben werden muss, da ein solcher Gott letztendlich die Verantwortung für das Geschehene zu übernehmen hätte. In orthodoxen Kreisen berief man sich auf die Aussage des Buches Ijob, der zufolge es dem Menschen nicht möglich sei, den Willen Gottes zu interpretieren oder auch nur zu erkennen.

Eine weitere theologische Erklärung des Holocaust besagt, dass Gott sich wünscht von den Menschen geliebt zu werden. Dazu hat er ihnen die volle Freiheit eingeräumt, weil erst eine frei gewählte Liebe eine wirkliche Liebe ist. Dabei nimmt Gott in Kauf, dass die Menschen in Missbrauch dieser Freiheit verwerfliche Taten begehen, sogar solch grausame Verbrechen, wie sie sich bei der letzten großen Katastrophe zugetragen haben. Schließlich sollte noch die Meinung Emil Fackenheims (geb. 1916) angeführt werden, der grundsätzlich alle Versuche, den Holocaust zu erklären, ablehnt und behauptet, dass keinerlei Sinn in dieser Katastrophe gefunden werden kann. Er betrachtet sogar den bloßen Versuch, eine Erklärung zu finden, als Blasphemie.

Für die christliche und weitgehend auch für die jüdische Theologie löst sich die Frage nach begangenen Verbrechen, durch die Annahme, dass deren Vergeltung im nachirdischen Leben erfolgen wird.

Über die Sünde herrschen im Christentum und im Judentum weithin übereinstimmende Auffassungen:

Das Christentum sah in den Verfehlungen des ersten Menschenpaares die Ursünde[69], die in allen Nachkommen weiterwirkt und den Tod des Menschen insofern verursacht, als alle die Erbsünde immer wieder begehen.[70] Lukas jedoch behauptet, dass der Tod nicht durch die Sünden der Menschen oder ihrer Eltern bewirkt wird, sondern allein durch den Unglauben.[71] Beide Religionen sind aber der Meinung, dass die Sühne die Tilgung der Sünden bewirken kann.

Wesentlich für die Sühne ist die Umkehr. Das Wort »Umkehr« hatte schon bei den Propheten Amos und Jesaja im 8. Jahrhundert v. Chr. die Bedeutung von Reue und Buße. Im Talmud heißt es, dass Entsühnung nur von Buße und guten Werken abhängig ist. An Feiertagen, die mit Fasten als Bußübung verbunden sind, forderten die Talmudgelehrten die Gemeinde auf, an den Vers im Buch des Propheten Jona zu denken: »Und Gott sah ihr Verhalten; er sah, dass sie *umkehrten* und sich von ihren bösen Taten abwandten ...«[72] Sie wiesen darauf hin, dass dieser Vers nicht zum Ausdruck bringt, dass Gott auch ihr Fasten sah.

Im vorigen Jahrhundert hob der erste, im Jahr 1921 gewählte aschkenasische Oberrabbiner Israels, Abraham Isaak Kook (1865–1935), drei Aspekte der Umkehr hervor: erstens den kosmischen Aspekt im Sinn der Kabbala*, zweitens den auf der individuellen Ebene – die Rückkehr des Sünders zu Gott, um damit die Harmonie der Welt wieder herzustellen, und drittens die Rückkehr der Juden nach Israel. Dabei gilt die

---

* Hebr. »Qabbala«, »Tradition«; eine mystische Bewegung; siehe Kap. »Jüdische Mystik«.

Höhlen aus Qumran, in denen die Qumranhandschriften gefunden wurden (Foto: David Harris, Jerusalem).

Zwei der Lehmbehälter, in denen die Qumranhandschriften etwa zweitausend Jahre aufbewahrt waren (Foto: David Harris, Jerusalem).

Ausstellungshalle für die Qumranhandschriften des Israel Museums Jerusalem (Foto: David Harris, Jerusalem).

Die Klagemauer (Foto: David Harris, Jerusalem).

Der Siloam-Tunnel in Jerusalem, der die Wasserversorgung der Stadt auch während der Belagerung sicherte, wurde Ende des 8. Jahrhunderts v. Chr. gebaut (Foto: David Harris, Jerusalem).

Heimkehr ins gelobte Land aber nur dann als Umkehr, wenn der zurückkehrende Jude auch in seinem Verhalten »Umkehr« übt, um durch Rechtschaffenheit die Seele der Nation aufzurichten.

Über den, der seine Tat bereut und Gottes Gnade erwirkt, steht im Talmud: »Hat jemand Buße getan, so darf man nicht zu ihm sagen: Denke an deine früheren Taten.« Denselben Gedanken drückt Johannes Calvin (1509–1564) folgendermaßen aus: »Die Gläubigen sollen nicht als Sünder verurteilen den, den er bereits begnadigt hat.«

Die Auferstehung und der Messias

> »Ich bin es, der tötet und der lebendig macht.«[73]

Über das Geschehen nach dem Tod und am »Ende der Zeiten« werden in Bibel und Talmud nur wenige Hinweise gefunden, die noch dazu widersprechend sind. So steht über die Vernichtung der Rotte Korachs, die gegen Moses rebellierte, nur, dass sie von der Erde verschlungen wurde und in die Unterwelt hinabfuhr.[74] Der zitierte Toravers am Anfang dieses Kapitels drückt hingegen den Glauben an die Auferstehung der Toten aus, ebenso der Satz aus den Psalmen: »So gehe ich vor Gott meinen Weg im Licht der Lebenden.«[75] Aber auch die gegenteilige Aussage ist in den Psalmen zu finden: »Tote können den Herrn nicht mehr loben, keiner, der ins Schweigen hinabfuhr.«[76] Im Talmud wird oft auf die Auferstehung der Toten eingegangen und die Frage gestellt: »Wenn sogar

Lebende sterben, wie sollten dann die Verstorbenen lebendig werden?« Die Antwort lautet: »Wenn sogar die, die noch nicht waren, leben, um wie viel mehr die, die bereits waren!« Augustinus drückt denselben Gedanken so aus: »Es ist eine größere Tat, Menschen zu schaffen, als [vom Tod] auferwecken.«

Im Talmud wird die Zeit des Todes als die Zeit der langen und der kurzen Tage bezeichnet. Gemeint ist damit die lange Dauer, die nur kurz an Ereignissen ist, eine große Zeitspanne also, in der fast nichts geschieht. Die Lehre von der Auferstehung der Toten wurde auch von Maimonides in die Dreizehn Glaubensartikel aufgenommen. Nichtsdestoweniger gab es immer wieder Richtungen innerhalb des Judentums, die den Glauben an die Auferstehung der Toten ablehnten.

Die Auferstehung beschäftigte in hohem Maß die Apokalyptiker. Nach ihnen haben die Sünder keinen Anteil an der kommenden Welt.

Eine Auffassung, die im Judentum mehr oder weniger Fuß fassen konnte, wurde von den Pharisäern vertreten: »Die Sünder werden im Fegefeuer von ihren Sünden gereinigt, wer aber eine verheiratete Frau beschläft und seinen Nächsten öffentlich beschämt sowie jene, die ein überaus sündiges Leben führen, bleiben ewig im Fegefeuer.«

Wie sieht die jüdische Religion die Auferstehung der Andersgläubigen? Noah war der Urvater aller Menschen. Daher sollen nach jüdischer Auffassung die von der Schöpfung bis zu Noah ergangenen Gesetze von allen Menschen befolgt werden. Diese so genannten noachidischen Gebote verbieten den Götzendienst, die Gotteslästerung, Mord, Raub, Unzucht und den Genuss von lebenden Tieren und sie gebieten, im Rahmen eines Rechtssystems zu leben. Da diese Gebote in der christlichen und in der islamischen Religion enthalten sind, hat ein Jude den Anhängern dieser beiden Religionen dieselbe Hochachtung entgegenzubringen wie einem gläubigen Juden.

Im Talmud wird dabei auf den Spruch der Tora verwiesen, wonach der Mensch, der die Gebote einhält, durch sie leben wird.[77] Es heißt dort nicht »der Jude«, sondern »der Mensch«. Daraus wird gefolgert, dass ein Nichtjude, der sich mit der Tora befasst, sogar dem Hohepriester gleichkommt und im Notfall auch Anspruch auf Unterstützung durch die jüdische Gemeinde hat, genauso wie arme Juden.

Auch Maimonides vertrat die Meinung, dass Nichtjuden, welche die »noachidischen Gesetze« einhalten, genauso einen Anteil an der kommenden Welt haben wie ein Jude, der seine Glaubensvorschriften befolgt.

An dieser Stelle drängt sich die Frage auf, wie sich die christliche Religion zu gläubigen, rechtschaffenen Juden stellt. Werden diese auch der Erlösung im christlichen Sinn teilhaftig? Augustinus spricht von der »Massa damnata« und meint damit, dass alle Nichtgetauften der Verdammung anheim fallen. Es fehlte ihm, wie (fast) allen christlichen Theologen des Mittelalters, jedes Verständnis für das Judentum. Man unterstellte den Juden, dass sie nur aus bösem Willen nicht bereit seien, die Taufe zu empfangen. Die Verfolgung der Juden, die Vertreibungen, Verbrennungen, das Martern und Niedermetzeln ganzer jüdischer Gemeinden wurde sogar von der Kirche theologisch gerechtfertigt: Dadurch sollte die bösartige Verstockt-heit der Juden gebrochen werden, die durch den Satan verursacht wurde. Es gab aber auch viele Kirchenfürs-ten, welche Juden vor diesen Verfolgungen schützten.

Um dennoch Nichtchristen die Erlösung zuzusi-chern, prägten in der Neuzeit christliche Theologen den Begriff des »Votum baptismae«, der »Begierde-taufe«. Damit werden alle als getauft angesehen, deren Lebensführung vermuten lässt, dass sie die Tau-fe angenommen hätten, wenn ihnen das Evangelium in überzeugender Weise verkündigt worden wäre.

Über die messianischen Tage, die der zukünftigen Welt vorangehen und den ewigen Frieden bringen werden, finden sich in der Bibel mehrere prophetische Voraussagen. Im Talmud wird betont, dass diese Zeit der heutigen ähnlich sein wird, jedoch mit dem großen Unterschied, dass es keine Regierung geben wird, welche »die Knechtschaft« aufrechterhält. Damit würde die nationale Unabhängigkeit Israels hergestellt werden. In dieser Zeit wird es allerdings noch nicht den für die zukünftige Welt geweissagten Überfluss aller Güter geben. Dies wird aus dem Tora-vers gefolgert: »Die Armen werden niemals ganz aus deinem Land verschwinden.«[78]

Die Auferstehung der Toten soll in einer zukünfti-gen Welt erfolgen. Im Talmud wird darüber geschrie-ben: Alle Propheten weissagten nur von den messia-nischen Tagen, von der zukünftigen Welt heißt es: »Kein Ohr hat gehört, kein Auge gesehen …«.[79]

Solche Lehren, die Ende des 1. Jahrhunderts n. Chr. aufkamen, zeigen, dass nach der Ankunft des Messias ein länger währendes Zwischenreich angenommen wurde. Erst danach, so glaubte man, werde auf dieser Erde die »kommende Welt« durch das Jüngste Gericht und die Auferstehung der Toten anbrechen. Im Christentum wurde dagegen die Erlösung grundsätzlich nur auf das Jenseits bezogen.

In der Zeit des davidischen und salomonischen Königreiches, im ausgehenden 11. und 10. Jahrhundert v. Chr., war der Glaube vorherrschend, dass der Stamm David ewig in Israel regieren würde. Später erwartete man die Wiederkehr von Königen aus dem Haus David. Diese Erwartung verschob sich im Lauf der Zeit bis zum Babylonischen Exil (586–539 v. Chr.) mehr und mehr in die ferne Zukunft. Sie wurde mit dem Anbruch eines Zeitalters des ewigen Friedens verbunden, in dem alle Lebewesen in völliger Eintracht miteinander leben würden.

Nach dem Sieg der Perser über die Babylonier erlaubte Kyros 539 v. Chr. den Juden, in die Heimat zurückzukehren und den Tempel in Jerusalem wieder aufzubauen. In den in der Zeit vom 5. bis zum 2. Jahrhundert v. Chr. geschriebenen und in die Bibel aufgenommenen Büchern kommt der messianische Gedanke vor allem bei den Propheten Haggai und Zacharja vor. In den letzten Jahrhunderten v. Chr. wurde der Gedanke an ein unmittelbar bevorstehendes Erscheinen des Messias von den Pharisäern abgelehnt, von den Apokalyptikern (zum Beispiel dem Prophet Daniel) jedoch weiter aufrechterhalten. Die Papyrusrollen von Qumran beweisen, dass auch dort an das baldige Erscheinen des Messias geglaubt wurde.

Für die Christen ist Jesus der verheißene Messias. Obwohl die meisten Schriftstellen auf einen machtvollen und siegreichen Messias hindeuten, wurde wahrscheinlich durch den Spruch des Propheten Zacharja »Nicht durch Macht, nicht durch Kraft, allein durch meinen Geist! – spricht der Herr der Heere«[80] sowie durch Prophetenworte im Buch Jesaja[81] auch ein anderes Messiasbild möglich. Dieser Messias führt durch sein priesterliches Charisma Gottes Eingreifen herbei, um vor allem die Armen und Unterdrückten zu erlösen.

Die Passionsschilderung Jesu ist durch apokalyptisches Gedankengut (Kampf des Guten gegen das Böse) beeinflusst. Das Neue Testament berichtet, dass Jesus durch seine Auferstehung den Tod besiegte, der die negativen Aspekte des Lebens verkörpert. Paulus schreibt: »… um durch seinen Tod den zu entmachten, der die Gewalt über den Tod hat, nämlich den Teufel, und um die zu befreien, die durch die Furcht vor dem Tod ihr Leben lang der Knechtschaft verfallen waren.«[82]

Bar-Kochba, der Führer des Aufstandes gegen Rom zu Beginn des 2. Jahrhunderts n. Chr., wurde bis zu seiner Niederlage immer wieder als Messias bezeichnet. Im Mittelalter und in der Neuzeit entstanden vor allem in Zeiten der Verfolgungen messianische Bewegungen, die jeweils von charakterlich völlig verschiedenen Persönlichkeiten angeführt wurden.

Sabbatai Zwi (1626–1676) stammte aus einer reichen jüdischen Familie Smyrnas (Izmir). Er war ein vorzüglicher Talmudschüler. Im Alter von sechzehn Jahren traten die ersten Anzeichen einer psychischen Störung auf, die man heute als manisch-depressiv bezeichnen würde. Euphorische Phasen lösten sich mit depressiven ab. Dazwischen lagen längere Perioden normalen Verhaltens. In Hochstimmung fühlte er sich getrieben, religiöse Gesetze zu übertreten, so zum Beispiel den heiligen Namen Gottes, Jahwe, laut auszusprechen. Sabbatai hatte ein gewinnendes Aussehen und eine schöne Stimme, sodass seine Freunde ihn eher bedauerten, als dass sie sich von ihm abgestoßen fühlten. Trotzdem wurde er von den Rabbinen aus Smyrna und später auch aus anderen Gemeinden verbannt.

Im Alter von 59 Jahren suchte er den jüdischen Seelenheiler Nathan in Gaza in Palästina auf, um von seinem Leiden geheilt zu werden. Nathan hatte schon früher von Sabbatai gehört und erklärte ihm nun, dass er der Messias sei und seine Krankheit nur aus der Weigerung komme, sich als Messias zu bekennen. In weiterer Folge bekannte sich Sabbatai im Mai 1665 öffentlich als Messias. Nach anfänglichen Widerständen, hauptsächlich aus rabbinischen Kreisen, wurde Sabbatai bald in Palästina und der Türkei als Messias anerkannt. Von überall wurden Briefe mit der Frohbotschaft in alle Teile Europas gesandt, wo diese Nachricht in den jüdischen Gemeinden ein unglaubliches messianisches Fieber auslöste. Viele Menschen verkauften Hab und Gut, um bereit zu sein, auf ein Zeichen des Messias hin nach Palästina auszuwandern. Andere meinten, dorthin auf einer Wolke getragen zu werden.

Asketische Frömmigkeit verbreitete sich Hand in Hand mit einer zunehmenden Erlösungserwartung. Manche fasteten oft bis zu einer Woche, andere regelmäßig einige Tage. Juden nahmen die Torarollen aus der Synagoge und tanzten damit auf der Straße, nahmen rituelle Bäder, legten sich nackt in den Schnee und schlugen sich mit Brennnesseln und Dornenzweigen. Da das Erwerbsleben zum Stillstand kam, gaben die Reichen bereitwillig Almosen an die Ärmeren, um ihr Überleben bis zur Erlösung zu sichern.

Der Sultan ließ Sabbatai schließlich gefangen nehmen. Da allerdings kein Todesurteil erfolgte, wie dies ansonsten in solchen Fällen üblich ist, wurde die messianische Bewegung dadurch nur noch stärker. Schließlich stellte der Sultan Sabbatai vor die Wahl, entweder exekutiert zu werden oder sich zur Lehre Mohammeds zu bekennen. Sabbatai zog es vor, sein Leben zu retten, und erst dies brachte die meisten seiner Anhänger zur Besinnung. Ein nicht unerheblicher Teil jedoch erklärte den Abfall vom Judentum mit der Absicht des Messias, die größte Sünde auf sich zu nehmen, um so die ganze Menschheit zu entsühnen.

Die Nachfolger dieses falschen Messias gründeten die Sabbatianer-Bewegung, die an manchen Orten noch bis in das vorige Jahrhundert von Bedeutung war. Der messianische Taumel, in den ein bedeutender Teil der jüdischen Bevölkerung gefallen war, wurde einerseits durch die vorangegangenen schweren Verfolgungen im Osten Europas, andererseits durch die messianische Naherwartung der lurianischen Kabbala begünstigt.

Nach heutiger Auffassung der jüdischen Orthodoxie wird der Messias von Gott gesandt und als Gottes Werkzeug, aber auf jeden Fall als Mensch und nur als Mensch gedacht. Er soll durch sein Kommen die nationale Wiedergeburt des Judentums, den ewigen

Frieden und die moralische Erneuerung der gesamten Menschheit bewirken.[83]

Die Errichtung des Staates Israel wird als eine Vorstufe zur späteren messianischen Erlösung betrachtet. Eine kleine Minderheit innerhalb der Orthodoxie verurteilt die Gründung des Staates Israel vor Ankunft des Messias als Häresie. Das liberale Judentum glaubt demgegenüber mehr an eine messianische Zeit, in welcher der Charakter des Menschen umgeformt und ihm ein »neues Herz«[84] gegeben werden wird. Christen und Juden sind sich in der Vision der Endzeit entsprechend dem folgenden Prophetenwort einig: »Dann werde ich die Lippen der Völker verwandeln in reine Lippen, damit alle den Namen des Herrn anrufen und ihm einmütig dienen.«[85]

Das auserwählte Volk

> »Ich nehme euch als mein Volk an und werde euer Gott sein.«[86]

Mit diesen Worten wird im 2. Buch der Tora auf die besondere Beziehung zwischen Gott und den Juden hingewiesen. Im 5. Buch der Tora wird dieser Vers wiederholt, aber das Wort *nehmen* durch das Wort *wählen* ersetzt.[87] Aus diesen beiden Versen wurde die Bezeichnung »das auserwählte Volk« abgeleitet. Für die antisemitische Literatur wurde diese Bezeichnung zum Anlass genommen, dem Judentum vorzuwerfen, sich über die anderen Völker stellen und diese beherrschen zu wollen.

Im Altertum war es selbstverständlich, dass jedes Volk seinen Gott verehrte und in diesem Gott seinen besonderen Beschützer sah. Das Außergewöhnliche in der Beziehung Jahwes zu seinem Volk liegt nicht so sehr in der Erwählung als in dem in Folge einsetzenden Universalitätsanspruch des jüdischen Gottes. Die Tatsache, dass nicht nur Gott sein Volk auswählte, sondern die Juden dieser Wahl auch zugestimmt haben, zeugt von einem freien, von Gott unabhängigen Willen der Menschen. Der Abschluss des Bundes zwischen Gott und dem jüdischen Volk war das Ergebnis dieser gegenseitigen Wahl.

Jüdische und christliche Theologen warfen die Frage auf, ob der abgeschlossene Bund wegen der Verfehlungen der Juden von Gott aufkündbar ist. Der Toravers, der diese Vermutung nahe legt, lautet: »Denn ich habe ihn [Abraham] dazu auserwählt, dass er seinen Söhnen und seinem Haus nach ihm aufträgt, den Weg des Herrn einzuhalten und zu tun, was gut und recht ist, *damit* der Herr seine Zusagen an Abraham erfüllen kann.«[88]

Hier werden offensichtlich die Zusagen Gottes vom Verhalten des jüdischen Volkes abhängig gemacht. Andererseits heißt es auch: »Sie sollen ihre Schuld sühnen, weil sie immer wieder meine Vorschriften missachtet und meine Satzungen verabscheut haben. Aber selbst wenn sie im Land ihrer Feinde sind, werde ich sie nicht missachten und sie nicht verabscheuen, um ihnen etwa ein Ende zu machen und meinen Bund mit ihnen zu widerrufen; denn ich bin der Herr, ihr Gott.«[89] Diese Worte werden sowohl von jüdischen als auch von christlichen Theologen so inter-

pretiert, dass der am Sinai geschlossene Bund weiterhin besteht.

Welche Verpflichtungen und Vorrechte sind es nun,
die sich für die Juden aus diesem Vertrag ergeben? Die
Propheten weisen immer wieder auf die vorrangige
Verpflichtung hin, nicht nur die ethischen Gesetze,
sondern auch alle übrigen religiösen Gebote zu befolgen. Dazu gehören der Gottesdienst, das Sabbatgebot
und die vielen anderen Gebote, auf die zum Teil noch
eingegangen werden wird.

Entscheidend ist die durch Gott vorgenommene,
ungleich strengere Beurteilung der Juden im Vergleich
zu anderen Völkern. Für alle anderen Völker gelten
nur die sieben »noachidischen Gesetze«, während die
Juden 613 Gesetze befolgen müssen, um vor Gott
genauso gerechtfertigt zu sein. Der Prophet Jesaja
behauptet, dass Gott das Volk Israel nur deshalb
erwählte, damit es die Verfehlungen der Völker auf
sich nehme und diese durch sein Leiden zu entsühnen[90] – ein Gedanke, der später auf den Kreuzestod
Jesu übertragen wurde.

Das Christentum hat den Begriff »auserwähltes
Volk« für sich als Bezeichnung übernommen, was sich
aus dem Ursprung dieser Religion erklären lässt.
Denn Jesus und die Apostel kamen ausschließlich aus
dem Judentum und sie fassten die neue Lehre nicht als
eine radikale Abkehr auf, sondern im Gegenteil als
eine Fortsetzung und Bereicherung des jüdischen
Glaubens. Tatsächlich kam der Bruch zwischen Juden
und Christen erst relativ spät, als die Christen zwei
wesentliche jüdische Gesetze aufhoben, die Speisegesetze und das Gesetz der Beschneidung.[91] Dadurch

wurden die zwei für Nichtjuden am schwierigsten zu erfüllenden Bestimmungen aus der jüdischen Religion entfernt und die neue Religion, das Christentum, konnte leichter Verbreitung finden. Der Apostel Paulus schreibt dazu: »Es ist aber keineswegs so, dass Gottes Wort hinfällig geworden ist ... «[92] Und: »Nicht die Kinder des Fleisches sind Kinder Gottes, sondern die Kinder der Verheißung werden als Nachkommen anerkannt.«[93]

Der Apostel vergleicht das alte Israel mit einem Ölbaum, in dem ein neuer Zweig zwischen die alten Zweige, das heißt die christliche in die jüdische Gemeinde, eingesetzt wurde.[94] In diesem Sinn ist die Fortsetzung des Bundes gegeben und der Begriff des auserwählten Volkes auf die Christenheit übertragen worden. Paulus schreibt im Zusammenhang mit der Offenbarung am Sinai und dem Auszug aus Ägypten: »Ihr sollt wissen, Brüder, dass unsere Väter alle unter der Wolke waren, alle durch das Meer zogen und alle auf Moses getauft wurden in der Wolke und im Meer.«[95]

Für christliche Theologen war das Weiterbestehen des Judentums unter diesen Umständen nur als vom Satan bewirkte »Verstocktheit« zu erklären. Diese Auffassung, die in der Bezeichnung »Synagoge des Satans« gipfelte, bot die theologische Grundlage der Judenverfolgungen. Erst seit dem 19. Jahrhundert löste sich die Kirche nach und nach von dieser Lehre, bis endlich die vatikanische Kommission für die religiösen Beziehungen zum Judentum 1985 erklärte: »Auf jeden Fall muss man sich von der traditionellen Auffassung freimachen, wonach Israel ein bestraftes

Volk ist, aufgespart als lebendes Argument für die christliche Apologetik. Es bleibt das auserwählte Volk.«

II. DAS RITUELLE LEBEN

Im Alltag

Die Zehn Gebote

»Ich bin Jahwe, dein Gott.«[1]

So werden die Zehn Gebote eingeleitet, die sowohl im 2. als auch im 5. Buch der Tora,[2] jedoch in nicht gänzlich übereinstimmendem Wortlaut, verzeichnet sind. Ibn Esra (1089–1164) meinte dazu: »Worte sind wie der Körper, ihr Sinn wie die Seele; deshalb meinen die Weisen, dass man sich über den unterschiedlichen Wortlaut keine besonders eingehenden Gedanken machen soll, solange der Sinn derselbe bleibt.«

Die Zehn Gebote regeln die Beziehung der Menschen zu Gott und zueinander. Immer wieder wurde von den Gelehrten auf deren die ganze Lehre umfassenden Charakter hingewiesen, indem alle anderen biblischen Gebote jeweils einem der Zehn Gebote zugeordnet wurden. Über ihre Aufnahme in das tägliche Gebet konnten sich die Gelehrten nicht einigen. Sie befürchteten nämlich, durch das Hervorheben der Zehn Gebote der irrigen Auffassung Vorschub zu leisten, dass nur die auf den Steintafeln eingemeißelten Zehn Gebote göttlichen Ursprungs seien.

In der Tora wird berichtet, dass der Wortlaut der Gebote auf beiden Seiten der Tafeln eingemeißelt war.[3] Da die Tafeln sicher dünn waren – sonst hätte sie Moses kaum vom Berg Sinai ins Tal tragen können –, müsste der Text auf der einen Seite nur in Spiegelschrift zu sehen gewesen sein. Weiters hätten die Innenteile von Buchstaben, die ringförmig gemeißelt waren (wie zum Beispiel in unserer Schrift das O), herausfallen müssen. Dass die Tafeln auf beiden Seiten lesbar waren und die Innenteile im Schwebezustand verblieben, führten die Rabbinen auf ein göttliches Wunder zurück.

Noch viele weitere Legenden sind über diese Steintafeln überliefert: So wird etwa erzählt, es sei nur der den Zehn Geboten innewohnenden Kraft zuzuschreiben, dass Moses die schweren Tafeln tragen konnte oder dass zwischen den Zehn Geboten auch alle anderen in der Tora verzeichneten 613 Gebote eingemeißelt gewesen sind. Wahrscheinlich diente eine solche Legende dazu, die Bedeutung der Zehn Gebote im Vergleich zu den anderen Geboten nicht allzu sehr in den Vordergrund treten zu lassen.

In der Tora sind die Sätze der Zehn Gebote, so wie alle anderen Sätze, ohne Unterteilung und Nummerierung verzeichnet. Erst später wurde der Text, um die Zahl zehn zu erhalten, verschieden unterteilt. Abraham bar Hijja, ein Gelehrter, der vermutlich 1136 in Barcelona starb, stellte die Zehn Gebote abweichend von der heute üblichen Weise so zusammen, dass ihr innerer Zusammenhang klarer zum Vorschein kommt. Er unterteilte die im Allgemeinen als ein Gebot gesehenen Sätze »Ich bin Jahwe, dein Gott« und »Du sollst keine anderen Götter haben« in zwei Gebote und fasste die beiden Gebote »Du sollst nicht nach der Frau deines Nächsten verlangen« und »Du sollst nicht das Haus deines Nächsten begehren« zu einem Gebot zusammen. Da in der Tora keine Einteilung der Gebote vorliegt, war dies möglich, ohne Anstoß zu erregen.

Seine Einteilung ergibt die folgende Tabelle:

1. Ich bin Jahwe, dein Gott			
	Mensch zu Gott	Mensch zur Familie	Mensch zu Mensch
Denken	2. Du sollst keine anderen Götter haben	5. Ehre deinen Vater und deine Mutter	10. Du sollst nicht begehren
Sprechen	3. Du sollst den Namen Gottes nicht missbrauchen	6. Du sollst nicht töten	9. Du sollst kein falsches Zeugnis ablegen
Tun	4. Gedenke des Sabbats	7. Du sollst nicht die Ehe brechen	8. Du sollst nicht stehlen

Bei dieser Einteilung fällt auf, dass das Gebot »Du sollst nicht töten« unter »Sprechen« und unter der Beziehung »Mensch zur Familie« erscheint. Der Grund dafür ist die Meinung der Gelehrten, dass das Töten auch mit der Zunge, also etwa durch Kränkung eines Mitmenschen, möglich ist. Ein Verstoß gegen dieses Gebot kommt innerhalb der Familie durch die engen Beziehungen öfter vor. Das Gebot »Gedenke des Sabbats« ist in erster Linie mit dem Einhalten der Arbeitsruhe am Sabbat verbunden und wird deshalb dem Bereich des »Tun« zugeordnet. Obwohl Bibelforscher das Entstehen der Zehn Gebote schon auf das zweite vorchristliche Jahrtausend zurückführen, beeindruckt die Prägnanz dieser weder raum- noch zeitgebundenen Verhaltensvorschriften nach wie vor.

Opfer und Gebet

> »Er baute dort einen Altar und rief
> den Namen des Herrn an.«[4]

Das Darbringen von Opfern erfolgte stets auf einem Altar und stand in enger Beziehung zum Gebet. Beide, Opfer und Gebet, sollten Gott gnädig stimmen, damit er die Wünsche der Menschen erhöre.

Im 5. Buch der Tora werden die Opferhandlungen eingehend beschrieben. Demnach waren für die Feiertage gewisse Opfer vorgeschrieben, für die Gläubigen war es jedoch möglich, Opfer aus innerem Antrieb oder bei bestimmten Anlässen darzubringen. Dabei wurden sowohl Tiere als auch Getreide, Mehl, Brot, Früchte, Öl und Weihrauch geopfert, wobei manche Opfer zur Gänze am Altar verbrannt wurden, andere nur zum Teil. Der verbliebene Teil diente den Priestern als Lebensunterhalt.

Diese Art von Weihehandlungen kann schon in den frühesten menschlichen Kulturen nachgewiesen werden. Die erste Darbringung von Opfer, die von Abel und Kain, wird im 1. Buch der Tora geschildert. Es ist anzunehmen, dass diese Erzählung auf den traditionellen Konflikt zwischen den sesshaft gewordenen Ackerbauern und den nomadisierenden Viehzüchtern beruhte, personifiziert durch Kain und Abel.

Abrahams Opfer aus der Vogelkopf-Haggada (1300). Um das Verbot, menschliche Gesichter abzubilden, nicht zu übertreten, wurden die Menschen mit Vogelköpfen dargestellt. Abraham mit dem spitzen Judenhut (Israel Museum, Jerusalem).

Der Acker, auf dem meistens Getreide angebaut wurde, war für das Vieh eine verlockende Weide. Deshalb mussten die Ackerbauern ihr Feld gegen die nomadisierenden Viehzüchter immer wieder verteidigen. Vermutlich endete dieser Streit eher mit dem Tod des Nomaden, da der sesshafte Bauer einen kulturellen Vorsprung hatte und besser organisiert und ausgerüstet war. In der Tora wird diese Auseinandersetzung mit Gottes gnädiger Annahme des Opfers Abels (ein Lamm) und der Zurückweisung des Opfers Kains (eine Getreidegarbe) begründet.

Maimonides bezeichnete das Darbringen von Opfern als fromme List Gottes. Er meinte damit, dass Gott den Juden das Opfer nur deshalb erlaubte, weil er wusste, dass es ihnen schwer fallen würde, von diesem seit alters her überlieferten Brauch Abstand zu nehmen. Gott nahm deshalb die Opferdarbringung in den Ritus auf, versah sie allerdings mit einem neuen Inhalt.

Eine Opferhandlung, die bis in unsere Zeit zu leidenschaftlichen Auseinandersetzungen geführt hat, wird im 1. Buch der Tora beschrieben.[5] Es handelt sich um die Bereitschaft Abrahams, seinen geliebten Sohn Isaak als Opfer darzubringen. Die christliche Kirche hat schon im 2. Jahrhundert n. Chr. in der Opferung Isaaks ein Vorbild für den Opfertod Jesu gesehen. Deshalb wird bei den Darstellungen des Todes Jesu am Kreuz manchmal die Opferung Isaaks als Vorbild mit abgebildet. Auch der Koran spricht voller Bewunderung über dieses Zeugnis für den tiefen Glauben Abrahams, wobei jedoch betont wird, dass nicht Isaak, sondern Ismael als Opfer vorgesehen war.

Im Mittelalter entstand eine neue Interpretation dieses Toratextes. Demnach wurde Isaak tatsächlich geopfert und danach von Gott wieder zum Leben erweckt. Ausschlaggebend dafür waren die Worte am Ende des Kapitels: »Darauf kehrte Abraham zurück«[6], ohne Erwähnung Isaaks. Diese Textauslegung beeinflusste wesentlich das Verhalten vieler jüdischer Eltern am Beginn des 1. Kreuzzuges (1096–1099 n. Chr.). Ein Großteil derer, die am Kreuzzug teilnahmen, wollte sich in erster Linie bereichern. Als sie durch das Rheintal zogen, überfielen sie deshalb die in ihren Augen ungläubigen und noch dazu reichen sowie wehrlosen jüdischen Gemeinden – ein gefahrloses und ein lohnendes Ziel. In Nachvollziehung des Opfers Abrahams brachten damals jüdische Eltern zuerst ihre Kinder und danach sich selbst um, um so ihren Kindern und sich die Folter zu ersparen.

Auch in der theologischen Auseinandersetzung des Judentums mit dem Christentum berief man sich auf die Interpretation, wonach Isaak getötet und dann wieder belebt wurde. Man glaubte, mit dem zum Leben erweckten Isaak der Auferstehung Jesu etwas Gleichwertiges entgegenhalten zu können.

Die Geschichte der Opferung Isaaks rief bei den jüdischen Gelehrten in zweifacher Hinsicht Bedenken hervor: Sie stellten die Frage, ob nicht die Bereitschaft Abrahams zu dieser Tat den fundamentalen ethischen Gesetzen zuwiderläuft. Der jüdisch-hellenistische Philosoph Philo von Alexandrien (20 v. Chr. – 50 n. Chr.) entschuldigte die Handlung Abrahams mit dessen großer Liebe zu Gott. Des Weiteren wurde gefragt, warum Gott Abraham auf diese Probe gestellt hat. Es steht geschrieben: »Denn jetzt weiß ich, dass du gottesfürchtig bist; du hast mir deinen einzigen Sohn nicht vorenthalten.«[7] Von Gott wird angenommen, dass er sogar die innersten Gedanken der Menschen kennt. Wieso konnte er durch die Prüfung Abrahams neue Kenntnisse über diesen gewinnen? Die Gelehrten wiesen darauf hin, dass die Probe nur für Abraham wichtig war, der nicht wusste, wie weit er bereit war, Gottes Befehlen zu folgen.

In der jüdischen Religion wird in dieser Erzählung die Person Isaaks in den Vordergrund gestellt. Deshalb wird das beschriebene Geschehen als »die Bindung Isaaks« bezeichnet. Die Gelehrten sahen in der Zustimmung Isaaks zu seinem Opfertod – er ließ sich ohne Gegenwehr auf den Altar binden – eine höhere Opferbereitschaft als bei Abraham. Dieser empfing nämlich den Befehl direkt von Gott, während Isaak seinen Opfertod nur durch Abraham angekündigt erhielt. Andere meinten dagegen, dass Isaak ohnehin wusste, dass sein Vater immer nur Gottes Worten gehorcht. Weiters wurde die Ansicht vertreten, dass es der vordringliche Sinn dieser Gottesprobe war, der ganzen Welt kundzutun, dass Gott das Kindesopfer nicht verlangt. Denn in der Bibel wird berichtet, dass Mescha, der König von Moab, auf der Stadtmauer seinen ältesten Sohn opferte, nachdem er durch die Krieger Israels in arge Bedrängnis geraten war. Eigentümlicherweise bewirkte dieses Opfer an den Gott der Moabiter, dass die Belagerung abgebrochen wurde.[8] Dieser und ähnliche Berichte zeigen, dass Kindesopfer im nahöstlichen Raum verbreitet waren. Es fällt auf, dass die Bibel an keiner anderen Stelle die Opferung Isaaks erwähnt. Dies könnte darauf hindeuten, dass es sich bei diesem Bericht um einen späteren Zusatz handelt.

Der Philosoph Søren Kierkegaard (1813–1855 n. Chr.) – ein tiefgläubiger Christ – befasste sich in seinem 1843 erschienenen Buch »Furcht und Beben« eingehend mit dieser Toraerzählung. Nach seiner Meinung gibt es Menschen, die ihre Handlung nach einem ethischen Prinzip ausrichten und solche, die sich in ihren Handlungen ausschließlich an ihrer religiösen Eingebung orientieren. Die Letzteren nennt Kierkegaard Ritter des Glaubens. Abraham gehörte beiden Menschentypen an, dem ethischen und dem religiösen: Er befolgte die göttliche Aufforderung unter ständigem Fürchten und Beben, da er nicht völlig sicher war, ob es wirklich Gott ist, der ihn für diese schreckliche Tat gewinnen will.

Da die vorgeschriebenen Darbringungen von Opfer an das Heiligtum gebunden waren, wurden diese nach der Vernichtung des Jerusalemer Tempels im Jahr 70 n. Chr. durch Gebete als symbolische Opferhandlungen ersetzt. Das Gebet in der Bibel umfasst sowohl die Bitte um den täglichen Bedarf als auch Hilferufe zu Gott aus tiefster seelischer Not, wie es in vielen Psalmen zum Ausdruck kommt.

Das Gebet Jakobs, eines der Urväter der Juden, ist als erstes längeres Gebet in der Tora wiedergegeben. Als dieser mit seinen Frauen und Kindern sowie mit seinem ganzen Gefolge nach vielen Jahren der Abwesenheit auf dem Weg zu seinem Geburtsort war, erfuhr er, dass ihm sein Bruder Esau mit vierhundert Mann entgegenzog. Jakob fürchtete Esau, weil er ihm sowohl das Erstgeburtsrecht als auch den Segen ihres Vaters Isaak abgelistet hatte. In seiner Not betete er: »Gott meines Vaters Abraham und Gott meines Vaters Isaak, Herr, der Du zu mir gesprochen hast: Kehre zurück in dein Land und in deinen Geburtsort und ich will es dir gut gehen lassen. Ich bin zu gering für alle Gnaden und für alle Treue, die Du Deinem Knecht erwiesen hast; … Errette mich doch aus der Hand meines Bruders, der Hand Esaus. Ich fürchte, dass er kommt und mich erschlägt, Mutter und Kinder. Du aber hast gesagt: Ich will es dir gut gehen lassen und deine Nachkommen zahlreich machen wie den Sand am Meer, den niemand zählen kann vor Menge.«[9]

Zuerst beruft Jakob sich auf Gottes Auftrag, nach Palästina zurückzukehren, und hebt so die Verantwortung Gottes für seine augenblickliche Lage hervor. Im anschließenden Satz drückt er seine dankbare Anerkennung für die ihm erwiesene Wohltat aus, die er ohne eigenes Verdienst erhielt. Im dritten Satz endlich schreit er förmlich um Errettung. Schließlich erinnert er Gott an seine Zusage, seine Nachkommenschaft zu einem großen Volk werden zu lassen.

Aus diesem Gebet ist das Verhältnis der Juden zu Gott ersichtlich. Das »Ich-Du«-Verhältnis zu Gott zeigt ein kindliches Vertrauen auf und in Gott. Gott ist aber darüber hinaus auch ein Partner – sowohl ein Vertragspartner auf Grund des am Sinai geschlossenen Bundes als auch ein Partner im Rahmen einer Lebensgemeinschaft mit gegenseitigen moralischen Pflichten.

Die fundamentale Verschiedenheit bedeutet kein Hindernis, existiert ja eine ähnlich ungleiche Beziehung auch zwischen Eltern und Kindern. Die Möglichkeit für eine Partnerschaft ist für den Juden durch den Satz gegeben: »Gott sprach, wir wollen Menschen machen als unser Abbild, uns ähnlich. Gott schuf den Menschen als sein Abbild, als Abbild Gottes schuf er ihn.«[10] Diese vierfache Zusicherung der Ähnlichkeit des Menschen mit Gott bedeutet sowohl einen menschlichen Gott als auch, dass sich im Menschen ein Götterfunke befindet. Dieses Gefühl der Gottesnähe, der jederzeit möglichen direkten Kommunikation bestimmt wesentlich die Religiosität eines Juden.

Die beim Gottesdienst zu sprechenden Gebete werden von der Gemeinde gemeinsam mit dem Rabbiner in Anlehnung an die Tradition bestimmt. In Synagogen der orthodoxen Richtung verursacht die Vielzahl der Gebete, dass diese mit einer Geschwindigkeit gesprochen werden, die der Innigkeit des Textes widersprechen. Den Betenden ist es in diesem Fall ein besonderes Anliegen, jene Texte zu sprechen, die durch die jahrhundertealte Tradition einen religiösen Eigenwert erhielten und daher nicht weggelassen werden sollten. Die von alters her überlieferten Texte werden auch deshalb so hoch geachtet, weil sich der gläubige Jude durch ihr Aufsagen in einer mystischen Einheit mit seinen Vorfahren wähnt.

Die Reformrichtung kürzte die Gebetsordnung durch eine strenge Auslese, wobei die Gebete, die inhaltlich nicht mit der liberalen Auffassung der Religion übereinstimmten, weggelassen wurden. So u.a. die Bitte, den Tempel in Jerusalem wieder herzustellen, um dort Tiere opfern zu können.

Das heiligste Gebet der Juden, das Jesus als das wichtigste Gebot bezeichnete[11], beginnt mit dem Satz: »Höre Israel, der Herr, unser Gott, der Herr ist eins.«[12] Das hebräische Wort für »eins« bedeutet sowohl »eins« – dies kann man als Hinweis auf den Monotheismus verstehen – als auch »einzig«. Im letzteren Fall steht die vollkommene Wesensverschiedenheit des Gottes der Juden, verglichen mit den heidnischen Göttern, im Vordergrund. Laut einer Auslegung bedeutet das Wort »eins«, dass die ganze Welt aus Gott und in ihm besteht, und nur vom menschlichen Gesichtspunkt aus glauben wir, voneinander unabhängige Sachen und Wesen wahrzunehmen. Diese panentheistische Lehre wurde von anderen als Häresie betrachtet.

Die Worte dieses Gebets »Höre Israel ...« sollen die letzten Worte eines Sterbenden sein, bevor er aus der Welt scheidet. Zahllose jüdische Märtyrer starben mit diesen Worten auf den Lippen.

Der Satz »Höre Israel ...« soll zumindest so laut gebetet werden, dass man selbst die Worte hört. Der zweite, später eingefügte Satz, der nicht in der Tora steht, »*Gesegnet sei der Name seines glorreichen Königtums in aller Ewigkeit*«, soll hingegen leise gesagt werden. Nur einmal im Jahr, am Ende des Versöhnungstages, wird dieser Satz dreimal laut wiederholt. Manche sehen in diesem Satz die Worte wiedergegeben, mit denen die Engel Gott laut preisen. Nur nach dem Versöhnungstag sind die Juden von ihren Sünden befreit und daher so rein wie Engel. Sie haben daher das Anrecht, Gott ebenfalls laut zu preisen.

Andere meinen, dass die Erwähnung des ewigen Königtums Gottes auf das Kommen des Messias hinweist. Die Juden wissen, dass sie als Sünder noch nicht die Ankunft des Messias erwarten können, sondern dass dieses Ereignis von der Gnade Gottes abhängig ist. Deshalb wird der Satz als Zeichen der Bescheidenheit leise gesagt. Am Ende des Versöhnungstages sind sie durch innere Einkehr und Reue frei von Sünden und dürfen daher Gott laut auf sein Versprechen aufmerksam machen, den Messias zu senden.

Das Gebet fährt folgendermaßen fort: »Und du sollst lieben deinen Gott mit deinem ganzen Herzen, mit deiner ganzen Seele und mit deiner ganzen Kraft«.[13] Raschi (1040–1105), der berühmteste Rabbiner des 11. Jahrhunderts n. Chr., sagte dazu: »Befolge Seine Worte aus Liebe. Einer, der aus Liebe etwas tut, ist nicht gleich dem, der es aus Furcht tut.«

Weiter heißt es in diesem Gebet, die Gebote den Kindern einzuschärfen, stets über sie zu sprechen, sie an den Arm und zwischen die Augen zu binden und sie auch an den Türpfosten des Hauses zu befestigen. Aus diesen wörtlich genommenen Weisungen wurde das Gebot abgeleitet, die Tefillin, die Gebetskapseln und Gebetsriemen, beim Morgengebet anzulegen und die Mesusa an den Türpfosten anzubringen.

Die Gebetsriemen weisen zwei schwarze würfelförmige Lederbehälter auf, deren Kantenlänge zirka drei Zentimeter beträgt. Einer davon wird in der Mitte des oberen Stirnhälfte am Haaransatz mit einem um den Kopf geführten und hinten in einer bestimmten Art verknoteten Lederriemen befestigt. Vom Knoten hängen die beiden Enden des Riemens etwa fünfzig Zentimeter über die Schulter nach vorn.

Mit den Armriemen wird am linken Oberarm, bei Linkshändern am rechten Oberarm, die zweite der schwarzen Kapseln befestigt. Der Riemen wird siebenmal über den Unterarm gewickelt, wobei die aschkenasische Tradition die Richtung gegen den Uhrzeiger, die sephardische Tradition im Uhrzeigersinn vorschreibt. Um die Hand wird der Gebetsriemen dreimal und um den mittleren Finger ebenfalls dreimal herumgeführt. Die Riemenführung auf diese Art erinnert an die Form des ersten Buchstabens des Wortes »Schaddaj«. Dieses Wort, deutsch »der Allmächtige«, ist eine der Bezeichnungen für Gott. Die Lederkapseln enthalten die vier Passagen der Tora, auf die dieser Brauch zurückgeführt wird.

Die Stirnkapsel ist in vier Kammern unterteilt, die jeweils einen Toravers beinhalten, während die Kapsel, die für den Arm bestimmt ist, nur eine Kammer aufweist. Talmudgelehrte folgerten daraus, dass man zwar verschiedene Auffassungen über religiöse Fragen haben kann, dass aber bei der Erfüllung religiöser Gebote eine einheitliche Haltung geboten ist.

Die Mesusa ist ein kleiner, länglicher Behälter, meist aus Metall, der aus dem Gebet »Höre Israel ...« jene zwei Stellen der Tora[14] zitiert, in denen die Vorschriften über die Mesusa niedergelegt sind. Die Mesusa wird am Haus- und Wohnungseingang sowie an jedem Türpfosten eines Wohnraumes, meistens von einem Rabbiner, in festlichem Rahmen angebracht. Bei orthodoxen Juden ist es Vorschrift, die Mesusa beim Betreten des Raumes mit zwei Fingern der rechten Hand zu berühren und dann diese Finger zu küssen. Im Mittelalter bekam die Mesusa die Bedeutung eines Amuletts zur Abwehr böser Geister. Zu diesem Zweck wurden kabbalistische Namen und Symbole zur Verzierung verwendet.

Das am meisten verbreitete Symbol des Judentums ist der Davidstern, zwei ineinander verflochtene Dreiecke. Eines zeigt mit einer Spitze nach oben, das andere nach unten. Seit der Bronzezeit wird dieses Symbol von vielen Völkern als magisches Zeichen für das Zusammenwirken himmlischer und irdischer Kräfte betrachtet.

Im Mittelalter wurde der sechszackige Stern zur Verzierung von Kultbauten und Kultobjekten von allen drei monotheistischen Religionen verwendet. In dieser Zeit wurde er auch auf Mesusot (Mehrzahl von

Mesusa) angebracht, obwohl Maimonides dies scharf verurteilte. Unter dem Namen »Davids Schild« fand er Eingang in die mittelalterliche Magie und die Muslime bezeichneten ihn als »Siegel Salomons«. In Prag wurde der sechszackige Stern auf der Fahne der Judenschaft ab 1354 verwendet, aber erst vom 17. Jahrhundert an bekam er seine heutige Bedeutung als ein Symbol, das fast ausschließlich mit dem Judentum identifiziert wird.[15]

In Ländern, die unter der Herrschaft der Nationalsozialisten standen, mussten Juden einen gelben Davidstern tragen. Dieser und der siebenarmige Leuchter, der an den Leuchter im salomonischen Tempel erinnert, sind heute die Symbole des Staates Israel. Der Stern scheint in blauer Farbe auf weißem Grund auf der Fahne und der Leuchter im Wappen auf.

Die Segenssprüche

> »Gepriesen sei der Herr, der Gott meines Herrn Abraham.«[16]

Im Leben eines frommen Juden spielen die Segenssprüche, die eigentlich kurze Gebete sind, eine bedeutende Rolle. So wie das lateinische Wort »Benedictio« bedeutet das hebräische Wort »Beracha« sowohl »Segensspruch« als auch »Lobpreisung«. Obwohl die letztgenannte Bezeichnung weniger üblich ist, wäre sie sicherlich zutreffender, da diese Kurzgebete alle mit der Lobpreisung Gottes beginnen und dann mit einer Bitte oder einer Danksagung ihre Fortsetzung finden.

Die täglich zumindest dreimal gebeteten, ursprünglich achtzehn, später neunzehn Segenssprüche werden hebräisch »Amida« genannt und wurden um Christi Geburt in einem Gebet zusammengefasst. Das Wort »Amida« kommt vom hebräischen Wort »stehen«, da sie nur stehend gesagt werden dürfen. Der Betende soll sich während des Gebetes in die Richtung des einstigen Jerusalemer Tempels wenden. Dieser Text beinhaltet die wichtigsten Grundsätze der Religion:[17]

Herr! Öffne meine Lippen, dass mein Mund Dein Lob verkünde!

1) *Gelobt seist Du, Herr, unser Gott und Gott unserer Väter, Gott Abrahams, Gott Isaaks und Gott Jakobs, großer, allmächtiger Gott, höchster Gott, der liebevolle Gnade erweist, Schöpfer des Alls, der der Frömmigkeit der Väter gedenkt und ihren Kindeskindern den Erlöser bringt, um Seines Namens willen in Liebe. König, Helfer, Retter und Schild! Gelobt seist Du, Herr, Schild Abrahams.*

2) *Du bist mächtig in Ewigkeit, Herr. Du belebst die Toten, Du bist reich an Hilfe. Du erhältst alles Lebende in Liebe, belebst die Toten mit großer Barmherzigkeit. Du stützt die Fallenden, heilst die Kranken und befreist die Gefesselten. Du bewährst Deine Treue denen, die im Staube schlummern. Wer ist wie Du, der Allmacht Herr? Wer ist Dir gleich, ein König, der tötet und belebt und das Heil erblühen lässt? Getreu bist Du, die Toten wieder zu beleben. Gelobt seist Du, Herr, der die Toten belebt.*

Die Mizrachtafel dient der Orientierung. Der Betende wendet sich in Richtung Osten (hebr. Misrach) bzw. in Richtung Jerusalemer Tempel (Foto: Musée Alsacien, Strasbourg).

3) *Du bist heilig und Dein Name ist heilig. Die zur Heilung Berufenen preisen Dich Tag für Tag. Gelobt seist Du, Herr, der heilige Gott.*

4) *Du begnadest den Menschen mit Erkenntnis und lehrst die Sterblichen Einsicht. Begnade uns mit Erkenntnis, Einsicht und Verstand von Dir. Gelobt seist Du, Herr, der mit Erkenntnis begnadet.*

5) *Führe uns zurück, unser Vater, zu Deiner Tora. Bring uns näher, unser König, Deinem Dienst. Lass uns bußfertig zu Dir zurückkehren. Gelobt seist Du, Herr, dem Umkehr wohlgefällig ist.*

6) *Vergib uns, unser Vater, dass wir gefehlt, verzeih uns, unser König, dass wir abgefallen, denn Du vergibst und verzeihst. Gelobt seist Du, Herr, der gnädig immer wieder verzeiht.*

7) *Sieh unsere Not und führe unseren Streit und erlöse uns bald um Deines Namens willen, denn Du bist ein machtvoller Erlöser. Gelobt seist Du, Herr, der Israel erlöst.*

8) *Heile uns, Herr, dann sind wir geheilt, hilf uns, dann ist uns geholfen, denn unser Ruhm bist Du. Bring allen unseren Schmerzen volle Genesung, denn ein wahrhaft heilender, erbarmungsvoller König bist Du, o Gott. Gelobt seist Du, Herr, der die Kranken seines Volkes Israel heilt.*

9) *Segne uns, Herr, unser Gott, dieses Jahr und die Fülle seines Ertrags zum Guten. Gib Segen für die Flur, sättige uns mit Deinem Gut und segne unser Jahr wie die guten Jahre. Gelobt seist Du, Herr, der die Jahre segnet.*

10) *Stoße in die große Posaune zu unserer Befreiung*

und erhebe das Panier, unsere Verbannten zu sammeln. Sammle uns alle von den vier Enden der Erde. Gelobt seist Du, Herr, der die Verbannten seines Volkes Israel sammelt.

11) Bring zurück unsere Richter wie vordem und unsere Ratgeber wie einst. Wende ab von uns Seufzen und Klage und regiere über uns, Du allein, Herr, in Gnade und Erbarmen, und rechtfertige uns im Gericht. Gelobt seist Du, Herr, der Gerechtigkeit und Recht liebt.

12) Den Lästerern sei keine Hoffnung und alle Übeltäter mögen im Augenblick untergehen. Mögen sie alle rasch vertilgt werden und die Frevler entwurzele schnell, zerschmettere sie, wirf sie nieder, demütige sie, bald in unseren Tagen. Gelobt seist Du, Herr, der die Feinde zerbricht und die Frevler demütigt.

13) Über die Gerechten und über die Frommen, über die Ältesten deines Volkes Israel, über den Rest der Gelehrten, über die frommen Fremden und über uns selbst rege sich Dein Erbarmen, Herr, unser Gott. Gib guten Lohn allen, die auf Deinen Namen in Wahrheit vertrauen. Gib unseren Anteil mit ihrem zusammen, damit wir nie zuschanden werden, denn auf Dich vertrauen wir. Gelobt seist Du, Herr, Stütze und Zuversicht der Gerechten.

14) Nach Jerusalem, Deiner Stadt, kehre zurück in Erbarmen. Wohne in ihrer Mitte, wie Du versprochen. Baue sie auf, bald in unseren Tagen, als ewigen Bau. Den Thron Davids richte bald auf in ihrer Mitte. Gelobt seist Du, Herr, der Jerusalem erbaut.

15) *Den Spross Davids, Deines Dieners, lass bald sprossen und erhebe seine Kraft mit Deinem Heil, denn auf Dich hoffen wir jeden Tag. Gelobt seist Du, Herr, der die Kraft des Heils emporsprießen lässt.*

16) *Höre unsere Stimme, Herr, unser Gott, schone uns und erbarme Dich über uns. Empfange mit Gefallen und Erbarmen unser Gebet, denn Gebete und Bitten erhörst Du, Gott. Weise uns nicht leer von Dir hinweg, unser König. Denn Du erhörst das Gebet Deines Volkes Israel in Erbarmen. Gelobt seist Du, Herr, der das Gebet erhört.*

17) *Hab Wohlgefallen, Herr, unser Gott, an Deinem Volk Israel und an ihrem Gebet. Bring den Dienst zurück in das Heiligtum Deines Hauses und die Opfer Israels und ihr Gebet nimm in Liebe und Wohlgefallen auf; und zu ständigem Wohlgefallen sei der Dienst Deines Volkes Israel. Und mögen unsere Augen es sehen, wenn Du nach Zion in Erbarmen zurückkehrst. Gelobt seist Du, Herr, der seine Gegenwart nach Zion zurückbringt.*

18) *Dankend bekennen wir uns zu Dir, der Du der Herr, unser Gott und der Gott unserer Väter bist in Zeit und Ewigkeit. Fels unseres Lebens, Schild unseres Heils bist Du von Geschlecht zu Geschlecht. Dankbar bekennen wir uns zu Dir und künden deinen Ruhm für unser Leben, das in Deine Hand gegeben, und unsere Seelen, die Dir anvertraut, und Deine Wunder, die täglich uns zuteil werden, und Deine Wundertaten und Wohltaten zu jeder Zeit, abends, morgens und mittags. Allgütiger, dein Erbarmen ist nie zu Ende. All-*

barmherziger, Deine Güte hört nie auf. Von jeher hoffen wir auf Dich. Für all dies sei Dein Name, unser König, stets gepriesen und erhoben in Zeit und Ewigkeit. Alles, was da lebt, bekenne sich dankbar zu Dir und lobpreise aufrichtig Deinen Namen, Allmächtiger, der Du unser Heil und unsere Hilfe bist. Gelobt seist Du, Herr, Allgütiger ist Dein Name, und schön ist es, uns in Dankbarkeit zu Dir zu bekennen.

19) *Gib Frieden, Glück und Segen, Gnade, Liebe und Erbarmen uns und ganz Israel, Deinem Volke. Unser Vater, segne uns allesamt im Licht Deines Angesichts. Denn im Licht Deines Angesichts gabst Du uns, Herr, unser Gott, die Tora des Lebens, die Liebe zur Güte, Gerechtigkeit und Segen, Erbarmen, Leben und Frieden. Möge es gut sein in Deinen Augen, Dein Volk Israel zu segnen mit Deinem Frieden, zu jeder Zeit und zu jeder Stunde. Gelobt seist Du, Herr, der sein Volk Israel mit Frieden segnet.*

Es seien zum Wohlgefallen die Worte meines Mundes und das Sinnen meines Herzens vor Dir, Herr, mein Fels und mein Erlöser.

Der zwölfte Segensspruch wurde um das Jahr 100 n. Chr. so gestaltet, dass Judenchristen daran gehindert waren am Gottesdienst teilzunehmen, da sie sich selbst verflucht hätten. Dadurch wurden sie genötigt die jüdische Gemeinschaft zu verlassen. Der fünfzehnte Segensspruch wurde zu einer späteren Zeit hinzugefügt, sodass nunmehr neunzehn Segenssprüche in diesem Gebet zusammengefasst sind.

Segenssprüche werden bei den verschiedenen Anlässen aufgesagt, so bei Erhalt einer guten Nachricht, beim Einatmen eines Duftes, beim Kauf oder Erhalt von Gebrauchsgütern des persönlichen Bedarfs mit Ausnahme von Hemden, Schuhen und Strümpfen, da diese »nicht so angesehen« sind. Weiters sollen Segenssprüche beim Anblick von blühenden Fruchtbäumen, Sternschnuppen, Blitzen, Kometen und Regenbögen sowie bei der Erfüllung von verschiedenen Geboten, die meistens mit der Nächstenliebe verbunden sind, gesprochen werden.

Auch nach einer Mahlzeit, bei der Brot gegessen wurde, ist ein Tischgebet zu sprechen, das gleichfalls aus Segenssprüchen besteht. Dieses wird dann gemeinsam gesprochen, wenn zumindest drei Personen an ihr teilgenommen haben.

Da sich im Talmud viele Bestimmungen über die Art der Segenssprüche finden, die bei den verschiedenen Anlässe zu beten sind, ließe sich diese Aufzählung noch lange fortsetzen. Prinzipiell werden die Segenssprüche mit dem Empfinden von Freude in Verbindung gebracht und sollen den Menschen daran erinnern, dass er all diese Annehmlichkeiten Gott zu verdanken hat.

In der Tora und in den anderen Büchern der Bibel sind immer wieder Segenssprüche erwähnt, sodass es als sicher gilt, dass dieser Brauch auf eine lange Tradition zurückblicken kann.

Die rituelle Reinigung

> »... wasche seine Kleider und bade
> sich im Wasser ...«[18]

Es gibt zahlreiche Vorschriften über die rituelle Reinigung. Deshalb überrascht es, dass in der Tora kein Hinweis auf die theologische Bedeutung der rituellen Reinheit zu finden ist. Im Talmud ist lediglich vermerkt: »Von den Toten geht keine Unreinheit aus und das Wasser reinigt nicht. Es ist ein Gebot Gottes, und wir haben kein Recht, es zu hinterfragen.«

Um die religiöse Bedeutung der Waschung zu unterstreichen, wurde von jüdischen Gelehrten gefordert, sich sogar vor der rituellen Reinigung mit Wasser und Seife zu säubern. Laut Maimonides ist die rituelle Waschung ungültig, wenn sie nicht mit der nötigen Andacht vollzogen wird.

Als rituell unrein gelten u.a. menstruierende Frauen sowie Männer und Frauen nach dem Sexualverkehr. Rituell unrein macht weiterhin der Aufenthalt auf einem Friedhof und die Berührung tierischer Kadaver und menschlicher Leichen, wobei bei Letzteren genügt, wenn entweder der Schatten eines Menschen auf die Leiche fällt oder der Schatten einer Leiche auf den Menschen oder zumindest ein handbreiter Schatten die Leiche und den Menschen gemeinsam trifft. Die Hände gelten streng genommen immer als rituell unrein.

Auch Speisen und trinkbare Flüssigkeiten können wie der Mensch als rituell unrein gelten. Die Art der rituellen Unreinheit ist in verschiedene Kategorien unterteilt und je nach Grad muss bis zur Beseitigung dieses Zustands eine mehr oder weniger lange Zeit vergehen.

Die vorgeschriebene Reinigung besteht meist im Untertauchen in einem rituellen Bad, hebräisch »Mikwa« genannt. Im zweiten Tempel waren zahlreiche rituelle Bäder für Priester, Tempeldiener und Besucher untergebracht. Für den Bau einer Mikwa gibt es im Talmud eine Vielfalt von Vorschriften. Bei den Ausgrabungen auf Massada, einer Palastfestung aus der Zeit Herodes' des Großen (um 73 – 4 v. Chr.), wurde eine Mikwa gefunden, die allen Bestimmungen entsprach. Gleichfalls wurden im Rheingebiet aus dem Mittelalter stammende Mikwa'ot (Plural von Mikwa) ausgegraben, die dieselben Merkmale aufweisen. Das Untertauchen in einer Mikwa ist auch für die Aufnahme in die jüdische Glaubensgemeinschaft vorgeschrieben.

Das Waschen der Hände ist die häufigste rituelle Reinigung. Es ist auch vor dem Essen von Brot, nach dem Essen, nach dem Aufsuchen der Toilette, nach dem Schlaf und nach der Berührung von Sexualorganen vorgeschrieben.

Die islamische Religion übernahm weitgehend diese Bestimmungen der Tora. Mohammed sagte: Reinheit ist der halbe Glaube. Das Christentum hingegen übernahm den Reinigungsritus nur symbolisch im Gebrauch des Weihwassers, besonders bei der Taufe. Eine weitgehende Befolgung der Reinigungsvorschriften wurde als überflüssig betrachtet, da laut Paulus für den Reinen alles rein ist.[19]

Mann und Frau

> »Will jemand ein Gelübde für den Herrn einlösen ... so gilt für einen Mann zwischen zwanzig und sechzig Jahren ein Schätzwert von fünfzig Silberschekel, ... für eine Frau ein Schätzwert von dreißig Schekel.«[20]

Aus den weiteren Ausführungen geht hervor, dass es sich bei dieser Regelung um die Einlösung eines Gelübdes zugunsten des Heiligtums handelt. Die Bewertung wurde in all diesen Fällen nach dem wirtschaftlichen Nutzen vorgenommen, sodass die unterschiedlichen Zahlenangaben im obigen Bibelvers auf den unterschiedlichen Wert von Mann und Frau als *Arbeitskraft* zurückzuführen sind. Dies ersieht man auch aus der Einschätzung der älteren Männer und Frauen, deren Wert nur mit fünfzehn Schekel bei einem Mann und zehn bei einer Frau angegeben wird.

Gibt es in der jüdischen Religion trotz dieses ökonomischen Wertunterschieds eine Gleichberechtigung der Frau?

Im Allgemeinen werden in der Tora die Rechte der Frauen weniger berücksichtigt als in späteren Zeiten im Talmud, aber dennoch in einem größeren Ausmaß als bei den gleichzeitigen Kulturen im orientalischen Raum. In der Tora steht, dass Gott die Frau als Hilfe für den Mann schuf[21], und danach werden die ungleichen Pflichten von Mann und Frau angeführt: Die Bestimmung des Mannes ist es, im Schweiß seines Angesichts Brot zu schaffen, die der Frau, Kinder zu gebären.[22] Keine Kinder zu bekommen und daher dem göttlichen Gebot der Vermehrung nicht entsprechen zu können, empfanden die Frauen als große Schande. Die Unfruchtbarkeit der Frau berechtigte auch den Ehemann, sich scheiden zu lassen.

Empfängnisverhütung ist wegen des Verstoßes gegen das Gebot »Vermehret euch« prinzipiell untersagt. In der Tora wird beschrieben, wie Onan, in Befolgung des Gebots der Leviratsehe, die kinderlose Witwe seines Bruders heiraten musste. Der Sinn dieses Gebotes ist es, auf diese Weise Nachkommen zu zeugen, damit die Linie des Bruders nicht ausstirbt. Onan handelte jedoch gegen dieses Gebot, indem er beim Geschlechtsakt seinen Samen auf die Erde fließen ließ. Deshalb wurde Onan mit dem Tod bestraft.[23] Trotz einer solchen Bekräftigung des Verbots der Empfängnisverhütung kann sie einem Ehepaar durch ein aus drei Personen bestehendes religiöses Gericht dennoch erlaubt werden, wenn bei einer Schwangerschaft das Leben der Frau gefährdet sein würde.

Verfasser von antijüdischen Pamphleten erklärten schon in vorchristlicher Zeit diese Ablehnung der Empfängnisverhütung mit dem jüdischen Streben nach Weltherrschaft. Dies zeigt übrigens, dass dem Antisemiten jede noch so haarsträubende Beschuldigung willkommen ist, um seinen Hassgefühlen eine »logische« Begründung zu verleihen.

Im Talmud wird die strafrechtliche Gleichstellung der Frau mit dem Mann vom folgenden Toravers abgeleitet: »Wenn ein Mann *oder* eine Frau ... eine Sünde begeht ...«[24] Die zivilrechtliche Gleichstellung von Mann und Frau wird aus folgendem Toravers gefolgert: »Das sind die Rechtssatzungen, die du *ihnen* vorlegen sollst.«[25] Wenn man die im Judentum geltenden Meinungen und Rechtsverhältnisse betrachtet, könnte man diese Prinzipien weniger als faktisch, sondern eher als programmatisch bezeichnen.

Die Frau wurde besonders als Mutter verehrt. Sogar Gott wird von Jesaja mit einer Mutter verglichen. Für die Gleichrangigkeit beider Elternteile spricht, dass einmal in der Tora »Ehre deinen Vater und deine Mutter«[26] steht und an einer anderen Stelle »Jeder von euch soll Mutter und Vater fürchten«[27]. Im Talmud steht hierzu: »Der Vater steht beim Gebot der Ehrerbietung deshalb zuerst, weil man von Natur aus der Mutter mehr Ehre entgegenbringt. Beim Gebot der Ehrfurcht ist die Mutter in den Vordergrund gestellt, weil man im Allgemeinen den Vater mehr fürchtet als die Mutter.«

In den Gebeten erinnert man sich gerne an die Urmütter des jüdischen Volkes, Sara, Rebekka, Rachel und Lea sowie an die Urväter Abraham, Isaak und Jakob. Der Frau werden keine zeitraubenden religiösen Verpflichtungen auferlegt. Denn ihre Beschäftigung mit der Kindererziehung und der Haushaltsführung, die besondere Sorgfalt und Sachkenntnis wegen der mannigfaltigen Speisegesetze beansprucht, lässt ihr dazu keine Zeit. Sie war und ist deshalb generell von allen Geboten enthoben, die zu einer festgesetzten Zeit zu erfüllen sind. Sie musste nicht zum Heiligtum pilgern, durfte jedoch ihren Mann begleiten und sie war auch vom Priesteramt ausgeschlossen, da die priesterlichen Funktionen an gewisse Zeiten gebunden sind. Es gab dennoch Prophetinnen wie Mirjam und Hulda oder jüdische Heldinnen wie Debora oder Judit.

Herrschte im ethischen und sozialen Bereich eine annähernde Gleichberechtigung der Frau, so gab es dennoch zivilrechtlich nur eine beschränkte Gleichstellung. So auch beim Erbrecht: Nach der Tora erben beim Tod eines Mannes in erster Linie die Söhne. Hat er keine Söhne, erben die Töchter. Hat er überhaupt keine Nachkommen, erben seine Brüder oder seine Onkel.[28] Da diese Bestimmungen für die Witwe, die hier keine Erwähnung findet, und für die Töchter, falls sie Brüder hatten, unzumutbar waren, bürgerte sich mit der Zeit ein modifiziertes Erbrecht ein, das im Talmud kodifiziert wurde. Danach erhält die Witwe den im Heiratsvertrag eingesetzten Betrag sowie ihre eingebrachte Mitgift mit eventuellem Wertzuwachs. Es gebührt ihr ebenfalls eine Lebensrente, die jedoch bei Wiederverheiratung wegfällt. Um auch die Kinder zu schützen, wurde später verfügt, dass der Anteil der Witwe nicht mehr als die Hälfte des Nachlasses betragen darf. Die männlichen Nachkommen müssen ihren Schwestern eine Rente bis zu ihrer Volljährigkeit oder Verehelichung zahlen, und zwar bis zur vollen Höhe des Nachlasses.

Eine merkliche Beeinträchtigung der Rechte der Frau liegt in ihrer zivilrechtlichen Abhängigkeit vom Vater und nach der Eheschließung von ihrem Mann. Noch deutlicher wird die ungleiche Rechtsstellung in Ehefragen: Dem Mann war es gestattet, bis zu vier Frauen zu heiraten, wenn er durch die neue Verheiratung »Nahrung, Kleidung und Beischlaf« der schon angetrauten Frau nicht vermindert.[29] Die Frau durfte immer nur mit einem Mann verheiratet sein.

Die Gelehrten der rabbinischen Zeit hielten sich an die Monogamie, für die Allgemeinheit wurde diese in den meisten europäischen Gemeinden allerdings erst um das Jahr 1000 n. Chr. auf Grund eines Dekrets des Rabbiners Gerschom ben Jehuda verbindlich. Für die orientalischen Juden in Israel wurde die Monogamie noch viel später, und zwar durch das Gesetz über die Gleichberechtigung der Frau, das vom israelischen Parlament im Jahr 1951 beschlossen wurde, eingeführt.

Das Dekret des Rabbiners Gerschom ben Jehuda stellte auch die Gleichberechtigung der Frau bei der Scheidung her: Die Ehe kann nur im gegenseitigen Einverständnis oder bei schweren Verfehlungen eines der Ehepartner von einem rabbinischen Gericht aufgelöst werden. Vorher konnte ein Mann seiner Frau den Scheidungsbrief geben, so wie das heute noch im Islam der Fall ist. Der Frau hingegen stand dieses Recht nur in Ausnahmefällen zu.

Schon die Essener fassten den Toravers »Darum verlässt der Mann seinen Vater und seine Mutter und bindet sich an *seine* Frau«[30] als ein Gebot auf, das die Polygamie verbietet. Diese Ansicht wurde auch vom Christentum geteilt. Für die katholische Kirche ist die Ehe ein Sakrament, das sich die Eheleute gegenseitig spenden. Sie ist unwiderruflich und in Prinzip unauflöslich.

Für das Judentum hingegen ist die Ehe nur während ihres Bestandes geheiligt. Das frühe Christentum hielt zwar auch an der jüdischen Auffassung von der Untertänigkeit der Frau ihrem Mann gegenüber fest,[31] hat aber der sexuellen Enthaltsamkeit und daher der

Ehelosigkeit den Vorzug gegeben.[32] Dagegen wurde im Judentum der an die Menschen ergangene Auftrag Gottes, in einer Ehe Kinder zu zeugen,[33] als besonders wesentlich empfunden. Da dieses Gebot in der Tora vor allen anderen Geboten steht, darf ein armer Mensch sogar seine Torarolle verkaufen, um das für seine Heirat nötige Geld zu beschaffen.

Eine weitere Benachteiligung der Frau ist in der allein ihr auferlegten Pflicht zur sexuellen Enthaltsamkeit vor der Eheschließung gegeben, da von ihr erwartet wird, als Jungfrau in die Ehe zu gehen.[34] Sollte die Braut keine Jungfrau mehr sein, so gilt dies nur dann als Ehehindernis, wenn der Bräutigam priesterlicher Abstammung ist, d.h. zur Linie der Kohaniten gehört. Nur diesen ist es vorgeschrieben, eine Jungfrau zu heiraten,[35] damit sich der priesterliche Stamm mit Sicherheit auf Aaron zurückführen lassen kann. Denn eine Frau, die vor der Ehe Geschlechtsverkehr hatte, könnte von einem anderen Mann geschwängert worden sein.

Die Rabbinen regelten detailliert die Rechte und Pflichten der Ehepartner. Sie meinten damit, häuslichen Auseinandersetzungen vorzubeugen und die Grundlage für eine glückliche Ehe zu legen. Die entsprechenden Verordnungen gingen so weit, dass die Frau für das bei Hausarbeiten eventuell zerbrochene Geschirr nicht verantwortlich gemacht werden durfte. Sie würde sonst zu vorsichtig und zu langsam bei der Arbeit sein und zu wenig Zeit für ihren Mann und die Kinder haben.

Ebenfalls wurde die Pflicht des Mannes zum ehelichen Beischlaf festgelegt und ihm empfohlen, als anregendes Mittel jeden Freitagabend Knoblauch zu essen. Im Psalm 1,3 heißt es: »Der seine Frucht bringt zu seiner Zeit ...« Darunter sei derjenige zu verstehen, so die Rabbinen, der seine Bettpflicht von Freitag zu Freitag verrichtet. Der Ehemann ist gehalten, sich bei Ausgaben für seine Nahrung und Kleider Beschränkungen aufzuerlegen, damit seine Frau und seine Kinder keinen Mangel leiden.

Von den Rabbinen sind auch sehr kritische Äußerungen über Frauen überliefert:

»Zehn Maß des Sprechens ist auf diese Welt herabgekommen. Die Frauen haben davon neun genommen.«

»Gott hat die Frau aus dem verborgensten Körperteil gemacht, deshalb würde ihr Bescheidenheit ziemen.«

Die Rabbinen meinten, dass die Frau seelisch und körperlich gegen Schmerz unempfindlicher und widerstandsfähiger sei, um so die Härten des Lebens besser meistern zu können, weil die Rippe, aus der die Frau entstand, im Vergleich zum Staub, aus dem der Mann geformt wurde, einen bedeutend robusteren Stoff darstellt.

Frauen von orthodoxen Juden sind angehalten, sich nach ihrer Eheschließung ihr Haar abzuschneiden und dieses, solange sie verheiratet sind, kurz zu scheren. Sie tragen Perücken, jiddisch »Scheitel«. Durch diese von den Rabbinen verfügte Maßnahme sollen sie für andere Männer weniger begehrenswert sein. Noch immer bedanken sich orthodoxe Juden täglich des Öfteren im Gebet, dass sie nicht als Frau geboren wurden.

Maimonides, der 1135 n. Chr. im damals unter islamischer Herrschaft stehenden Spanien geboren wurde, verlangte, dass Ehefrauen, die ihre häusliche Pflicht vernachlässigen, mit dem Stock geschlagen werden sollten. Aus Frankreich und Deutschland antworteten ihm empört Rabbiner, dass das Schlagen einer Frau vollkommen undenkbar wäre, da es für den Mann sogar verboten sei, seine Frau zum Weinen zu bringen. Im Talmud heißt es nämlich: »Stets sei der Mann vorsichtig, seine Frau zu kränken, die Tränen kommen leicht bei ihr.«

Andere Rabbiner betonten die Überlegenheit der Frau gegenüber dem Mann in Eigenschaften wie Glaubensfestigkeit, Herzlichkeit, Feinfühligkeit, Güte und Menschenkenntnis. Da die Frau aus der Rippe des Mannes erschaffen wurde, stellt die geschlechtliche Vereinigung den Urzustand wieder her: »Sie ist Fleisch von meinem Fleisch ..., und sie werden ein Fleisch.«[36]

In der Tora wird verlangt, dass bei Ehebruch die Frau und der betreffende Mann gleicherweise mit dem Tod bestraft werden sollen.[37] Diese Bestimmung wurde von den Rabbinen den Bedürfnissen des Lebens angepasst: Denn sie verlangten für den Nachweis des Ehebruchs die Aussage von zwei Zeugen, die die Penetration des Gliedes in die Scheide gesehen haben.

Die Bestimmungen der Tora über die Untreue der Frau[38] sehen vor, dass ein Mann, der vom »Geist der Eifersucht« heimgesucht wird, seine Frau zum Priester führen kann. Dieser verabreicht ihr ein mit Staub vermischtes Getränk. Eine vom Priester gesprochene

Beschwörungsformel bewirkt, dass die Frau im Fall ihrer Schuld von Übelkeit befallen wird. Eine Bemerkung im Talmud kann so verstanden werden, dass dieser Brauch noch bis zum 1. Jahrhundert n. Chr. üblich war. Weiter heißt es: »Wer die Ehe bricht, dem bricht seine Frau die Ehe«, da es im Buch Ijob 31,9 heißt: »Wenn sich mein Herz durch eine Frau betören ließ …« und darauf folgt: »so möge meine Frau einem anderen mahlen«[39].

Mann und Frau haben sich der in der Tora verbotenen Sexualpraktiken zu enthalten. Dazu gehören: Homosexualität, Sodomie und Inzest, wobei letztgenannter Begriff nicht nur auf Beziehungen zwischen Geschwistern und mit eigenen Kindern, sondern auch auf solche mit Halbgeschwistern, Enkeln, Tanten, Onkeln, angeheirateten Schwiegertöchtern und -söhnen sowie Schwägerinnen und Schwager angewendet wird. Genauso verboten sind sexuelle Beziehungen mit menstruierenden Frauen.[40] Diese Vergehen sind mit der Heiligkeit des Menschen nicht zu vereinbaren, da es heißt: »Als heilige Männer sollt ihr mir gehören.«[41]

Obwohl Prostitution verboten war, kann man aus den immer wiederkehrenden Reden der Propheten gegen Buhlweiber und -knaben schließen, dass dieses Gewerbe auch im Judentum seinen festen Platz hatte. Im Buch Josua wird die positive Rolle der Prostituierten Rahab dargestellt, ohne dass ihr Beruf negativ kommentiert wird.[42] Ähnlich wird das Urteil des Königs Salomon über das Kind einer Prostituierten geschildert: Zwei Prostituierte wohnten im selben Haus und bekamen gleichzeitig Kinder. Als das eine

Kind starb, beanspruchte die Mutter des toten Kindes das Kind der anderen. Daraufhin entbrannte ein Streit zwischen den beiden Frauen. Um die Frauen zu prüfen, nahm Salomon ein Schwert und gab vor, das Kind in zwei Hälften zu schneiden. Als die eine Frau lieber auf das Kind verzichtete, als zuzulassen, dass es getötet wurde, erkannte Salomon in ihr die Mutter des Kindes.[43] Auch bei dieser Erzählung wird die Prostitution genauso wenig verurteilt wie beim Bericht über den Besuch Samsons bei einer Prostituierten.[44]

Im Talmud wird jedoch davor gewarnt, durch Gassen oder Marktplätze zu gehen, an denen sich Prostituierte anbieten. Prostituierte, die ihren Beruf aufgaben und Reue zeigten, wurden wieder in die Gemeinde aufgenommen. Es wird berichtet, dass sogar Andersgläubige, die zuvor Prostituierte gewesen waren, in das Judentum aufgenommen wurden. Im Mittelalter gab es rabbinische Entscheidungen, wonach Ehefrauen, deren Männer Prostituierte aufsuchten, das Recht hatten, sich scheiden zu lassen. Prostituierte waren nicht rechtlos, da sie ihren Lohn sogar vor einem rabbinischen Gericht einklagen konnten.

Obwohl die Talmudgelehrten sexuelle Missbräuche verurteilten, lehnten sie in ihrer Mehrheit nie die Sexualität an sich ab. Dies zeigt folgender Satz aus dem Talmud: »Die Frau, die ihren Mann zur (ehelichen) Pflicht auffordert, bekommt Kinder, wie es solche sogar im Zeitalter Moses' nicht gab.«

Demgegenüber steht: »Der Mensch besitzt ein kleines Glied; lässt er es hungern, wird er satt; sättigt er es, wird er hungern.«

Von Rabbinen stammen auch folgende Aussprüche:

»Gäbe es nicht diese böse Neigung, würde kein Mensch ein Heim einrichten und heiraten.«

»Es war dieser Instinkt, der am Ende der Schöpfungsgeschichte stand, und Gott sagte ›Es ist sehr gut‹.«[45]

»Wer ist mächtig? Der, der seine Lust in Schranken hält.«

»Nichts Schwierigeres gibt es für die meisten Menschen, als sich vom Sexuellen zurückzuhalten und keine unerlaubten Beziehungen einzugehen.«

Um die Menschen vor unerlaubten Beziehungen zu schützen, verlangen die Rabbinen, dass private Zusammenkünfte zwischen Männern und Frauen, die nicht miteinander verheiratet sind, unterbleiben. Bei orthodoxen jüdischen Familienfesten gibt es für Männer und Frauen immer separate Abteilungen. Auch der jüdische Tanz war ursprünglich ausschließlich ein Tanz der Männer.

Das Verbot der privaten Zusammenkünfte gilt auch für Verlobte, da in der Tora Folgendes steht: Sollte ein Mädchen bei ihrer Verlobung Jungfrau gewesen sein und in der Hochzeitsnacht nicht mehr, solle sie und ihr Verführer gesteinigt werden, wenn der voreheliche Verkehr mit ihrem Einverständnis stattgefunden hat. Falls der Verkehr jedoch gegen ihren Willen stattfand, solle nur der Verführer gesteinigt werden. Für eine Vergewaltigung sprach, wenn der Beischlaf im freien Feld erfolgte, es sei denn, dass Menschen in der Nähe waren, die das Gegenteil bezeugen konnten. Erfolgte der sexuelle Verkehr in der Stadt, war anzunehmen, dass dies mit dem Einverständnis des Mädchens geschah, da man sonst, anders als im freien Feld, ihre Hilferufe gehört hätte.[46]

Im Talmud wird bestimmt, dass ein Verhältnis mit einer Minderjährigen immer als Vergewaltigung anzusehen ist, da sie juristisch gesehen keinen eigenen Willen hat. Als Vergewaltigung galt ebenso, wenn ein Beischlaf mit einem Gewaltakt begonnen, später aber mit dem Einverständnis der Frau fortgesetzt wurde, da ihre Leidenschaft und ihr Naturell sie zum Einverständnis gebracht haben konnten. Weiterhin wird im Talmud verboten, die eigene Ehefrau zur ehelichen Pflicht zu zwingen, denn es heißt: »... wer mit den Füßen drängt, ist ein Sünder«.[47] Bei Vergewaltigung war Schadens- und Schmerzensersatz zu leisten. Im Staat Israel wird dieses Delikt mit hohen Gefängnisstrafen geahndet.

Die Frage, ob eine Abtreibung von einem durch Vergewaltigung gezeugten Embryo erlaubt ist, wurde im Lauf der Zeit verschieden beantwortet. In biblischer Zeit wurde ein Embryo erst dann geschützt, wenn er schon menschliche Formen aufwies. In diesem Fall wurde eine Abtreibung einem Mord gleichgestellt. In rabbinischer Zeit wurde die Abtreibung dann bestraft, wenn sie die Vernichtung eines lebensfähigen Embryos bedeutete. Abtreibung widerspricht dem Gesetz »Seid fruchtbar, mehret euch und bevölkert die Erde«.[48] Die heute noch gültige Regelung, die von den Rabbinen in der talmudischen Zeit einstimmig getroffen wurde, erlaubt die Abtreibung, wenn das Kind das Leben der Mutter in Gefahr bringt. Sobald aber der Kopf oder der größere Teil des Körpers des Kindes den Muttermund verlässt, ist dieses Gesetz nicht mehr anwendbar, da es sich in diesem Fall schon um einen Menschen handelt.

Die Gesetzgebung im Staat Israel verbietet im Sinn der talmudischen Gesetze die Abtreibung. Die »Gefährdung der Mutter« wird jedoch sehr liberal ausgelegt und beinhaltet auch die Gefahr der psychischen Beeinträchtigung. Bei der Entscheidung über die Zulässigkeit der Abtreibung wird auch das Stadium der Schwangerschaft berücksichtigt.

In Israel genießen Frauen denselben sozialen Schutz wie in anderen westlichen Ländern. Dazu gehört der dreimonatige bezahlte Urlaub bei einer Geburt, der einjährige Urlaub und das Recht, für dieselbe Arbeit das gleiche Gehalt wie ihre männlichen Kollegen zu erhalten. Die Wehrpflicht für unverheiratete Mädchen beträgt zwanzig Monate, für junge Männer, auch wenn sie verheiratet sind, sechsunddreißig Monate. Orthodoxe Mädchen und verheiratete Frauen werden von der Wehrpflicht entbunden. Die Soldatinnen werden nicht in Kampfeinheiten eingesetzt, obwohl sie sich in vielen Fällen in Kämpfen sehr bewährten.

Die Speisegesetze

> »Sag zu den Israeliten: Das sind die Tiere, die ihr von allem Vieh auf dieser Erde essen dürft.«[49]

Die Speisegesetze sind jene Gesetze, die das Alltagsleben eines frommen Juden am stärksten beeinflussen und seinen gesellschaftlichen Umgang mit liberal eingestellten Juden und mit Nichtjuden erschweren. Wahrscheinlich sollten diese Gesetze, und vor allem die durch die Rabbinen verordnete Verschärfung, einem Assimilationsprozess vorbeugen.

Die Speisegesetze sind durch zahlreiche Bestimmungen geregelt. Im Wesentlichen bestimmen sie, welche Tiere zum Essen tauglich oder, nach dem hebräischen Wort, koscher sind, sowie die Methode der Schlachtung und Zubereitung. Von den Säugetieren gelten nur Wiederkäuer mit gespaltenen Hufen als koscher. Das schließt das Essen von Schweinefleisch aus. Der Grund hierfür mag sowohl in der gesundheitlichen Gefährdung durch die früher sehr verbreiteten Trichinen als auch in den mangelhaften hygienischen Verhältnissen gelegen haben. Da die Schweine vielfach mit nicht einwandfreien Abfällen gefüttert wurden, konnten sich verschiedene Krankheiten wie zum Beispiel die Salmonellose leicht verbreiten.

Die gängigsten Geflügelarten sind koscher. Von den Fischen aber sind nur solche, die Schuppen und Flossen besitzen, als Speise zugelassen, weshalb zum Beispiel der Aal nicht gegessen werden darf. Beim Stör gehen die Meinungen auseinander: Für die sephardischen* Rabbinen gilt er als koscher, für die aschkenasischen* Rabbinen ist sowohl der Genuss dieses Fisches als auch des von ihm stammenden Kaviars verboten. Die einzige Ausnahme von der Regel, dass das Produkt eines nicht koscheren Tieres koscher sein kann, ist der Honig, da er von den Bienen nur eingesammelt, aber nicht ausgeschieden wird.

---

* Die beiden Ausdrücke werden im Kapitel V erklärt.

Beim Schlachten, dem so genannten Schächten, wird mit einem fleckenlosen, scharfen Messer, dessen Schneide ohne Kerbe ist, der Hals des Tieres durchschnitten. Damit das Tier nicht leidet, muss das Messer mindestens doppelt so lang sein, wie der Hals des Tieres breit ist, um mit möglichst einer oder ganz wenigen Schneidebewegungen das Schlachten vollziehen zu können. Weiterhin muss das Messer am Ende abgerundet sein, um zu verhindern, dass man dem Tier unabsichtlich eine Stichwunde zufügt.

Die Hüftsehne muss entfernt werden. Diese Bestimmung soll der Erinnerung an den Urvater Jakob dienen, den der Engel, mit dem er rang, an der Hüfte berührte. Er konnte sich daraufhin nur hinkend fortbewegen.[50] Die Fleischqualität des Hinterteiles wird aber durch das Herausschneiden der Sehne sehr beeinträchtigt. Deshalb werden allein die vorderen Teile für koschere Zwecke verwendete, wenn für die Hinterteile des Paarhufers eine andere Verwertung möglich ist.

Die Zulässigkeit des Schächtens wurde vom Standpunkt des Tierschutzes in Frage gestellt. Man vermutete, dass die Tiere zu sehr leiden, wenn sie ohne Betäubung geschlachtet werden. Rabbinen lehnten aber die vorhergehende Betäubung ab, da dann die vollständige und rasche Ausblutung des Tieres nicht gewährleistet ist. Als erstes Land verbot im Jahr 1895 die Schweiz nach einer Volksabstimmung das Schächten. Als in England ein ähnliches Verbot zur Debatte stand, untersuchten die Vorstände der veterinärmedizinischen Universitäten Englands das Schächten vom Standpunkt des Tierschutzes. Sie stellten fest, dass dieser Vorgang das Tier in kürzester Zeit gegen Schmerz unempfindlich macht und deshalb als zulässig zu gelten hat.

Nach dem Schächten wird das Fleisch beschaut. Nur Tiere, die keine krankhaften Veränderungen, Entzündungen oder Knochenbrüche aufweisen, sind koscher. Dem Fleisch muss dann durch Salzen möglichst viel Blut entzogen werden.

Dreimal wird in der Tora das Verbot erwähnt, das Zicklein in der Milch seiner Mutter zu kochen.[51] Deshalb untersagten rabbinische Gelehrte generell, während ein und derselben Mahlzeit Fleisch und Milch zu essen, und dehnten diese Bestimmung später sogar auf Geflügelfleisch aus. In einem religiös geführten jüdischen Haushalt gibt es daher separates Speisegeschirr für »milchige« und für »fleischige« Speisen, da die den religiösen Vorschriften entsprechende Reinigung sehr umständlich und zeitaufwändig ist. In einem vom Rabbiner als koscher anerkannten Restaurant gibt es für diese beiden verschiedenen Arten von Speisen getrennte Küchen und Speisesäle. Man entwickelte sogar eine Kunstmilch aus Pflanzenfetten, die man in »fleischigen« Restaurants zum Kaffee bekommt.

Während der acht Tage des Pessachfestes dürfen keine leicht vergärbaren oder mit Hefe versetzten Speisen gegessen werden. Denn die Israeliten haben in großer Eile Ägypten verlassen. Daher war es ihnen nicht möglich den Brotteig mit Hefe zu versetzen und zu backen, sondern sie mussten es ungesäuert mitnehmen. Vor Beginn dieses Feiertages hat ebenfalls das Geschirr rituell gereinigt zu werden. Deshalb sind in einem koscheren Haushalt für das Osterfest zwei weitere Speisegeschirre für fleischige und milchige Mahlzeiten vorrätig.

Der Tierschutz

> »Und der Engel Gottes sprach zu ihm: Warum schlugst du deine Eselin?«[52]

Das jüdische Volk war ursprünglich ein Volk von Hirten und seine enge Beziehung zu Tieren kommt deshalb an vielen Stellen der Tora zum Ausdruck. Danach gilt für das Verhältnis des Menschen zum Tier das Prinzip, dass der Mensch zwar für das Tier verantwortlich ist,[53] dem Tier aber auch eine beschränkte Verantwortung zukommt. So unterliegt ein Ochse, der einen Menschen tötet, genauso der Todesstrafe wie ein Mensch, der einen Mord begeht.[54] Im Talmud wird verlangt, dass ein Gerichtsverfahren, das zur Verurteilung eines Tieres führt, dem Verfahren gleicht, das gegen einen Menschen geführt wird.

Ebenso wird im Talmud vom Tier eine gewisse vernünftige Vorsicht gefordert. Wenn daher jemand eine Grube gräbt, so ist diese gut sichtbar zu kennzeichnen. Wenn dennoch ein Mensch oder auch ein Tier bei Tageslicht in die Grube fällt, ist dafür niemand verantwortlich. Ist die Grube dagegen an einem Ort, wo sie nicht vermutet werden kann, wie zum Beispiel auf einem Weg, so muss die Grube zugedeckt werden. Sollte die Grube dennoch offen gelassen worden sein, so ist jener schadensersatzpflichtig, der die Grube nicht zugedeckt hat.

In der Tora wird zum Schutz des Wildes vorgesehen, dass in jedem siebten Jahr die Felder nicht angebaut werden sollen, damit der Wildwuchs in diesem Jahr den Armen und auch dem Wild als Nahrung dienen kann. Diese Bestimmung führte in manchen Jahren zur Hungersnot, sodass römische Kaiser in solchen Jahren der Ackerbrache sogar die Steuern ermäßigten.

Verlaufene Rinder oder Esel müssen eingefangen und dem Besitzer zurückgebracht werden, auch wenn man mit diesem verfeindet ist. Gleichfalls ist man verpflichtet, jedem Tier beizustehen, das eine zu schwere Last trägt, auch dann, wenn es einem Feind gehört.

Für die Fütterung der Tiere gelten strenge Vorschriften. Der Torasatz »Dann gebe ich deinem Vieh sein Gras auf dem Feld und du kannst essen und satt werden«[55] wird im Talmud so ausgelegt, dass zuerst das Vieh gefüttert werden und erst danach der Mensch selbst essen soll. In diesem Sinn verboten die Rabbinen, dass jemand Tiere hält, der wegen seiner Armut nicht in der Lage ist, für deren Futter aufzukommen.

Im Talmud wird betont, dass es verboten ist, Tiere leiden zu lassen. So gilt die Bestimmung »Verschließe nicht dem Ochsen das Maul beim Dreschen«[56] auch dann, wenn der Ochse vorher gefüttert wurde – er könnte beim Anblick von Futter wieder Lust zum Fressen bekommen. Dies wurde im übertragenen Sinn auch auf Menschen bezogen. Menschen, die in der Landwirtschaft sowie im Nahrungsmittelgewerbe tätig sind, dürfen die hergestellten Produkte während der Arbeit essen.

Man darf den Tieren auch kein psychisches Leid zufügen. Dies zeigt das folgende Gebot: »Wenn du unterwegs auf einem Baume oder auf der Erde zufällig ein Vogelnest mit Jungen oder mit Eiern darin findest und die Mutter auf den Jungen oder auf den Eiern sitzt, sollst du die Mutter nicht zusammen mit den Jungen herausnehmen. Sondern du sollst die Mutter fliegen lassen und die Jungen nehmen.«[57] Die Mutter sollte also nicht sehen, wie man ihr die Jungen wegnimmt.

Das schon erwähnte dreimalige Verbot, ein Zicklein in der Milch seiner Mutter zu kochen, hat auch einen weiteren Sinn: Die Milch, die doch primär zur Lebenserhaltung des Zickleins bestimmt ist, soll nicht zu dessen Zubereitung dienen.

Am Sabbat müssen die Arbeitstiere genauso rasten wie der Mensch.[58] Das Melken an diesem Tag bedeutete daher ein Problem. Einerseits leiden die Tiere, wenn sie nicht gemolken werden, andererseits verletzt diese Tätigkeit die Sabbatruhe. Wo es möglich war, nahm man für diese Tätigkeit am Sabbat Nichtjuden auf. In religiösen Kibbuzim, das sind gemeinschaftliche landwirtschaftliche Betriebe in Israel, wird der Strom, der die Melkmaschinen betreibt, von einer elektrischen Schaltuhr gesteuert.

Der Bibelvers »Er belehrt uns durch die Tiere des Feldes«[59] wird im Talmud folgendermaßen ausgelegt: »Der Mensch lerne Keuschheit von der Katze, das Verbot zu rauben von der Ameise, das Verbot des Ehebruchs von der Taube und Anstand vom Hahn.« Letzteres wird damit begründet, dass der Hahn vor der Begattung seine Flügel hängen lässt und nachher seinen Kamm beutelt. Damit bringt er Folgendes zum Ausdruck: »Ich werde dir ein langes Kleid kaufen und nachher: Mag die Katze den Kamm holen, wenn ich (Geld) habe und dir nicht etwas kaufe.«

Der Toravers, der dieses Kapitel einleitet, ist aus der Geschichte Bileams entnommen. Dieser nichtjüdische Gottesmann wurde von den Feinden Israels gedungen, die Juden vor einer Schlacht zu verfluchen.[60] Auf dem Weg dorthin sträubte sich seine Eselin dreimal weiterzugehen, da sie Gottes Engel vor sich sah, der ihr den Weg versperrte. Bileam, für den der Engel zunächst unsichtbar blieb, schlug das Tier und wurde dafür nicht nur vom Engel zurechtgewiesen. Er musste sich auch von seinem Tier den Vorwurf gefallen lassen, es ungerecht geschlagen zu haben: »Bin ich nicht deine Eselin, auf der du seit eh und je bis heute geritten bist? War ich je gewohnt, dir so zu tun? Und Bileam sprach: Nein!«[61]

Abgesehen von der Bileamerzählung gibt es nur noch eine Stelle in der Tora, wo ein Tier zum Menschen spricht, nämlich die Schlange, die Eva verleitet, die Frucht vom Baum der Erkenntnis zu essen. Diese aß von der verbotenen Frucht und gab auch Adam davon zu essen. Gott gab dem Menschenpaar Gelegenheit zur Rechtfertigung, nicht aber der Schlange. Das zeigt, dass die Schlange das Sinnbild des Bösen war, obwohl sie, wie alle anderen Tiere, auch von Gott geschaffen wurde. Sie wurde zum Kriechen und Staubessen verurteilt und damit ihre Zugehörigkeit zu den chthonischen Mächten betont. Als solche war sie die Ursache dafür, dass Gott den Menschen sterblich machte.[62]

Der Engel erscheint dem Bileam; armenische Bibel, 17. Jahrhundert (Archiv Verfasser).

Jesaja schildert, wie Gott in der Endzeit das Böse, symbolisiert durch die Schlange, mit seinem Schwert töten wird.[63] Demgegenüber wird in der Tora der Stamm Dan mit einer Schlange verglichen, um dessen Gefährlichkeit gegenüber Fremden aufzuzeigen.[64] Ebenfalls positiv wird in der Tora die Verwandlung des Stabes Moses' zur Schlange gesehen.[65]

Dieses Tier wird deshalb öfter als andere in der Bibel erwähnt, weil es, so wie für andere Völker des

Altertums, auch für die Juden eine rätselhafte Erscheinung war. Sie erhält jedes Jahr eine neue Haut und war deshalb ein Zeichen des ewigen Lebens, der Wiedergeburt und der Wandelbarkeit. Das Schlangengift wurde für Heilzwecke verwendet und die Schlange wurde dadurch auch zum Symbol der Heilkunst. Ihre schlängelnden Bewegungen dienten einerseits der Zukunftsdeutung, andererseits wurde sie als listig bezeichnet, weil sie sich nicht gerade fortbewegen konnte. Die sich in ihr Schwanzende beißende Schlange formt einen Ring, der die Ewigkeit und durch die Ähnlichkeit mit dem letzten Buchstaben des griechischen Alphabets, dem Omega, das Ende und den Tod symbolisiert.

Schon im 3. vorchristlichen Jahrtausend verwendete man eine geflügelte Schlange als Zeichen des Gleichgewichts zwischen Leben und Tod. In Kanaan war sie das Symbol der Fruchtbarkeit, weil sie als phallisches Objekt angesehen wurde. An mehreren biblischen Orten wurden bei Ausgrabungen Darstellungen von Schlangen gefunden: Darunter eine kleine braune Schlange in Gezer – zwischen Tel Aviv und Jerusalem – sowie in Hazor, im nördlichen Israel, eine Bronzeplatte, die eine Frau zwischen zwei Schlangen zeigt.

Moses erhielt von Gott den Auftrag, zur Abwehr todbringender Schlangen eine kupferne Schlange anzufertigen und diese auf einer Stange zu befestigen. Jeder, der von einer Schlange gebissen wurde, musste zu dieser kupfernen Schlange aufblicken, um am Leben zu bleiben.[66] Im Talmud wird die heilende Wirkung damit erklärt, dass man durch den nach oben gerichteten Blick seinen Sinn auf den Vater im Himmel richtete. Die Kupferschlange wurde später im Tempel von Jerusalem aufbewahrt. Als König Hiskia (727–698 v. Chr.) sah, dass sie sich im Lauf der Zeit zu einem Kultobjekt entwickelte, brach er sie in Stücke. Der Evangelist Johannes sieht in der »Erhöhung« der kupfernen Schlange das Vorbild für die »Erhöhung« des Menschensohns,[67] während für Matthäus die Schlange ein Symbol für die Klugheit darstellt.[68]

Das äußere Erscheinungsbild

> »Sie sollen sich ... Fäden an ihre Kleiderzipfel nähen ... und eine Purpurschnur anbringen.«[69]

In der Bibel sind wiederholt Hinweise auf Kleider zu finden, die bei bestimmten Anlässen getragen wurden. So werden dort Priesterkleider, festliche Damenkleider, königliche Kleider, Mäntel aus Fellen für Asketen, Gefangenenkleider und Trauerkleider erwähnt. Nichts weist aber darauf hin, dass es damals eine jüdische Tracht gegeben hat oder eine sonstige Eigenheit des Aussehens oder der Kleidung, die als spezifisch jüdisch angesehen werden konnte.

Inwieweit das Gebot im dieses Kapitel einleitenden Toravers in der frühen Zeit des Judentums befolgt wurde, ist nicht eindeutig feststellbar. Sicher hielt man sich an die Vorschrift in vorchristlicher Zeit, da im 2. Jahrhundert n. Chr. von der Anbringung einer gefärbten Schnur durch rabbinisches Dekret Abstand genommen wurde: Es war unmöglich geworden, die für diesen Zweck benötigte Farbe zu beschaffen, da Purpur für den römischen Kaiser vorbehalten war.

In den Jahrhunderten nach Christus trugen die Talmudgelehrten eine besondere Kleidung und verwahrten sich dagegen, dass diese auch von Leuten angelegt wurden, die außerhalb ihres Kreises standen. Es war dies ein Tuch, das den ganzen Körper bedeckte und wahrscheinlich in der römischen Toga ihr Vorbild hatte. Aus diesem Tuch entwickelte sich der Betschal, hebräisch »Tallit«, der an den vier Ecken mit den erwähnten Schnüren versehen ist und in der Synagoge von den Männern beim Morgengebet und an gewissen Feiertagen angelegt wird. Der Kragenteil des Betschals ist meistens bestickt, mitunter mit einem eingewebten Segensspruch, der beim Umhängen gesprochen wird, oder mit Silberplättchen geschmückt.

Heute tragen orthodoxe Juden unter dem Gewand, direkt am Körper, ein viereckiges Leinenstück, den so genannten »kleinen Gebetsmantel«, hebräisch »Tallit qatan«, an dem die *Schaufäden*, hebräisch »Zizit«, angebracht sind. Diese Fäden werden deshalb so bezeichnet, weil der Mensch sich beim Ablegen des Gewandes an die Gebote Gottes erinnern soll, wenn er die Schnüre betrachtet. So werden sein Herz und seine Augen von Untreue abgehalten.

Spätestens im Mittelalter entwickelte sich eine »jüdische« Kleidung, die zwar von Land zu Land verschieden war, sich jedoch meist von der in ihrer Umgebung üblichen unterschied. Sie entsprach oft der Tracht des früheren Aufenthaltsortes der Juden. Die

Rabbinen förderten anfangs bewusst dieses Festhalten an Unterscheidungsmerkmalen, um das Weiterbestehen des Judentums zu sichern. Erst spät im Mittelalter wurden von der Kirche wie auch von den weltlichen Behörden eindeutige Unterscheidungsmerkmale in der Kleidung vorgeschrieben, da sich die Juden in manchen Gegenden der Tracht der übrigen Bevölkerung angepasst hatten (IV. Laterankonzil 1215 n. Chr.). Wie Darstellungen von Heiligenfiguren in jüdischer Kleidung beweisen, wurden diese Merkmale, besonders der Judenfleck und bestimmte Hutformen, noch nicht als verächtlich angesehen. Erst in Zeiten von Verfolgungen dienten sie als Anlass zu Spott und Verachtung.

Für orthodoxe Juden gelten nach wie vor die Bekleidungsvorschriften, die im Schulchan Aruch festgelegt sind (Erstausgabe Venedig 1565). Demnach soll man sich nicht nach der Mode der Umgebung richten und keine Prunkgewänder tragen, da kostbare Kleider den Menschen zum Hochmut verführen. Die Kleidung soll andererseits auch nicht minderwertig oder unsauber sein, da man sonst verachtet würde. So heißt es im Schulchan Aruch: »Der Mensch verkaufe sogar die Balken seines Hauses und kaufe hierfür Schuhe.« Sowie: »Stets esse und trinke man unter seinen Verhältnissen, kleide sich entsprechend seinen Verhältnissen und ehre Frau und Kind über seine Verhältnisse.« Man soll sich, so der Schulchan Aruch weiter, in der Kleidung an die schwarze Farbe halten, da diese auf Bescheidenheit, Demut und Sittsamkeit hinweist. Beim An- und Ausziehen soll der Mensch schamhaft sein. Auch wenn niemand anderer im Zimmer ist oder auch bei Dunkelheit soll man sich nicht entblößen, sondern die Wäsche unter der Decke an- und ausziehen. Diese Bestimmung wird im Schulchan Aruch aus folgendem Bibelvers abgeleitet: »Wandle tugendhaft vor deinem Gott«.[70]

Eine Besonderheit der jüdischen Kleidung, die äußerlich jedoch nicht bemerkbar ist, ergibt sich aus dem Verbot der Tora, Schatnes genannt, für das Gewebe Fasern von Wolle und Leinen gemeinsam zu verwenden.[71] In Gemeinden mit orthodoxen Juden – nur sie fühlen sich an dieses Gebot gebunden – sind spezielle, mit Mikroskopen ausgerüstete Laboratorien vorhanden, um die Stoffe prüfen zu können. Bei feierlichen Einladungen, an denen orthodoxe Juden teilnehmen, wird auch das Tragen des Smokings nicht vorgeschrieben, da dieses Kleidungsstück durch den Seidenspiegel den erweiterten Kleiderbestimmungen des Schulchan Aruch widerspricht.

Über den Sinn der Beschränkung wurde schon viel nachgedacht, ohne dass bis jetzt eine befriedigende Erklärung gefunden werden konnte. Die Verbote der Tora, mit Ochs und Esel in einem Gespann zu pflügen, zwei verschiedene Arten von Tieren zu paaren oder zwei verschiedene Feldfrüchte auf demselben Feld anzubauen, scheinen alle aus dem gleichen geheimnisvollen Grund erlassen worden zu sein.

Ein Toragelehrter meinte, dass diese Verbote dazu dienten, dem Menschen Gottes Willen vor Augen zu führen: So wie die Eigenheiten der Gattungen durch Vermischung nicht geändert werden sollen, darf auch der Mensch bei seiner Wanderung auf dem Weg der Lehre keine Kompromisse schließen. Ein anderer

rarolle (Foto: Israel Museum, Jerusalem).

Besomimbüchsen (Silber), teilvergoldet, Ende 18./Beginn 19. Jahrhundert (Foto: Erich Lessing, Wien).

Chanukka-Kerzenleuchter, um 1900 (Foto: Erich Lessing, Wien).

Beschneidungsgeräte (Silber): Bernsteinmesser (1819); das Silbergefäß
(18. Jahrhundert) ist für die abgeschnittene Vorhaut; das lyraförmige Gerät
dient zum Schutz der Eichel; der weitere Silberbehälter (Ende 18. Jahrhundert)
beinhaltet das Desinfektionsmittel. Das Buch im Hintergrund (1729)
beschreibt die Regeln und die Gesetze (Foto: David Harris, Jerusalem).

Levitenkanne zur rituellen
Händewaschung (Silber), 1732
(Foto: Erich Lessing, Wien).

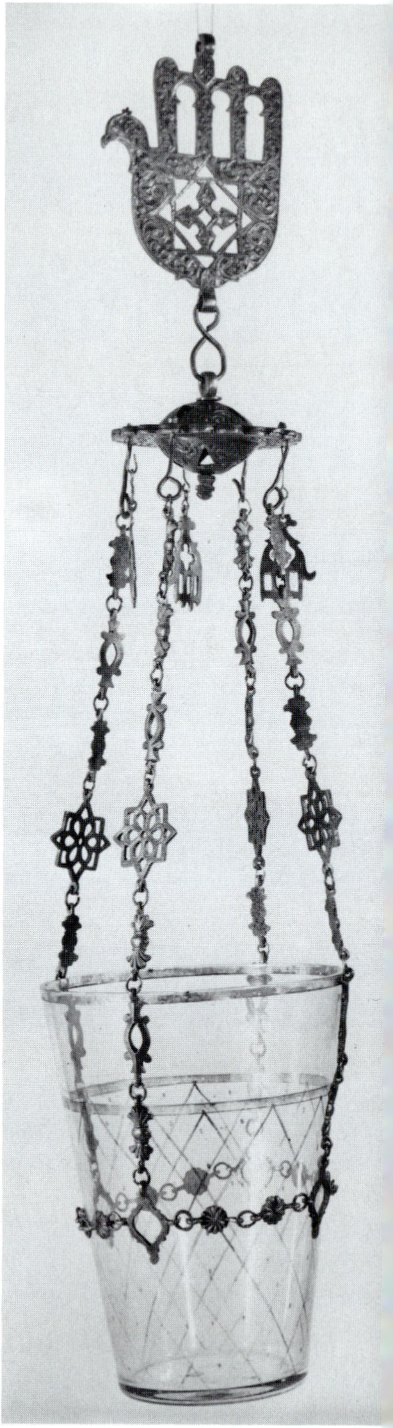

Ewiges Licht, aufgehängt an einer
»Hamza«; Marokko 19. Jahrhundert
(Foto: Israel Museum, Jerusalem).

Gelehrter meinte, dass es eine Herausforderung Gottes bedeuten würde, wollte sich der Mensch anmaßen, Gottes Schöpfung zu verbessern. Gott schuf nämlich die Pflanzen »nach seiner Art« und die Tiere »nach seiner Art« und in beiden Fällen sah Gott, dass es gut war.[72]

In der Tora wird geboten, das Haar nicht »rundum« abzuschneiden und den Bart nicht zu stutzen.[73] Dies entsprach dem Brauch des Orients, wo üblicherweise der Bart als Zeichen der Manneswürde galt. Assimilierte Juden in der Römerzeit hielten sich nicht an diese Bestimmung, da lange Bärte bei den Römern Anstoß erregten. Sie waren deshalb zum Teil heftiger Kritik seitens ihrer glaubenstreuen Volksgenossen ausgesetzt. Im Mittelalter war der Vollbart bei Juden fast allgemein verbreitet und galt in vielen Orten als jüdisches Kennzeichen, das gelegentlich sogar von den Behörden für Juden vorgeschrieben wurde.

Besonderen Wert legten Juden auf die Schläfenlocken. Maimonides verlangte, dass zumindest vierzig Haare vor dem Ohr belassen werden, und Raschi bestimmte, dass diese bis zum oberen Backenknochen zu reichen haben. Der Kabbalist Isaak Luria (1534–1572) führte die Bedeutung dieser Haartracht auf den gleichen Zahlenwert des hebräischen Wortes für Schläfenlocken (»Pe'a« = 86) und des Wortes für Gott (»Elohim« = 86) zurück.

Sünder wurden mit dem Abschneiden des Bartes bestraft, andererseits galt dies auch gemeinsam mit dem Abschneiden der Haare als Zeichen der Trauer.

Das Lernen

»... und lehre die Israeliten.«[74]

Die Bedeutung, die das Lehren und Lernen für die Erhaltung des Judentums über einen Zeitraum von drei Jahrtausenden innehatte, ist außerordentlich groß. Den Eltern und insbesondere dem Vater ist es aufgetragen, den Kindern die Geschichte Israels und die religiösen Gebote zu lehren.[75] Die Erfüllung dieser Aufgabe wird durch die vielen rituellen Handlungen und Feste erleichtert, die im religiösen jüdischen Heim unter Beteiligung aller Familienmitglieder abgehalten werden. Wenn ein Kleinkind anfängt zu sprechen, wird es in religiösen Familien schon dazu angehalten, gewisse Bibelverse nachzusagen. Um die Kinder in das religiöse Umfeld einzubinden, hat das jüngste Kind beim Sedermahl des Osterfestes einen kurzen Abschnitt aus der Haggada aufzusagen.

Schon aus der Zeit um 75 v. Chr. stammt der erste Nachweis über die allgemeine Schulpflicht. Eine rabbinische Bestimmung, wonach die Höchstzahl der Schüler einer Klasse nicht mehr als fünfundzwanzig betragen soll, stammt vermutlich aus dem Jahr 64 n. Chr. In dieser Zeit begann der Unterricht im Alter von sechs bis sieben Jahren. Allerdings waren nur Knaben verpflichtet, die Schule zu besuchen. Das Studium beschränkte sich zuerst auf das Lesen und Schreiben und dann auf die Gesetze und Überlieferungen der Religion.

Im Talmud heißt es auch, dass Homer gelesen werden soll. Dem widerspricht ein anderer Talmudgelehrter und verweist auf den Bibelvers »Du sollst Tag und Nacht ... darüber [gemeint ist die Lehre] nachdenken«,[76] sodass für ein Studium der Griechen keine Zeit sei. Besonders bis zur schriftlichen Niederlegung von Mischna und später der Gemara lernte man die Texte durch ständiges Wiederholen auswendig. Unter Berücksichtigung des Umfangs dieser Werke erscheint das heute als eine unfassbare Gedächtnisleistung.

Nach dem Studium wurde den Kindern auch eine berufliche Ausbildung zuteil. Talmudgelehrte fanden, dass das Studium der Tora vergeblich ist, wenn es nicht auch durch Arbeit begleitet wird, und an anderer Stelle heißt es: »Wer seinen Sohn kein Handwerk lehrt, lehrt ihn plündern.« Kinder erhielten auch Schwimmunterricht, da dies zur Lebensrettung dienen konnte.

Es wurde auch eine Art von Schulinspektion vorgesehen, um sicherzustellen, dass der Unterricht gewissenhaft durchgeführt wird. Nach dem 9. Jahrhundert n. Chr. galt es als Regel, dass Knaben mit fünf Jahren die Bibel, mit zehn Jahren die Mischna und mit fünfzehn Jahren die Gemara zu lernen hatten.

Im Mittelalter begann der Unterricht gelegentlich schon mit drei bis dreieinhalb Jahren und das Studium des Talmuds wurde auf das zwölfte Lebensjahr vorverlegt. Nur solche Knaben verließen früher den Unterricht, die entweder aus materiellen Gründen gezwungen waren, einem Broterwerb nachzugehen, oder den geistigen Ansprüchen des Studiums nicht gewachsen waren. Im Allgemeinen aber wurde das Studium neben der profanen Tätigkeit bis zum Lebensende weiter betrieben. In Spanien und Südfrankreich umfasste das Studium auch weltliche Fächer. Dagegen wurde in den anderen Teilen Europas streng darauf geachtet, dass kein fremdes Gedankengut – damit war vor allem die griechische Philosophie gemeint – in das Studienprogramm Eingang fand.

Der durch Verfolgungen eingetretene Niedergang des Judentums im 14. und 15. Jahrhundert n. Chr. ist auch am Erziehungssystem nicht spurlos vorübergegangen. Die Gemeinden verarmten und so war für die Lehrer weniger Geld vorhanden. Die Schülerzahl je Klasse wurde bis auf fünfzig erhöht und Talmudschulen (Jeschiwot, Mehrzahl von Jeschiwa) hat es nur mehr in größeren Städten gegeben. Die wenigen reichen Juden, die sich einen Rabbiner für die Erziehung ihrer Knaben leisten konnten, ließen ärmere Kinder am Unterricht kostenlos teilnehmen. Ein Gemeindebediensteter wurde jeweils dazu ausersehen, während der Schulzeit die Plätze und Straßen der Stadt zu kontrollieren, ob sich dort nicht Schulpflichtige aufhielten.

Mit der Zeit blieb die Bildung nicht mehr die alleinige Domäne des männlichen Geschlechts. Im westlichen Europa sind seit der Renaissance belesene jüdische Frauen bekannt und vom 17. Jahrhundert an wurde fallweise in osteuropäischen Gemeinden der Unterricht für Mädchen eingeführt.

Im 18. Jahrhundert wurden in Italien Ovids Metamorphosen ins Hebräische übersetzt. Die Aufklärung und die Emanzipation bewirkten eine Hinwendung der assimilationsbereiten Juden zu den weltlichen Schulen und den langsamen Niedergang der einseitig auf Bibel und rabbinische Literatur ausgerichteten traditionellen hebräischen Schulen. Kaiser Joseph II.

Das Lernen in einer traditionellen hebräischen Schule (hebr. Jeschi-wa). Stich von Ephraim Moses Lilien, 1874–1925 (Israel Museum, Jerusalem).

hielt in seinem Toleranzpatent vom 2. Januar 1782 die Juden dazu an, in Unterrichtsfächern wie Geschichte, Deutsch etc. die Normalschulbücher zu verwenden. In Polen, Russland und in den baltischen Staaten jedoch besuchte ein Großteil der jüdischen Kinder bis zum Ersten Weltkrieg und mitunter auch danach ausschließlich religiöse Schulen, wo in jiddischer Sprache unterrichtet wurde.

Aus dem frühen 19. Jahrhundert ist die Meinung eines Rabbiners namens Sussja überliefert, wonach das Ziel des Lernens in der Entwicklung der jedem

Menschen von Gott gegebenen Fähigkeiten liegt. Er sagte kurz vor seinem Tod: »In der kommenden Welt wird man mich nicht deshalb zur Verantwortung ziehen, weil ich nicht Moses, sondern deshalb, weil ich nicht Rabbi Sussja war.«

Die jüdische Tradition, das Lernen als vorrangiges Lebensziel zu sehen, setzt sich auch in Israel fort. Für das hohe Niveau des israelischen Schulsystems spricht, dass es bei einer Gesamtbevölkerung von rund vier Millionen Menschen über achtzigtausend Universitätsstudenten gibt. In den seit dem Sechstagekrieg unter israelischer Militärverwaltung stehenden arabischen Gebieten gab es früher keine höheren Schulen. Um diesem Mangel abzuhelfen, wurden in den ersten Jahren der Besetzung sechs Hochschulen eröffnet. Die Schülerzahl und die Anzahl der angestellten Lehrkräfte haben sich mehr als verdoppelt.

Den hohen Stellenwert, den das Lernen im jüdischen Leben einnimmt, spiegelt am besten folgende Bestimmung des Schulchan Aruch wider: »Man ist verpflichtet, seinen Lehrer mehr zu ehren und zu fürchten als seinen Vater; denn der Vater hat einem das Leben in dieser Welt gebracht, der Lehrer aber bringt einem das Leben in der kommenden Welt.«

Der Erwerb

> »Meine Lehre wird strömen wie
> Regen, meine Botschaft wird fallen
> wie Tau, wie Regentropfen auf das
> Gras und wie Tauperlen auf die
> Pflanzen.«

Eine Reihe von Erzählungen und Gleichnissen der Tora zeigt die große Bedeutung, die der regelmäßige jährliche Niederschlag sowohl für die Nomadenkultur als auch für die auf der Landwirtschaft beruhende Ökonomie Palästinas hatte. Mehrmals wird von Streitigkeiten über Brunnen oder von einer plötzlich durch ein Wunder entstandenen Wasserquelle berichtet. Väterliche Segen beinhalten meist die Bitte an Gott, den Nachkommen ausreichenden Niederschlag zu spenden. Die Legende von Mirjams Brunnen – dieser soll die Juden während der Wanderung in der Wüste begleitet haben – hat ihren Ursprung in zwei aufeinander folgenden Versen der Tora: »Dort starb Mirjam« und »Da die Gemeinde kein Wasser hatte«.[77]

Die in Palästina eingewanderten israelitischen Stämme ließen sich anfänglich nur im Gebirge nieder. Die Siedlungen dort waren durch die Erfindung einer Art von Zement Ende des 2. Jahrtausends möglich geworden. Denn nur so konnten Zisternen angelegt und die Trockenzeit überbrückt werden. Der Übergang von der Nomadenkultur zur sesshaften Agrarkultur erfolgte relativ rasch durch den Einfluss der ökonomisch schon höher stehenden, in den Tälern ansässig gewesenen kanaanitischen Bevölkerung. Das Wasser war auch für die Bewohner befestigter Kleinstädte, besonders während einer Belagerung, eine

Überlebensfrage. In Jerusalem, Meggido und Hazor wurden Tunnelbauten entdeckt, die bis zu den außerhalb der Stadtmauern befindlichen Quellen reichten.

Neben der Landwirtschaft gab es in Palästina auch Handwerksbetriebe, die Gegenstände des täglichen Bedarfs herstellten und verkauften. So gibt es in der Bibel mehrere Hinweise auf Zahlungsmittel und deren Entwicklung. Im Hebräischen bezeichnet das Wort »Kesef« sowohl Silber als auch Geld. Die frühesten Zahlungsmittel waren jedoch Rinder und Schafe, wie dies die Erzählung von Abraham deutlich macht, der Abimelech sieben Schafe zahlte für das Recht, einen Brunnen zu graben.[78] Über den Kauf des Familiengrabes in der Höhle von Machpela steht im 1. Buch Mose: »Abraham ... wog ihm den Geldbetrag ab.«[79] Denn der Schekel, der später der Name einer Silbermünze wurde, war ursprünglich eine Gewichtseinheit. Gold wurde nur als Schmuck getragen; es war zwar wertvoller als Silber, eignete sich aber wegen seiner geringen Härte nicht als Zahlungsmittel. Der Gegenwert einer Ware in Gold wurde gleichfalls mit Hilfe der Gewichtseinheit Schekel definiert.[80]

Die ältesten Münzen, die man auf dem Gebiet des Königreichs Israel fand, wurden im späten 6. Jahrhundert v. Chr. aus Elektrum, einer Legierung von Weißgold und Silber, geprägt. Griechische Münzen wurden in hellenistischer Zeit auch in Palästina aus importierten Edelmetallen hergestellt, da es auf dem Gebiet des geschichtlichen Palästina weder Gold noch Silbererze gab. Beide Metalle sowie Eisen mussten vor allem aus Ägypten, Tarschisch und Ophir importiert werden, wobei unklar ist, wo die letztgenannten Orte lagen. Eisen spielte in der Auseinandersetzung der Juden mit den Philistern eine bedeutende Rolle. Den Letzteren gelang es, sich die Kontrolle über dieses für die Waffenerzeugung und die Herstellung landwirtschaftlicher Geräte wichtige Metall zu sichern. Sie verfügten dank ihrer Häfen über das Einfuhrmonopol und beherrschten die Bearbeitungstechnik.

Die ersten Münzen mit hebräischen Schriftzeichen stammen aus der Zeit der Hasmonäer (135–37 v. Chr.). Auf diese sowie auf den späteren jüdischen Münzen waren keine Menschengestalten geprägt, getreu dem Gebot »Du sollst Dir kein Bild machen«.[81] Die Geldwechsler beim Tempeleingang hatten die Aufgabe, fremde Münzen, die wegen solcher Abbildungen nicht als Tempelsteuer verwendet werden konnten, in jüdische Münzen umzutauschen. Als Jesus gegen die Geldwechsler einschritt,[82] stellte er bewusst den aufwändigen Tempelkult in Frage.

Eine Bestimmung der Tora, die bis zum Beginn der Neuzeit vor allem in der christlichen Welt immer wieder heftige Konflikte verursachte, war das Verbot, bei Anleihen Zinsen zu nehmen. Zur Zeit der Entstehung dieses Verbots spiegelte es die wirtschaftlichen Verhältnisse einer wenig entwickelten bäuerlichen Gesellschaft wider.

Das Zinsverbot hatte nicht im Judentum seinen Ursprung, ähnliche Verbote konnte man auch bei anderen Völkern auf der gleichen Entwicklungsstufe feststellen. Dagegen war der Zins bei Völkern mit einem entwickelten wirtschaftlichen System ein Bestandteil des Wirtschaftslebens. Davon zeugt das Gesetzbuch des babylonischen Königs Hammurabi (ca. 1792–1750 v. Chr.), in dem Zinssätze für Geld- und Naturaldarlehen festgesetzt sind.

Diese Entwicklungsstufe erreichte die Wirtschaft des jüdischen Staates erst unter der Herrschaft Davids und Salomons im 10. vorchristlichen Jahrhundert. Damals verfügte das Land über Kupferminen und Häfen sowohl am Mittelmeer als auch am Roten Meer und begann im internationalen Handel und in der Schifffahrt eine Rolle zu spielen. Als die Hafenstädte infolge der Schwächung der Staatsgewalt nach der Spaltung in ein Nord- und Südreich im Jahr 927 v. Chr. verloren gingen, kamen der internationale Handel und die Seefahrt bald völlig zum Erliegen. Die Ermahnungen der Propheten lassen erkennen, dass man sich während dieser Zeit nicht an das Zinsverbot hielt.

In der antiken Welt war das Leihen gegen Zinsen, entgegen den Forderungen griechischer Philosophen, allgemein üblich. So konnten sich auch griechische und römische Gesetze des Zinsverbots nicht durchsetzen.

Aus den Prophetenbüchern kann entnommen werden, dass sich die wirtschaftlichen Verhältnisse vom 8. Jahrhundert v. Chr. an zusehends verschlechterten. Der Sieg Nebukadnezzars über Juda im Jahr 586 v. Chr. hatte die Verwüstung eines Großteils des Landes und die Verschleppung eines bedeutenden Teils der Bevölkerung nach Babylonien zur Folge. Dort entstanden nach und nach blühende Gemeinden, deren Mitglieder allen Berufen nachgingen. Für sie und für alle später außerhalb Palästinas lebenden Juden galt das Prophetenwort: »Bemüht euch um das Wohl der

138

Stadt, in die ich euch geführt habe, und betet für sie zum Herrn; denn in ihrem Wohl liegt euer Wohl.«[83]

Die nach 539 v. Chr. nach Palästina zurückkehrenden Juden konnten das Land nur durch finanzielle Unterstützung der Gemeinde in Babylonien nach und nach wieder aufbauen. Von diesem Zeitpunkt an wird über viele Neugründungen von jüdischen Gemeinden außerhalb Palästinas und Babylons, vor allem im Mittelmeerraum, berichtet.

Nach der hasmonäischen Revolte Mitte des 2. Jahrhunderts v. Chr. konnte mit Hilfe der Juden der Diaspora wieder eine ökonomische Stärkung des Staates erreicht werden. Trotz der angestiegenen Einwohnerzahl wurde ein beträchtlicher Teil der landwirtschaftlichen Produkte, darunter Primärfrüchte,[84] exportiert. Schon damals wurden am Toten Meer verschiedene Mineralien gewonnen.

Sowohl die Römer als auch die Kaste der Priester nützten den angehenden Wohlstand der Bevölkerung für sich aus, indem sie das Land mit immer höheren Abgaben belasteten. Dies führte allmählich zum Ruin vieler Bauern und zu weit verbreiteter Unzufriedenheit innerhalb der ärmeren Bevölkerung. Es ist klar, dass dies apokalyptisch-revolutionären Ideen den Weg ebnete.

Nach der Zerstörung des zweiten Tempels leiteten die Rabbinen eine religiöse Erneuerung des Judentums ein. Das Zinsverbot bei Anleihen unter Juden wurde umfassend gestaltet und erhielt Gesetzeskraft. Es wurde sogar verboten, dass der Schuldner dem Darlehensgeber Grüße oder gute Wünsche übermittelt, wenn eine freundschaftliche Beziehung nicht schon vor dem Schuldverhältnis bestanden hatte. Da in der Tora »Wucher *jeder Art*«[85] verboten war, erblickte man darin ungebührende Vorteile für den Darlehensgeber. Auch an Nichtjuden sollte man Anleihen mit Zinsen nur im Notfall geben.

Die zu dieser Zeit in Palästina lebenden Juden konnten dem Zinsverbot entsprechen, da sie zum Großteil von der Landwirtschaft und nur zu einem geringen Teil vom Gewerbe lebten. Die Juden Ägyptens und Persiens jedoch waren in allen Wirtschaftszweigen und somit auch im internationalen Handel tätig. Der Handel war notwendigerweise mit Geldgeschäften und damit mit Zinszahlungen verbunden. Um das Zinsverbot zu umgehen, wurden nicht Kredite gewährt, sondern das Geld unter dem Titel »Geschäftsbeteiligung mit vorausbestimmtem Gewinnanteil« gegeben. Die Rabbinen jedoch tolerierten eine solche offensichtliche Umgehung des Zinsverbots nicht. Ihren Einwänden wurde insofern Rechnung getragen, als man nunmehr ein nominelles Gehalt für den arbeitenden Partner, also für den Kreditnehmer, sowie auch eine Verlustbeteiligung des Kreditgebers vereinbarte. Jedoch mussten als Nachweis dieses Verlusts praktisch unbeschaffbare Unterlagen vorgelegt werden. Die Rabbinen sahen ein, dass die Erfordernisse des Geschäftslebens stärker waren als ihre Gesetze, und daher wurde und wird diese Form der Kreditgeschäfte bis heute toleriert.

Bis zum Ende des 12. Jahrhunderts lebte der Großteil der Juden unter islamischer Herrschaft, wo sie nur sporadischen Verfolgungen ausgesetzt waren. Juden betätigten sich in allen wirtschaftlichen Bereichen, wobei sich viele auf den Handel zwischen christlichen und islamischen Ländern spezialisierten und weit verzweigte Unternehmungen gründeten. Sie waren bis zum 10. Jahrhundert privilegiert, da sie im Gegensatz zu den christlichen und muslimischen Kaufleuten in Ländern beider Konfessionen toleriert wurden. Sie verfügten außerdem mit dem Hebräischen über eine Sprache, mit der sie sich überall mit anderen Juden verständigen konnten. Die meisten international tätigen jüdischen Geschäftsleute beherrschten ohnehin mehrere Sprachen.

Der Einbruch fernöstlicher Steppenvölker verursachte in den islamischen Ländern interne Kämpfe und einen nachhaltigen wirtschaftlichen Niedergang. Dies führte zu antijüdischen Ausschreitungen, deshalb wanderten viele Juden in das christliche Europa, wo sie eine entsprechende Erwerbsmöglichkeit fanden. Denn dort war es nur ihnen erlaubt, Kredite gegen Zinsen zu vergeben. Die Kirche verbot nämlich auf dem Konzil von Nicäa im Jahr 325 als Erstes den Klerikern, Zinsen zu nehmen. Dies wurde dann unter den Karolingern auch auf Laien ausgedehnt. Im Jahr 1179 n. Chr. wurden, um den Zinsverbot Nachdruck zu verleihen, alle dem Verbot zuwiderhandelnden Personen exkommuniziert. Damit wollte man vor allem die lombardischen Kaufleute treffen, die einen Großteil der Geldgeschäfte von den Juden übernommen hatten. Denn wegen der Verfolgungen durch die Kreuzfahrer waren die jüdischen Leihgeber nicht mehr imstande, den Kapitalbedürfnissen der damaligen Zeit zu entsprechen. Die lombardischen Kaufleute umgingen freilich das Zinsverbot der Kirche mit denselben Kniffen wie die jüdischen Kollegen das entsprechende rabbinische Verbot.

Ungefähr vom 10. Jahrhundert an entglitt der internationale Handel den Juden immer mehr und ging auf Venedig und Genua über. Die landwirtschaftliche Tätigkeit war den Juden fast überall unmöglich, da beim Grunderwerb, im Zuge der beginnenden Feudalisierung, die Ablegung eines christlichen Eides gefordert wurde. Ebenso wurde ihnen auch die gewerbliche Tätigkeit durch die Verbreitung des Zunftwesens untersagt. Denn für die Aufnahme in die Zunft war die christliche Religionszugehörigkeit eine Vorbedingung. Es blieben ihnen daher für ihren Lebensunterhalt lediglich der Handel mit gebrauchten Kleidern und die Verleihung von Geld an Privatleute. Sie verfügten dabei über größere Beträge, da wohlhabende Christen sich Juden bedienten, um ihr Geld gut verzinst anzulegen.

Bernhard von Clairvaux (1090–1153 n. Chr.) bemerkte dazu, dass die christlichen Leihgeber es noch ärger trieben als die jüdischen. Rabbiner Tam (1100–1170 n. Chr.) bedauerte, dass die Juden sich dem Zinsgeschäft zuwandten und so hohe Zinsen verlangten, fügte aber hinzu, dass ihnen durch die Ausschaltung der anderen Erwerbszweige und die hohe Steuer keine andere Wahl blieb.

Die Judenordnung Kaiser Friedrichs II. für Wien vom Jahr 1238 erlaubte den Juden außer Darlehensgeschäften auch den Handel mit Wein, Färbemitteln und Arzneien. Da andere Tätigkeitsbereiche in die Judenordnung nicht aufgenommen wurden und nur eine kleine Anzahl von Juden sich in den freigegebe-

König Heinrich VII. erteilt 1312 Privilegien an Juden, die mit Judenhut und Schläfenlocken abgebildet sind (Codex Baldvini, Landeshauhauptarchiv, Koblenz).

nen Bereichen betätigen konnte, war der jüdische Erwerb hauptsächlich auf Geldgeschäfte beschränkt.

Die Judenordnung Herzog Friedrichs des Streitbaren vom Jahr 1244 wurde das Vorbild vieler gleichartiger Privilegien in den folgenden Jahrhunderten. Der Erlass sorgte für die Sicherheit der Juden und regelte das Pfandleihgeschäft. Juden konnte durch Schwur auf die Tora rechtsgültig beweisen, dass sie von Christen ein Pfand erhalten hatten. Handelte es sich um Diebesgut, mussten Juden beschwören, welchen Betrag sie darauf geliehen hatten. Der Eigentümer erhielt erst nach Zahlung dieser Summe den Gegenstand zurück. Ähnliche Bestimmungen waren ebenfalls in jenen Gebieten in Kraft, in denen Lombarden das Pfandleihgeschäft betrieben. Auf diese Art wollten die Machthaber das Leihgeschäft fördern, da es für die gedeihliche Wirtschaft des Landes förderlich war.

Die Juden wurden immer wieder zur Zahlung von Sondersteuern herangezogen, genossen jedoch dafür den Schutz der Obrigkeit. Tatsächlich brachten die Machthaber oft nur über die jüdische Geldwirtschaft die für Staatsführung und Hofhaltung nötigen Mittel auf.

Der jährliche Zinssatz im Leihgeschäft wurde auf 173,33 Prozent (6 Pfennig je Pfund und Woche) festgelegt, wobei meistens nur kurzfristige Überbrückungskredite in Anspruch genommen wurden. Die Zinssätze für private Kredite betrugen zwischen 25 und 100 Prozent, manchmal sogar bis zu 300 Prozent. Diese Sätze waren nicht nur durch Angebot und Nachfrage geregelt, sondern durch das große Risiko, das die Juden als Kreditgeber zu tragen hatten. Des Öfteren war nicht nur der geliehene Betrag uneinbringlich, sondern auch alle Schulden an Juden, weil sie vom Herrscher als getilgt erklärt wurden.

Die Ausbeutung der Juden wurde auch theologisch untermauert. Es wurde dafür die schon von Augustinus (354–430 n. Chr.) aufgestellte These herangezogen, wonach Juden die Sklaven der Christen seien. Als biblische Grundlage dafür diente die Geschichte von Esau und Jakob im 1. Buch der Tora: »... der ältere [laut Augustinus das Judentum] muss dem jüngeren [laut Augustinus das Christentum] dienen«.[86] Da die Juden direkt dem Herrscher unterstellt waren, ergaben sich Reibungsflächen mit den Städten, die auf mehr Autonomie drängten. Diesen waren die direkten Beziehungen zwischen den Juden und dem Herrscher ein Dorn im Auge. Das »Judenregal« – alle Rechtssatzungen, die den Juden vom jeweiligen Herrscher erteilt wurden – ließen sich die Machthaber manchmal von den Städten abkaufen, die dann mit den Juden frei walten konnten. Die Folge davon waren meist Vertreibungen, wobei die Schuldner nicht nur ihre Verpflichtungen loswurden, sondern auch das jüdische unbewegliche Vermögen wohlfeil erhalten konnten.

Die Handelstätigkeit nahm gegen Ende des Mittelalters ab, da die Straßen und Handelsrouten im Allgemeinen und für Juden im Besonderen immer unsicherer wurden. Ende des 15. Jahrhunderts wurden von der Kirche die so genannten »montes pietatis« gegründet, die anfänglich ohne, später mit geringen Zinsen an Bedürftige Kredite vergaben. Dies bedeutete für die Juden eine weitere Geschäftseinbuße.

Die im Jahr 1492 aus Spanien vertriebenen und nach Holland sowie in das Mittelmeergebiet ausgewanderten sephardischen Juden konnten sich durch ihre weltliche Bildung und ihre Geschicklichkeit als Handwerker besser den herrschenden Lebensbedingungen anpassen als die in Deutschland und Osteuropa lebenden aschkenasischen Juden. Obwohl sich auch von den Letzteren einige wenige Familien erfolgreich als Bankiers und Hofjuden betätigten, verarmten die aschkenasischen Juden zusehends.

Die Institution der Hofjuden geht bis in das 16. Jahrhundert zurück. Die Hofjuden erhielten verschiedene Titel, wie Hoflieferant, Kammeragent, Oberhoffaktor oder Kriegsfaktor. Bis ins 18. Jahrhundert gab es Hofjuden vor allem an den Höfen des Habsburgerreiches sowie an den Höfen Dänemarks oder Polens. Sie hatten die Aufgabe, die Ausgaben des Staates und des Hofes zu finanzieren,[87] waren als Armeelieferanten, Steuereintreiber, Münzmeister oder sogar in diplomatischen Diensten tätig und versorgten den Hof mit verschiedensten Waren.[88]

Hofjuden verheirateten ihre Kinder standesgemäß mit Kindern anderer Hofjuden. Dadurch entstand eine länderübergreifende familiäre Verflechtung, die für die Stellung der Hofjuden am Hof förderlich war, da ihnen deswegen auch hie und da politische Aufgaben übertragen wurden. Sie vertraten auch die Interessen der jüdischen Gemeinden bei Hof, waren aber in manchen Fällen in Hofintrigen eingebunden und verloren, bei einem Wechsel des Herrschers etwa, leicht ihr Vermögen und manchmal sogar ihr Leben.

Mit der Aufklärung im 18. Jahrhundert wurden nach und nach die restriktiven Bestimmungen aufgehoben, die den Juden den Landbesitz und den Zugang zu gewerblichen Tätigkeiten untersagten. Dies bewirkte, dass sich Juden zuerst zögernd, später dann immer massiver allen ihnen offen stehenden Berufen zuwandten. Da auch die Kirche die Zinsgeschäfte vom 17. und 18. Jahrhundert an tolerierte und Juden andere Berufe ergreifen konnten, gehört das Bild des jüdischen Geldverleihers,[89] das vor allem der kleinbürgerliche Antisemitismus zum Feindbild stempelte, der Vergangenheit an.

Das Gelübde

> »Wenn ein Mann dem Herrn ein
> Gelübde ablegt, ... dann darf er
> sein Wort nicht brechen; genauso wie
> er es versprochen hat, muss er es
> ausführen.«[90]

Das Gelübde einer weiblichen, unverheirateten Person konnte nur der Vater, später deren Mann auflösen. Jedoch war dies nur unmittelbar, nachdem er davon erfahren hatte, möglich. Die Bibel bietet keine andere Möglichkeit für die Auflösung eines Gelübdes. Die Rabbinen jedoch entwickelten auf Grund der mündlichen Überlieferung ein entsprechendes gerichtliches Verfahren, um ein Gelübde für nichtig zu erklären. Dies konnte nur dann erfolgen, wenn es Umstände gab, die das Ablegen des Gelübdes verhindert hätten. Diese mussten schon zum Zeitpunkt des Gelobens vorhanden gewesen, aber erst später bekannt geworden sein.

Der Richter* Jiftach gelobte für den Fall, dass Gott ihm den Sieg über die Ammoniter schenken würde, das als Opfer darzubringen, was ihm bei seiner Rückkehr als Erstes entgegenkam.[91] Es war dies sein einziges Kind, ein junges Mädchen, das bereitwillig dieses Schicksal auf sich nahm. In späteren Schriften wird betont, dass der Hohepriester in der Lage gewesen wäre, Jiftach von seinem Gelübde zu befreien, nur der Stolz der beiden hätte dies verhindert.

---

* Richter waren nach der Landnahme und vor der Errichtung des Königtums (ca. 1200 v. Chr. – 1020 v. Chr.) die Führer Israels, jedoch nur, wenn es galt, die Stämme Israels gegen andere Völker zu einigen.

Im Talmud wird das Geloben nicht ausschließlich als eine gottgefällige Tat bezeichnet und im Schulchan Aruch wird ein Gelübde nur erlaubt, um sich von einer schlechten Gewohnheit, wie trinken und rauchen, zu befreien.

Ein Gelübde, das in der Tora zwar eingehend beschrieben wird, aber heute keine Relevanz mehr besitzt, ist das Nasiräer-Gelübde.[92] Der Nasiräer – der Gottgeweihte – hat sich folgenden Beschränkungen zu unterwerfen: keine alkoholischen Getränke zu sich zu nehmen, das Haar nicht zu schneiden, nicht in die Nähe eines Leichnams zu kommen und bei Ablauf der Zeit des Gelübdes ein Sühneopfer und ein Heilsopfer darzubringen. Die Nasiräer erlangten während der jüdischen Geschichte besonders in Zeiten nationaler Niederlagen eine gewisse Bedeutung und ihr Gelübde hatte manchmal sogar Kultcharakter. Nach Ablauf des Nasiräer-Gelübdes ist es vorgeschrieben, das Haar abzuschneiden und dieses gemeinsam mit anderen Gaben als Sühneopfer darzubringen.

Die Rabbinen Babyloniens, die gegen jede Art von Askese waren, sahen in der Nasiräer-Weihe eine Sünde. Sie beriefen sich dabei auf die Bestimmung der Tora, die bei Ablauf der Weihe ein *Sühneopfer* vorschreibt. Sie verfügten deshalb, dass die Nasiräer-Weihe nur für das Land Palästina gültig sei, da nur im dortigen Tempel Opfer dargebracht werden könnten. Außerdem sollte das Gelübde nur dreißig Tage gelten, falls beim Geloben keine Zeitbeschränkung angegeben wurde. Als Begründung führten sie an, dass der Zahlenwert der Buchstaben des hebräischen Wortes »er soll« die Zahl dreißig ergibt. Denn mit diesen

Worten wird das Nasiräer-Gelübde eingeleitet: »Er soll auf Wein und Bier verzichten, ... er soll sein Haar ganz frei wachsen lassen«.[93]

Der Evangelist Lukas berichtet, dass Johannes der Täufer sich des Genusses alkoholischer Getränke enthielt,[94] und in der Apostelgeschichte wird wiederholt auf ein Gelübde des Paulus hingewiesen, nach dessen Ablauf dieser sich die Haare abschneiden ließ.[95]

Der berühmteste Nasiräer der hebräischen Bibel ist wohl der Richter Samson, dessen übermenschliche Stärke in einer Reihe von Erzählungen geschildert wird.[96] So erwürgte er einen Löwen, brach das Stadttor von Gaza aus der Mauer und trug es auf einen Berg in der Nähe von Hebron. Er fühlte sich jedoch von den Frauen der feindlichen Philister unwiderstehlich angezogen. Einer von ihnen, Delila, gelang es, ihm das Geheimnis seiner Stärke – diese lag in seinem ungeschorenen Haar – zu entlocken. Nachdem sie Samson sieben Locken abgeschnitten hatte, konnte er von den Philistern gefesselt und geblendet werden. Nach einiger Zeit brachten ihn die Philister anlässlich eines religiösen Festes in ihren Tempel und verlangten, von ihm unterhalten zu werden. Samson, dessen Haar inzwischen wieder nachgewachsen war, gelang es zu den zwei Hauptpfeilern des Gebäudes zu kommen. Er ersuchte Gott, ihm seine frühere Kraft wiederzugeben. Sein Gebet wurde erhört und so war es ihm möglich die mächtigen Stützpfeiler niederzureißen. Das Gebäude brach zusammen und begrub Samson gemeinsam mit dreitausend Philistern.[97]

Dem Torakapitel über die Nasiräer-Weihe geht ein Kapitel voraus, in dem die Untreue einer Ehefrau behandelt wird.[98] Da auch eine treulose Frau, Delila, in der Legende des Nasiräers Samson eine maßgebliche Rolle spielt, sahen sich manche, die von ihrer Frau verlassen worden waren, veranlasst, die Nasiräer-Weihe anzunehmen.

Schon im 8. Jahrhundert n. Chr. löste das Gebet »Kol Nidre«, deutsch »alle Gelübde«, am Versöhnungstag Konflikte aus. In diesem Gebet wird Gott ersucht, die Gelöbnisse, die man aus Versehen leistete, für ungültig anzusehen. Die Juden wurden unter Berufung auf dieses Gebet vielfach verdächtigt, ein Gelübde nur zum Schein abzulegen, da es für sie ohnehin jederzeit möglich sei, es wieder aufzulösen. Dies entspricht sicherlich nicht der Intention des Betenden, da die Lösung von Gelübden, wie erwähnt, nur durch ein schwieriges rabbinisches Verfahren erfolgen kann. Jüdische Gelehrte meinen, dass das Gebet den Zweck hat, für die unabsichtlich geäußerten oder nicht eingehaltenen Gelübde um Entsühnung zu bitten.

Der Aberglaube

> »Es soll bei dir keinen geben, der ... Wolken deutet, aus dem Becher weissagt, zaubert, Gebetsbeschwörungen hersagt.«[99]

Bei primitiven Völkern gab es zwischen Glauben und Aberglauben keinen Unterschied. Den Aberglauben nahm das jüdische Volk aus dem nahöstlichen Raum als Erbgut mit. Alle diese Vorstellungen und Bräuche haben als gemeinsame Wurzel die menschliche Angst vor der bedrohlichen Zukunft. Unbestimmte Ängste können in den Griff bekommen werden, wenn man durch Einweihung in magische Bräuche die Dämonen beschwört, damit sie von einem ablassen oder einem sogar beistehen. Manche dieser Bräuche fanden in die Religion Eingang, wurden jedoch mit neuem Gedankengut versehen.

Zu den Religionsriten, deren Ursprung im magischen Bereich liegt, um böse Geister sowie Dämonen abzuwehren, gehört wahrscheinlich auch das Opferritual. Ebenso ist anzunehmen, dass das »Kapparot« (deutsch »Sühnungen«) am Versöhnungstag auf magische Quellen zurückgeht. Dieser Brauch, der erst im 9. Jahrhundert n. Chr. aufkam, ist bei orthodoxen Juden noch heute weit verbreitet, obwohl jüdische Gelehrte auf dessen heidnischen Ursprung hingewiesen haben. Dabei wird eine Henne bei einer Frau oder ein Hahn bei einem Mann dreimal über deren Kopf im Kreis bewegt und ein Spruch gesagt, der bewirken soll, dass das später geschlachtete Tier die Sünden der Menschen übernimmt. Die dafür verwendeten Hühner sollen nach Möglichkeit weiß sein – eine Farbe, der traditionsgemäß eine Dämonen abwehrende Eigenschaft nachgesagt wird. Diese Vorstellung liegt ja auch dem Weiß des Brautkleids zu Grunde.

Dämonen werden freilich auch durch Lärm abgehalten. Schon Kinder versuchen im Dunkeln, sich durch Singen oder Sprechen Mut zu machen. Das Blasen des Schofars am Neujahrstag soll ebenfalls auf einem magischen Brauch, böse Geister abzuwehren, beruhen.

Sogar über König Saul sandte Gott einen bösen Geist, um ihn zu plagen.[100] Eine Dämonin, die im

Volksglauben am meisten Verbreitung fand, war Lilith. Sie soll für neugeborene Kinder besonders gefährlich sein, da sie als Adams erste Frau gilt und daher auf alle Nachkommen Evas eifersüchtig ist. Lilith zeugte mit Adam eine Reihe von weiteren Dämonen. Ihr Gefährte ist Samael, eine Satansfigur.

Im Talmud werden die Gläubigen gewarnt, eine paarige Anzahl von Weingläsern zu leeren, da dies böse Geister herausfordern soll. Auch gewisse Bäume, Brücken und schattige Plätze sind beliebte Aufenthaltsorte für jeweils eine bestimmte Art von Geistern. Zu deren Abwehr findet man im Talmud passende Sprüche.

Ganz besonders gefürchtet wird im Judentum, wie auch im Islam, das »böse Auge«. Um es nicht herauszufordern, wird es im Jiddischen auch euphemistisch »git oig«, »gutes Auge«, genannt. Eine bösartige Person kann durch den bösen Blick viel Schaden anrichten. Deshalb werden in der Wohnung besonders schöne und kostbare Gegenstände in Kästen aufbewahrt, um nicht den Neid der Besucher und somit ein böses Auge herauszufordern. Hübsche Kinder bekommen einen kleinen Halbedelstein, ein rotes Band oder manchmal eine Korallenkette umgehängt, um den bösen Blick vom Gesicht des Kindes abzulenken.

Amulette, auf die Torasprüche eingraviert sind, gelten gegen böse Dämonen als besonders wirksam. Die »Hamza« der Araber, die von den orientalischen Juden übernommen wurde, stellt eine stilisiert wiedergegebene geöffnete Hand dar. Die Gefahren, die von oben einwirken, soll der Daumen abwehren. Gegen die Gefahren aus den vier Himmelsrichtungen sollen die vier Finger wirken. Als die Juden Jemens nach Israel auswanderten, war dies wegen der Israel feindlich gesinnten Länder dieser Region nur auf dem Luftweg möglich. Es kostete viel Mühe, die jemenitischen Juden zur Benützung der Flugzeuge zu bewegen, weil sie die Gefahr von unten fürchteten, gegen die sie durch die Hamza nicht geschützt waren. Nur die biblischen Worte »... wie ich euch auf Adlerflügel getragen und hierher zu mir gebracht habe«[101] konnten sie dazu bewegen, in das Flugzeug einzusteigen. Denn viele Generationen hindurch ist dieser Bibelspruch als die Vorhersage ihrer Rückkehr in das Heilige Land überliefert worden.

Das Verlassen des Judentums, der Übertritt und die Mischehe

> »Deine Tochter gib nicht seinem Sohn und nimm seine Tochter nicht für deinen Sohn, ... da er (der Nichtjude) deinen Sohn verleitet, mir nicht mehr nachzufolgen.«[102]

Diese Bestimmung steht im Zusammenhang mit den Geboten über das Verhalten des israelischen Volkes zu seinen Nachbarn. Sie stammt wahrscheinlich aus der Zeit, als nur wenige Juden aus dem Babylonischen Exil (586–539 v. Chr.) nach Palästina zurückgekehrt sind. Dort waren sie von sieben Völkern umringt und bauten Jerusalem unter äußerst schwierigen Bedingungen wieder auf. In einer solchen Situation war das Heiratsverbot mit Nichtjuden eine wesentliche Voraussetzung zur Aufrechterhaltung der nationalen und kulturellen Identität.

Dieses Toraverbot galt nur für die Heirat mit den Angehörigen der sieben Nachbarvölker, die es schon in der Zeit vor Christi Geburt nicht mehr gab. Dennoch leitete daraus ein Teil der Talmudgelehrten das allgemeine Heiratsverbot mit Nichtjuden ab. Dieses Verbot wurde vom frühen Mittelalter an befolgt, bis es das Reformjudentum im 19. Jahrhundert nicht mehr als bindend betrachtete.

Zweifellos trug das Verbot, Andersgläubige zu heiraten, wesentlich zur Erhaltung des Judentums bei. Statistische Daten zeigen, dass zurzeit Ehen zwischen Juden und Christen im Ansteigen begriffen sind. Dies trifft vor allem auf solche Länder und Gemeinden zu, die eine geringe jüdische Bevölkerung aufweisen. Eine betont religiöse Erziehung hat jedoch zur Folge, dass der Ehepartner nicht außerhalb der eigenen Religionsgemeinschaft genommen wird.

Jüdische Männer heiraten öfter Nichtjüdinnen als jüdische Frauen Nichtjuden. Dabei ist zu berücksichtigen, dass vom rabbinischen Standpunkt Ehen nur dann als »gemischt« bezeichnet werden, wenn zum Zeitpunkt der Eheschließung einer der Partner Nichtjude ist. Wenn vor der Eheschließung ein Übertritt des nichtjüdischen Ehepartners zum Judentum erfolgte, gilt diese nicht als »gemischt«.

Das schönste Beispiel einer solchen Ehe ist im biblischen Buch Ruth beschrieben. Ruth, eine Moabiterin, heiratet einen in Moab ansässigen jüdischen

Mann. Nach seinem Tod will sie ihre nach Palästina zurückkehrende Schwiegermutter begleiten und drückt ihren Wunsch mit folgenden Worten aus: »Wohin du gehst, dahin gehe auch ich, und wo du bleibst, da bleibe auch ich. Dein Volk ist mein Volk und dein Gott ist mein Gott.«[103] In Palästina heiratete sie dann einen Verwandten ihres verstorbenen Mannes und wurde in der Tradition die Urgroßmutter König Davids. An ihr erfüllten sich die Worte, die Gott einst Abraham verhieß: »Ich will segnen, die dich segnen, ... und es werden durch dich alle Geschlechter der Erde gesegnet sein.«[104]

Es ist nur wenig bekannt, dass jeder das Recht hat, Jude zu werden. Der Prophet Jesaja sagt: »... Ich mache dich zum Licht für die Völker, ... ich habe dich ... dazu bestimmt ... den Gefangenen zu sagen: Kommt heraus! Und denen, die in der Finsternis sind: Kommt ans Licht!«[105] Diesen Auftrag, für ihre Religion zu werben und andere zu bekehren, nahm die jüdische Religion nur selten wahr. Schon im Talmud steht: »Wenn jemand in der Jetztzeit Proselyt werden will, so spreche man zu ihm: Weißt du denn nicht, dass Israeliten gequält, gestoßen, gedemütigt und gerupft werden und Leiden über sie kommen?«

Auch heute ist den Rabbinen aufgetragen, dem Kandidaten die Pflichten und Nachteile, die die Konversion zum Judentum mit sich bringt, offen vor Augen zu führen. Sie sollen dessen Entschlossenheit prüfen und ihn dazu dreimal abweisen. Wenn er dennoch bei seinem Wunsch verbleibt, sollen sie ihn in die Gemeinde aufnehmen.

Trotz dieser die Konversion zum Judentum erschwerenden Bestimmungen waren in der hellenistischen Zeit besonders zahlreiche Übertritte zu verzeichnen. Denn durch die griechische Philosophie wurde der Wunsch nach einer monotheistischen Religion geweckt und zu dieser Zeit war die jüdische Religion die einzige, die diesem Anspruch gerecht wurde. Ohne das Proselytentum wäre das schnelle Wachstum der jüdischen Gemeinden außerhalb Palästinas sicher nicht möglich gewesen.

Es ist jedem Juden strengstens untersagt, den Neuankömmling daran zu erinnern, dass er nicht jüdischer Abstammung ist. Laut rabbinischer Auffassung gehört so ein Delikt gemeinsam mit dem Beschämen und Kränken eines Mitmenschen zu den schwersten Sünden. Denn in der Tora steht: »Ihr sollt euren Nächsten nicht kränken«[106] und im Talmud wird dazu gesagt: »Wenn jemand seinen Nächsten öffentlich beschämt, so ist es ebenso, als würde er Blut vergießen.«

Ehen zwischen Juden und Nichtjuden, bei denen der jüdische Teil zur Religion des Partners übertritt, gelten trotzdem als gemischte Ehen. Man kann nämlich das Judentum nicht verlassen. Ein Jude oder eine Jüdin, die eine andere Religion annehmen, gelten zwar als Sünder, jedoch trotzdem weiterhin als Juden. Die in Israel geltende zivilrechtliche Definition eines Juden entspricht weitgehend den Regeln der Religion. Sie besagt, dass Jude der ist, der entweder von einer jüdischen Mutter geboren wurde oder im Sinn der religiösen Gesetze zum Judentum übertrat. Die Taufe zum Beispiel ändert nichts an diesem Status.

Ein Rechtsfall in diesem Zusammenhang beschäftigte Anfang der sechziger Jahre sowohl die israelischen Gerichte als auch die israelische Öffentlichkeit. Ein polnischer Jude namens Oswald Rufeisen hatte sich 1942 taufen lassen und war 1945 als Bruder Daniel dem Orden der Karmeliter beigetreten. Als er nach Israel kam, verlangte er vom Innenministerium auf Grund des Gesetzes über die Rückkehr die Zuerkennung der israelischen Staatsbürgerschaft. Dieses Gesetz berechtigt jeden Juden, allein durch eine Willenserklärung, die israelische Staatsbürgerschaft zu erhalten. Da das Innenministerium das Ansuchen von Bruder Daniel zurückwies, kam diese Rechtsfrage schließlich vor den Obersten Gerichtshof. Das mit Mehrheitsentscheidung gefällte Urteil wies das Ansuchen zurück. Man erkannte zwar den Status von Bruder Daniel als Jude im Sinn der religiösen Gesetze an, führte aber aus, dass das Gesetz der Rückkehr nicht auf dem Begriff des Juden im Sinn der Religion basiert, sondern auf dem Begriff des Juden im Sinn des national-historischen Selbstverständnisses.

Nichtjuden müssen, falls sie israelische Staatsbürger werden wollen, ein Einbürgerungsansuchen stellen, dem meistens nach Prüfung der Unterlagen stattgegeben wird.

Die Feste des Kalenders

Allgemeine Bemerkungen

> »Das sind die Feste des Herrn, Tage
> heiliger Versammlungen, die ihr zur
> festgelegten Zeit ausrufen sollt.«[107]

Dieses Gebot, die in der Bibel angeordneten Feste zu
feiern, wird in der heutigen Zeit nur von den orthodoxen und von einem Teil der konservativen Juden
lückenlos eingehalten. Reformjuden und ein Teil der
Konservativen halten nur die Hauptfeiertage und
beachten die strengen Verbote, wie die Arbeitsruhe
am Sabbat, kaum.

An den drei Wallfahrtsfesten, dem Pessach-,
Wochen- und Laubhüttenfest, war es geboten, den
Tempel in Jerusalem, solange dieser bestand (bis 70 n.
Chr.), aufzusuchen. Während dieser Feiertage und am
Versöhnungstag gibt es in der Synagoge eine Trauer-
andacht für die verstorbenen Familienmitglieder, an
der traditionell nur (Halb-)Waisen teilnehmen dürfen.
Zu diesen Anlässen sind die Synagogen heute meist
überfüllt, da das Gedenken an die Verstorbenen mehr
beachtet wird als die Verpflichtung, zum Gebet in die
Synagoge zu gehen.

Am Sabbat und am Versöhnungstag sollen praktisch alle Arbeiten ruhen. An den anderen als volle
Feiertage geltenden Tagen dürfen nur die für die
Nahrungszubereitung notwendigen Arbeiten verrichtet werden. Dagegen sind an den Bußtagen zwischen
dem Neujahr und dem Versöhnungstag und an den
Tagen nach dem ersten Hauptfeiertag des Laubhüt-

tenfestes sowie an den Tagen zwischen dem ersten und letzten Hauptfeiertag des Pessachfestes alle unaufschiebbaren Arbeiten erlaubt.

Mit Ausnahme des Sabbats und der Fasttage werden alle Feste außerhalb Israels um einen Tag verlängert. Der Grund dafür ist die Verschiebung des Tagesbeginns in den Ländern, die westlich oder östlich von Israel liegen. Durch die zweitägige Dauer des Festes ist die Sicherheit gegeben, dass das Fest während der Zeit gefeiert wird, zu der auch in Israel die Feiern stattfinden. Da für alle Gebote, deren Einhaltung beschwerlich ist – darunter fällt selbstverständlich das Fasten –, eine über das Gebot hinausgehende Selbstkasteiung verboten ist, dauern die Fasttage grundsätzlich nur einen Tag.

Die jüdische Lehre wurde von Gott »zum Leben gegeben«[108] und dient dem Leben auf dieser Welt. Jede Art von Askese widerspricht diesem Gedanken. Folgende Aussprüche geben dazu die Meinung der Talmudgelehrten wieder:

»Sind dir nicht schon genügend Dinge durch das Gesetz untersagt, dass du dir noch weitere Verbote auferlegst?« Oder: »Ein jeder wird am Tag des Gerichts Rechnung legen müssen für alle guten, erlaubten Dinge, die er genießen hätte können, aber es nicht tat.« Es wurden gleichwohl im Talmud auch gegenteilige Meinungen überliefert. So heißt es zum Beispiel: »Was soll der Mensch tun, dass er lebe? – Er töte sich. Was soll der Mensch tun, dass er sterbe? – Er genieße das Leben.«

Freude zu empfinden ist für die jüdische Religion überaus wichtig. In der Tora wird verlangt, dass die

Erfüllung der Gebote mit Freude zu erfolgen hat.[109] Es hat die ganze Gemeinschaft die Festfreude zu teilen. Dazu gehören insbesondere die Sklaven, die den Tempeldienst versehenden Leviten, die zum Judentum Bekehrten sowie die Waisen und Witwen.[110]

An den Festtagen sind individuelle Freudenfeste wie zum Beispiel eine Hochzeit verboten, da eine talmudische Vorschrift lautet, dass man zwei freudige Ereignisse nicht gemeinsam feiern soll, da jedes für sich ein Anrecht auf ungeteilte Freude hat.

Die Rabbinen waren unterschiedlicher Meinung, wieweit übermäßige Freude, herbeigeführt durch weltliche Genüsse, statthaft ist. So wird im Talmud berichtet, dass Rabbinen einen kostbaren Glaspokal zerbrachen, um die Ausgelassenheit einer Tischgesellschaft zu dämpfen.

Im Talmud wird auch verlangt, dass das Familienoberhaupt an einem Feiertag seinen Angehörigen durch Geschenke Freude bereitet; Kindern soll man Nüsse und Leckerbissen schenken, Frauen freuen sich über Schmuck und Kleider und Männern setzt man bei der Mahlzeit genügend Fleisch und Wein vor. Dazu wird im Schulchan Aruch folgender Kommentar gegeben: »Wenn der Mensch am Festtag isst und trinkt, verweile er nicht beim Wein, bei Lachen oder Leichtfertigkeit und er soll nicht sagen, dass, je mehr er zu diesen hinzufüge, umso mehr erfülle er das Gebot der Freude; denn Trunkenheit, Lachen und Leichtfertigkeit sind keine Freude, sondern Torheit und Unverstand.«

Man soll nur die Hälfte der Zeit mit Essen und Trinken verbringen, die andere Hälfte soll dem Lernen religiöser Texte vorbehalten sein. Diese Regelung entnimmt ein Weiser des Talmuds aus dem Toravers: »Eine Festversammlung für *euch* ...«[111] sowie aus dem Vers: »... eine Festversammlung für *den Herrn*, deinen Gott.«[112]

Die jüdischen Feste werden in den meisten Fällen durch historische Ereignisse, die für das Schicksal des jüdischen Volkes entscheidend waren, sowie durch Festgebräuche einer Agrargesellschaft geprägt. Allein am Neujahrs- und am Versöhnungsfest wird Gelegenheit geboten, das vorgesehene, individuelle Schicksal durch Sühne und Buße zu ändern. Der Sabbat ist zur Gänze der Ehre Gottes als Schöpfer gewidmet. Das Pessach- und Laubhüttenfest wird vor allem im jüdischen Heim abgehalten, während die Gottesdienste für das Neujahr und für den Versöhnungstag hauptsächlich in der Synagoge stattfinden.

Der Sabbat

> »Sechs Tage soll man arbeiten; der siebte Tag ist heilig, Sabbat, Ruhetag zur Ehre des Herrn.«[113]

Das Sabbatgebot kommt an acht Stellen in der Tora vor. Da der Sabbat außerdem noch der einzige Feiertag ist, dessen Beachtung in den Zehn Geboten gefordert wird, setzten die Rabbinen die Befolgung der Gebote dieses Feiertags mit der Einhaltung aller anderen Gebote der Tora gleich. Die Heiligkeit dieses Tages wird vom Schöpfungsbericht abgeleitet: »Und Gott segnete den siebten Tag und erklärte ihn für heilig; denn an ihm ruhte Gott, nachdem er das ganze Werk der Schöpfung vollendet hatte.«[114]

Im 5. Buch der Tora wird hingegen der soziale Charakter des Feiertages betont: »Achte auf den Sabbat: Halte ihn heilig, wie es dir der Herr, dein Gott, zur Pflicht gemacht hat. Sechs Tage darfst du schaffen und jede Arbeit tun. Der siebte Tag ist ein Ruhetag, dem Herrn, deinem Gott geweiht. An ihm darfst du keine Arbeit tun: du, dein Sohn und deine Tochter, dein Sklave und deine Sklavin, dein Rind, dein Esel und dein ganzes Vieh und der Fremde, der in deinen Stadtbereichen Wohnrecht hat. Dein Sklave und deine Sklavin sollen ausruhen wie du. Denk daran: Als du in Ägypten Sklave warst ...«[115]

Die regelmäßige wöchentliche Begehung dieses Feiertags und die damit verbundene Arbeitsruhe gehören zu den bedeutendsten sozialen Errungenschaften, die die Welt Israel zu verdanken hat. Es gab zwar auch in Ägypten und Mesopotamien Feiertage, ohne dass diese jedoch mit Arbeitsruhe für alle Schichten der Bevölkerung verbunden gewesen wären.

Der einleitende Toravers steht unmittelbar vor den Anweisungen über die Errichtung des »Zeltes der Zusammenkunft«, das als heilige Stätte für die Kulthandlungen diente. Aus dem Umstand, dass diese Sätze nacheinander stehen, folgerten die Talmudgelehrten, dass am Sabbat sogar die Arbeiten an diesem Heiligtum geruht hätten. Man erstellte eine Liste von neununddreißig Arbeiten, die zum Bau des Zeltes notwendig waren. Aus diesen neununddreißig Arbeiten wurden weitere Arbeiten abgeleitet, und zwar auf der Basis »Vater – Nachkomme«: So ist zum Beispiel das

Heimkehr aus der Synagoge am Freitagabend. Zeichnung von M. D. Oppenheim (1799–1882). An der Wand brennen die zwei Sabbatleuchter, am Tisch ist Wein und Brot für den entsprechenden Segen vorbereitet (Archiv Verfasser).

Ölnachgießen bei einer brennenden Lampe der »Nachkomme« des Feueranzündens, das in diesem Fall als »Vater« angesehen wird. Die Verrichtung all diese Arbeiten wurde daher am Sabbat verboten.

Solche strengen, übergenauen Gesetze wurden als »Zaun um die Tora« betrachtet. Sie dienten zur Reinerhaltung und Bewahrung der Lehre und unterbanden die Gefahr der Assimilation.

Wie ernst die Sabbatruhe aufgefasst wurde, zeigt im 2. vorchristlichen Jahrhundert die Geschichte des Aufstandes der Makkabäer: Juden, die damals wegen der Entweihung des Tempels in Jerusalem gegen die syrischen Machthaber zu den Waffen griffen, ließen sich am Sabbat widerstandslos niedermetzeln. Erst als der Priester und Heerführer Mattatias den bewaffneten Widerstand am Sabbat erlaubte, kämpften sie auch an diesem Tag.

Dies steht im Einklang mit der Lehre, dass man fast alle Gebote übertreten kann, sollte auch nur ein Leben auf dem Spiel stehen.[116] Die Ausnahmen von diesem Prinzip bilden die Verbote der Unzucht, des Götzendienstes und des Mordes. Die Gelehrten begründeten ihr Verbot, diese drei Vorschriften unter keinen Umständen zu übertreten, mit Hinweisen auf die Tora: »Darum sollst du den Herrn, deinen Gott, lieben … mit deiner ganzen Kraft.«[117] Dadurch bleibt für die Verehrung anderer Götter auch bei Lebensgefahr keine Kraft übrig. Die Unzucht wird in der Tora mit Mord verglichen.[118] Und sollte man sich allein durch Mord von einer Lebensgefahr befreien können, habe man sich die Frage zu stellen, ob das Blut des anderen denn weniger rot sei als das eigene.

Im Lukasevangelium wird geschildert, wie Jesus an einem Sabbat einen Wassersüchtigen heilte. Die Pharisäer beschuldigten ihn deswegen der Verletzung der Sabbatruhe. Jesus hingegen verwies auf die auch im Talmud festgehaltene Lehre, dass ein in eine Grube gefallenes Tier auch an einem Sabbat aus seiner misslichen Lage befreit werden dürfe. Er meinte, wenn die Verletzung des Ruhegebots sogar bei einem Tier erlaubt ist, so muss dies umso mehr für einen Menschen gelten. Diese traditionelle Beweisführung entspricht der rabbinischen Methode des Schlusses vom Leichten (weniger Bedeutenden) auf das Schwere (Bedeutendere).

Eine Reihe von rabbinischen Weisungen haben zum Ziel, das Sabbatfest, das schon zu Zeiten des Tempels ein frohes Fest war, besonders schön zu gestalten. Man soll vor dem Sabbat den Boden mit warmem Wasser aufwischen, sich die Nägel schneiden und den Kopf waschen. Nach dem Mittagsmahl soll man nichts mehr essen, um die Abendmahlzeit mit Lust zu genießen. Weiterhin sollen an diesem Tag drei Mahlzeiten eingenommen und festliche Kleider getragen werden.

Diese Vorschriften waren für ärmere Juden nicht leicht zu befolgen und arm waren vom 12. Jahrhundert bis zum Anfang des 20. Jahrhunderts mit wenigen Ausnahmen die meisten Juden. Beschreibungen aus dem osteuropäischen Städtl zeigen, wie stolz eine Hausfrau war, wenn sie ihrer Familie zum Sabbatmahl trotz ihrer beschränkten Möglichkeiten eine besondere Köstlichkeit vorsetzen konnte.

Am Sabbat hat man ruhig und feierlich zu gehen und zu sprechen. Der Tag soll der geistigen Erholung dienen, weshalb man sich nicht mit den Sorgen des Alltags, sondern mit der Bibel und der Religion beschäftigen soll.

Der Sabbat hilft den Juden, die Verfolgungen und Erniedrigungen, denen sie immer wieder ausgesetzt sind, einigermaßen zu ertragen. Sie fühlen an diesem Tag, dass ihre Religion und ihre Gottesnähe das eigentliche Leben für sie bedeuten und dass die Sorgen des Alltags nicht überschätzt werden dürfen.

In der heutigen Zeit werden die Sabbatgebote innerhalb der einzelnen religiösen Richtungen unterschiedlich interpretiert. So verbieten orthodoxe Rabbiner die Fahrt mit einem Verkehrsmittel, reformierte Rabbiner erlauben dies und solche der konservativen Schule in Amerika gestatten dies nur, um die Synagoge aufzusuchen. Die gleiche Frage stellt sich bezüglich der Einschaltung der Beleuchtung und elektrischer Geräte. Für orthodoxe Rabbiner kommt dies dem »Feuermachen« gleich, das verboten ist. Für Reformrabbiner ist das Glühen eines Drahtes in der Lampe kein Feuer.

Nach jüdischer Auffassung beginnt jeder Tag, daher auch der Sabbat, mit dem Aufgehen des Abendsterns am Abend des Vortags. Dieser Tradition liegt der Schöpfungsbericht zugrunde: »Es wurde Abend, es wurde Morgen, der erste (usw.) Tag«[119] sowie der Vers: »... wenn du dich schlafen legst und wenn du aufstehst«[120]. Deshalb werden schon freitagabends, bevor sich der erste Stern am Himmel zeigt, von der Hausfrau zwei Kerzen angezündet – weil es im Sabbatgebot in den Zehn Geboten einmal »gedenke« und einmal »beachte« den Sabbat heißt. Zwei geflochtene Brote, Barches genannt, und Wein werden auf einem möglichst festlich gedeckten Tisch dem Hausherrn vorgelegt. Nach dem Aufsagen der entsprechenden Gebete und Segenssprüche schneidet er die Brote an und gibt jedem davon. Die zwei Brote weisen auf die zweifache

Menge an Manna hin, das die Juden während der Wanderung in der Wüste am Freitag erhielten. So konnten sie am Sabbat die Arbeitsruhe einhalten und mussten nicht das Manna einsammeln gehen.

Die Anfangsworte eines Sabbatgebetes, das traditionell in der Synagoge gesungen wird, soll die feierliche Stimmung veranschaulichen: »Komm, mein Freund, der Braut entgegen, den Sabbat lasst uns freundlich empfangen!«

Das Ende des Sabbatfestes wird mit der »Havdala« (deutsch »Unterscheidung«)-Zeremonie begangen. Es wird ein Leuchter mit einer geflochtenen Wachskerze angezündet, die zumindest zwei Dochte haben muss. Denn der Segensspruch beim Zünden dieser Kerze preist Gott, der »die *Lichter* des Feuers schuf«. Ein anderer Segensspruch ist eine Danksagung für Wohlgerüche und deshalb befindet sich die meistens kunstvoll ausgeführte Besomim-Büchse, ein aromatischer Gewürzbehälter, am Tisch neben den Kerzenleuchter.

Das Neujahr, Rosch Haschana

> »Im siebten Monat, am ersten Tag des Monats, ist für euch Ruhetag, in Erinnerung gerufen durch Hornblasen.«[121]

Wie aus dem Toravers ersichtlich, erhielt dieser im Herbst begangene Feiertag wahrscheinlich erst nach dem Babylonischen Exil seinen Neujahrscharakter. Nehemia sah in diesem Feiertag noch ein Fest der uneingeschränkten Freude.[122] Erst einige hundert Jah-

Schofarblasen am Neujahrstag, holländischer Stich, 1695 (Israel Museum, Jerusalem).

re später kam die Lehre auf, wonach an diesem Tag das Urteil über das menschliche Schicksal für das kommende Jahr gefällt wird.

Dieses Fest wird auch als der »Tag des Hornblasens« bezeichnet, wobei anzunehmen ist, dass dem schmetternden Ton eine magische, Geister abweisende Bedeutung zugekommen ist. Das dabei verwendete Horn, das Schofar, ist ein Widderhorn in Erinnerung an den Widder, den Abraham anstelle von Isaak opferte.[123] Das Hornblasen ist daher gleichzeitig ein Zeichen der Erlösung.

Maimonides meint, dass der schmetternde Ton den Menschen veranlassen soll, seine Taten zu überdenken. Auch bringt er ihm die Vordergründigkeit seiner Bestrebungen zu Bewusstsein, damit er von seinen sündhaften Wegen und Gedanken ablässt. Gott weiß von den sündigen Neigungen des Menschen, da es heißt: »... denn das Trachten des Menschen ist böse von Jugend an«[124], und gibt ihm durch den Neujahrstag Gelegenheit zur Sühne.

Der Brauch, bei den Mahlzeiten an diesem Tag eine Apfelscheibe mit Honig zu essen und ein Gebet um ein gutes und süßes Jahr zu sprechen, ist allgemein verbreitet.

Die Juden grüßen sich an diesem Tag mit dem Wunsch: »Du mögest für ein gutes Jahr eingeschrieben sein.« Diesem Wunsch liegt die symbolisch gemeinte Annahme zugrunde, dass Gottes Urteil an diesem Tag in ein Buch eingetragen wird.

Folgendes Gebet soll die Bedeutung dieses Tages für die Gläubigen herausstreichen:

Unser Herr und Vater, wir haben gesündigt vor Dir!
– wir haben keinen Herrn über uns als Dich allein;
– lass Deine Macht und Milde walten über uns um Deines heiligen Namens willen;
– erneuere uns das Jahr zum Glück und Heil;
– halte ab von uns jedes böse Geschick und jedes schwere Verhängnis;
– halte ab von uns den Hass des Feindes;
– halte ab den Grimm und die Tücke des Gegners;
– den Dränger und den Lästerer, Herr, halt ab von uns und zerstöre seine Pläne;

- *schließe Du dem Lästerer und Kläger den Mund;*
- *halt ab von uns Pest, Schwert und Hunger; vor schwerer Haft, Verderbnis und Versündigung wahre uns und alle, die treu sind Deinem Bund;*
- *halt jede Plage ab von Deinem Erbe und Eigentum;*
- *vergib uns und verzeih uns unsere Schuld;*
- *lösche aus jedes Vergehen; lösche aus alle unsere Sünden, dass sie Dir nimmer vor Augen kommen;*
- *tilge in Deiner Barmherzigkeit den Schuldbrief, der zeugt wider uns;*
- *nimm uns in Gnaden auf, wo wir mit vollkommener Sinnesänderung uns zu dir bekehren;*
- *sende Heilung und Genesung unseren Kranken;*
- *zerreiße den bösen Urteilsspruch, der über uns verhängt ist;*
- *gedenke unser in Freundlichkeit, auf dass wir zu allem Guten bedacht sein mögen;*
- *schreib uns ein in das Buch des Lebens und des heiteren Lebens;*
- *schreib uns ein in das Buch des Heils und der Erlösung;*
- *schreib uns ein in das Buch der Ernährung und Verpflegung;*
- *schreib uns ein in das Buch der Unschuld und des Verdienstes;*
- *schreib uns ein in das Buch der Vergebung und der Versöhnung;*
- *lass sprießen, Herr, das Heil für uns, bald und in unseren Tagen;*
- *erhebe Deinem Volk Israel das Haupt,*
- *erhebe Deinem Gesalbten, Herr, das Haupt;*
- *fülle uns die Hand mit deinen Segnungen;*

– *fülle unsere Vorratskammer an mit Fülle und mit Überfluss;*

– *erhöre unsere Stimme, sei schonend, mild und barmherzig zu uns;*

– *nimm in Wohlgefallen und Erbarmen unsere Bitten an;*

– *öffne Du die Pforten Deines Himmelreiches vor unserem Gebet;*

– *bedenke, dass wir Staub und Asche sind;*

– *lass uns nicht leer weggehen von Deinem Angesicht;*

– *lass diese Stunde eine gnadenreiche Stunde, eine Stunde des Erbarmens sein vor Dir;*

– *hab Erbarmen mit uns, Erbarmen mit unseren unmündigen Kindern;*

– *um der Erschlagenen willen, die in den Tod gegangen sind für das Bekenntnis Deines heiligen Namens;*

– *um der Geopferten willen, die sich für die Anerkennung Deiner Einheit geopfert haben;*

– *um der Gläubigen willen, die ins Feuer und ins Wasser gegangen sind, auf dass Dein Name geheiligt werde;*

– *um Deiner selbst willen; nicht um unsertwillen;*

– *um Deiner unendlichen Barmherzigkeit willen;*

– *um Deines großen, wundertätigen und furchtbaren Namens willen, der über uns genannt war;*

Vater, sei uns gnädig und erhöre uns, denn an uns ist kein Verdienst; darum hab Erbarmen und übe Gnade an uns; hilf uns mit Deinem Heil.

Der Versöhnungstag, Jom Kippur

> »An diesem Tag sollt ihr euch
> Enthaltung auflegen und dürft
> keinerlei Arbeiten verrichten.«[125]

Die Tradition besagt, dass das Urteil vom Neujahrstag am Versöhnungstag besiegelt wird. Die zehn Tage
zwischen diesen Feiertagen gelten als Bußtage. Hinweise, dass unter dem Wort »Enthaltung« im zitierten
Toravers Fasten zu verstehen ist, finden sich zwar
nicht in der Tora, jedoch an verschiedenen Stellen der
Bibel.[126] Die Rabbinen folgerten aus dem Wort »Enthaltung«, dass an diesem Tag nicht nur Essen und
Trinken, sondern auch die Körperpflege, Geschlechtsverkehr und das Tragen von Schuhen verboten ist.
Letzteres wurde auf das Verbot des Anziehens von
Lederschuhen eingeschränkt.

In der Gebetsordnung für diesen Tag sind mehrere
Texte aufgenommen, die teilweise bis auf rabbinische
Zeit zurückgehen. Einige dieser Gebete zählen verschiedene Sünden auf, welche die Betenden gemeinsam bekennen (Wir haben...) und bereuen. Es wurde
die Frage gestellt: »Wenn ich eine bestimmte Sünde
nicht begangen habe, warum soll ich das betreffende
Bekenntnis mitbeten?« Die Antwort war: »Wenn du
sie auch nicht begangen hast, was hast du unter-
nommen, um deinen Nächsten von dieser Sünde
abzuhalten?«

Die gemeinsam gesprochene Selbstbeschuldigung
kann als Parallele zur katholischen Beichte, vielleicht
sogar als ihr Vorgänger aufgefasst werden. Im Neuen
Testament steht geschrieben: »Bekennen wir aber

unsere Sünden, so ist Er treu und gerecht. Er vergibt uns die Sünden.«[127]

Folgendes Gebet ist für diesen Tag bezeichnend:

Aber die Sünden unserer Väter haben den Tempel zerstört und unsere Vergehungen halten die Erlösung auf. Darum möge die Erinnerung daran unsere Sühne sein und die Kasteiung unseres Leibes sei unsere Versöhnung. Dazu hast du uns in deiner Barmherzigkeit diesen Tag gegeben, den Tag der Buße und der Sühne – zur Sühne und Vergebung und Versöhnung aller Schuld und Sünde; den Tag, an dem Speise und Trank uns verwehrt ist; den Tag, an dem Leibespflege und Wartung, Bequemlichkeit und Üppigkeit, Behaglichkeit und Sinneslust uns verwehrt ist; den Tag, an dem nichts als Liebe und Freundlichkeit die Herzen füllt und die Seelen hebt; den Tag, an dem Neid und Groll, Hass und Eifersucht uns fern sind! Das ist der Tag, an dem du uns unsere Schuld vergibst!

Das Laubhüttenfest, Sukkot

»Sieben Tage sollt ihr in Hütten wohnen, ... damit eure Nachkommen wissen, dass ich die Juden in Hütten wohnen ließ, als ich sie aus Ägypten herausführte.«[128]

Es ist anzunehmen, dass dieses kurz nach dem Versöhnungstag gefeierte Fest zuerst ein Herbstdankesfest war, wie es üblicherweise bei Nomadenvölkern begangen wurde. Erst später brachte man dieses Fest mit der Erinnerung an die Wanderung durch die

Umzug in der Synagoge während des Laubhüttenfestes, deutscher Stich, 1748 (Archiv Verfasser).

Wüste in Verbindung, da in der Wüste der Bau von Laubhütten wegen mangelnder Vegetation nicht möglich sein konnte.

Dieses Fest dauerte ursprünglich sieben Tage. Wie schon der Name des Festes anzeigt, soll man in dieser Zeit in einer Hütte wohnen, die mit Laub bedeckt ist. Die Rabbinen entschieden, dass man bei Regen oder Kälte von einem Aufenthalt in der Hütte entbunden ist. Später untersagten die Rabbinen bei schlechtem Wetter sogar das Betreten der Hütte. Dieses Verbot entspricht dem Grundsatz, dass ein beschwerliches Gebot, von dessen Einhaltung man entbunden ist, nicht befolgt werden darf. Dies würde sonst eine Art Selbstkasteiung bedeuten. Nur der erste Tag des Festes ist ein voller Feiertag, an dem Arbeitsruhe zu herrschen hat.

Beim Beten soll man eine bestimmte Zitrusfrucht, den Etrog, sowie je einen Palm-, Myrten- und Weidenzweig in der Hand halten. Wahrscheinlich sollen die Etrog-Frucht an das Erntedankfest und die Zweige an das Gebot zur Errichtung der Laubhütte erinnern.

Während des Laubhüttenfestes wurde früher rituell Wasser ausgegossen. Dies könnte auf die ursprünglich magische Bedeutung des Festes hinweisen, den Frühregen herbeizuführen.

Jesus gab dem Wasserritual dieses Festes eine neue Bedeutung, indem er sagte: »Wer dürstet, der komme zu mir und trinke, wer an mich glaubt, ... aus dessen Herzen werden Ströme lebendigen Wassers fließen.«[129]

Das Laubhüttenfest gehört gemeinsam mit Pessach und dem Wochenfest zu den drei Wallfahrtsfesten, an denen der Besuch des Tempels in Jerusalem vorgesehen war. Zeitgenössische Berichte beschreiben die große Menge der Gläubigen und die großartigen festlichen Prozessionen, an denen auch viele Juden außerhalb Palästinas teilnahmen.

Der siebente Tag des Laubhüttenfestes wird als »Hoschanna Rabba«, das »große Hoschanna«, besonders gefeiert. Der Name dieses Festtages leitet sich von einem Gebet ab, das mit mehreren Zusätzen nur an diesem Tag gebetet wird. Wörtlich bedeutet »Hoschanna« »hilf uns« und ging als »Hosianna« in die christliche Liturgie ein.

Der achte Tag des Laubhüttenfestes wird als ein gesondertes Fest gefeiert: Schemini Atzeret. In der Tora wird für diesen Tag eine Festversammlung (hebr. »Atzeret«) verordnet, »Schemini« bedeutet »(der) achte (Tag des Festes)«.[130] An diesem Vollfeiertag ist heute noch das Aufsagen eines Gebets für den Frühregen üblich, der am Anfang der Regensaison im Herbst einsetzen soll.

Das »Freudenfest der Tora«, hebräisch »Simchat tora«, fällt in Israel auf den Tag des Schemini-Atzeret-Festes. Außerhalb Israels wird dieses Fest einen Tag später gefeiert. Die Verschiebung ist durch die schon erwähnte Verdoppelung der Hauptfeiertage verursacht. An diesem Tag werden in den Synagogen die letzten und anschließend wieder die ersten Verse der Tora vorgelesen, um so den Jahreszyklus zu beenden und gleich neu zu beginnen. Damit wird gezeigt, dass die Tora ununterbrochen gelesen werden soll. Im Laufe eines Jahres werden alle fünf Bücher der Tora, in Wochenabschnitte aufgeteilt, während des Gottesdienstes vorgelesen.

Alle am Freudenfest der Tora in der Synagoge Anwesenden werden zur Toralesung aufgerufen und lesen einen Teil des Wochenabschnitts vor, sodass an diesem Tag dieser Abschnitt öfters, je nach Anzahl der Gläubigen, vorgelesen wird. Weiterhin finden Prozessionen statt, bei denen jede vorhandene Torarolle von den Gläubigen so oft im Bethaus herumgetragen wird, bis jeder einmal an diesem Umzug teilgenommen hat. So wie die anderen Tage des Laubhüttenfestes wird auch dieser Tag mit Tanz und Gesang begangen.

Chanukka

Dieses um die Wintersonnenwende gefeierte Fest geht auf ein verhältnismäßig spätes geschichtliches Ereignis im 2. vorchristlichen Jahrhundert zurück. Ab etwa

200 v. Chr. begannen die Seleukiden, die syrisch-griechischen Nachfolger Alexanders des Großen, über Palästina zu herrschen. Eine besonders radikale Hellenisierungspolitik betrieb Antiochos IV. Epiphanes (Geburtsjahr? – 164 v. Chr.). Die von ihm befohlene Aufstellung einer Zeusstatue im Tempel im Jahr 167 v. Chr. löste den so genannten Makkabäeraufstand aus. Mattatias aus der Priesterfamilie der Hasmonäer übernahm die politische und militärische Führung der Volkserhebung gegen die Seleukiden. Seinem Sohn Judas gelang es im Jahr 164 v. Chr., durch geschickte Strategie und mit Hilfe der von nationalem und religiösem Eifer beseelten und zum Siegen oder Sterben entschlossenen jüdischen Aufständischen, Jerusalem zu erobern und den Tempel neu einzuweihen. Dadurch wurde dem Fest der Name verliehen, da »Chanukka« deutsch »Einweihung« heißt.

Wegen seines Erfolgs bekam Judas auch den Beinamen »Makkabäus«, deutsch etwa »der Hämmerer«. Denn der Krieg wurde gegen eine weit überlegene syrische Besatzungsarmee gewonnen, die während der sechs Jahre der kriegerischen Auseinandersetzungen noch dazu laufend Verstärkung erhielt.

Das achttägige Chanukkafest bekam erst nach und nach die bekannte traditionelle Form. Über das an diesem Fest vorgeschriebene Anzünden von Kerzen gab es im 1. Jahrhundert n. Chr. zwei verschiedene Auffassungen. Die Schule des Rabbinen Hillel vertrat die Ansicht, dass an jedem Tag des Festes eine Kerze mehr, die Schule des Rabbinen Schammai meinte hingegen, dass, von acht Kerzen ausgehend, täglich eine Kerze weniger angezündet werden soll. Der erstgenannte Brauch konnte sich in den meisten jüdischen Gemeinden durchsetzen.

Der achtarmige Chanukka-Leuchter hat einen zusätzlich abnehmbaren Kerzenhalter, der für eine neunte Kerze, den »Schammes«, deutsch »Diener«, bestimmt ist. Mit dieser zuerst angezündeten Kerze werden die Chanukka-Kerzen zum Brennen gebracht. Dadurch soll betont werden, dass die brennenden Chanukka-Kerzen ausschließlich der Erinnerung an die Makkabäer dienen und daher auch nicht zum Anzünden anderer Kerzen verwendet werden sollen.

Jüdische Gelehrte bestreiten zwar jeden heidnischen Einfluss auf die Gestaltung des Chanukkafestes. Es kann dennoch ein gewisser Einfluss der in der griechisch-mediterranen Kultur einst verbreiteten Sonnenverehrung angenommen werden, da der Zeitpunkt des Festes auf die kürzesten Tage des Jahres fällt. Auch der Streit der Schulen Hillels und Schammais über das zu- und abnehmende Kerzenlicht kann als Hinweis auf das Zunehmen und Abnehmen des Tageslichtes gesehen werden.

Das Kerzenanzünden während des Chanukkafestes wird auf folgende Legende zurückgeführt: Als Jerusalem und der Tempel befreit waren, hatte Judas Makkabäus im Tempel den Leuchter anzuzünden. Es war aber nur noch ein Krug mit Olivenöl vorhanden, das nicht von den Syrern entweiht worden war. Normalerweise hätte diese Menge Öl für den Tempelleuchter bloß für einen Tag gereicht. Das Chanukka-Wunder jedoch bewirkte, dass die Lichter acht Tage lang brannten. In diesen acht Tagen konnte geweihtes Öl hergestellt werden und die Gefahr, dass der Leuchter erlöschen würde, konnte so gebannt werden. Aus diesem Grund hat der Chanukka-Leuchter acht Arme und das Fest dauert acht Tage.

Die geschichtliche Überlieferung ist dem ersten und zweiten Buch der Makkabäer zu verdanken. Im zweiten Makkabäer-Buch wird im Zusammenhang mit dem Aufstand der Makkabäer die Geschichte von einer Mutter, die in der späteren Überlieferung Hanna genannt wird, und ihren sieben Söhnen erzählt. Der König der Seleukiden nahm die Familie gefangen und wollte sie zum Essen von Schweinefleisch zwingen. Als sich alle standhaft widersetzten, ließ er die Söhne nacheinander unter den fürchterlichsten Qualen töten. Diese ließen alle Foltern ohne Klagen über sich ergehen. Als der jüngste Sohn als Letzter an die Reihe kam, versprach der König, ihn reich zu beschenken, wenn er bereit sei, die Religion seiner Ahnen zu verlassen. Als das Kind dieses Ansinnen ablehnte, forderte der König die Mutter auf, ihren Sohn zum Essen dieser verbotenen Speisen zu überreden, um damit sein Leben zu retten. Die Mutter nahm zwar nach einigem Zögern die Möglichkeit wahr, mit dem Kind zu reden, allein nur um es in seiner Entschlossenheit zu bestärken. So mussten auch der jüngste Sohn und dann die Mutter eines grausamen Todes sterben.[131]

Sowohl während der Verfolgung unter Kaiser Hadrian im 2. Jahrhundert n. Chr. als auch während der Verfolgungen in späteren Zeiten galten Hanna und ihre Söhne als Vorbilder für viele Juden, die den Märtyrertod einem Glaubensabfall vorzogen.

Im Makkabäeraufstand, der zur erfolgreichen Rückeroberung Jerusalems führte, sahen zionistische

Kreise ein nationales Symbol für die Eroberung Palästinas und für ein nationales Selbstverständnis des Judentums.

Das Chanukkafest weist viele Parallelen zum christlichen Weihnachtsfest auf: Es ist ein Lichterfest, es wird im Dezember gefeiert und die Kinder bekommen Geschenke.

Purim

Dieses Fest fällt ins zeitige Frühjahr und geht auf das biblische Buch Ester zurück. Es wurde im 2. oder am Beginn des 1. vorchristlichen Jahrhunderts verfasst, fand allerdings erst später allgemeine Verbreitung. Es ist anzunehmen, dass diese Erzählung zwar eine geschichtliche Wurzel in einer Judenverfolgung hat, aber doch nur eine Legende ist.

Das Buch Ester berichtet über einen persischen König namens Achaschwerosch – wohl mit Artaxerxes zu identifizieren –, der die schöne Ester heiratete. Ester war Jüdin, doch der König wusste das nicht. Ihr Ziehvater Mordechai weigerte sich als Einziger, der königlichen Anordnung Folge zu leisten, vor Haman zum Zeichen der Ehrerbietung niederzuknien. Denn nur Gott allein wird im jüdischen Glauben auf diese Weise verehrt. So lud er die Missgunst Hamans, eines der Mächtigsten des Reiches, auf sich.

Haman wollte sich deshalb an ihm rächen und bewirkte beim König einen Geheimerlass, wonach an einem bestimmten Tag alle Juden des Reiches getötet werden sollten. Mordechai erfuhr von diesem Vorhaben und bedrängte die Königin, alles zu versuchen, um ihr Volk zu retten. Das persische Hofzeremoniell verbot unter Todesstrafe, sich dem König ungerufen zu nähern. Sollte aber der König dieser Person sein Zepter reichen, so galt dies als Begnadigung. Ester nahm diese Gefahr auf sich, ging zum König und es wurde ihr verziehen. Sie bat den König gemeinsam mit Haman am nächsten Tag zum Abendessen zu ihr zu kommen.

In der Nacht konnte König Achaschwerosch nicht schlafen und ließ sich aus den Geschichtsbüchern des Reiches vorlesen. Dabei erfuhr er, dass Mordechai eine Verschwörung gegen den König aufgedeckt, jedoch keine Belohnung für diese Tat erhalten hatte. Am folgenden Tag ließ er Haman kommen und fragte ihn, wie der König an einem seiner Untertanen zu verfahren habe, dem Ehre gebühre. Haman glaubte, selbst gemeint zu sein, und deshalb machte er folgenden Vorschlag: Man möge diesen Mann auf einem Ross, bekleidet mit einem königlichen Mantel, von einem Fürsten des Landes zum Stadtplatz führen. So kam es, dass der König Haman befahl, mit Mordechai auf diese Weise vorzugehen.

Als am Abend Haman und der König zu Ester kamen, erwirkte diese beim König die Zurücknahme des Befehls zur Vernichtung der Juden. Während der König für kurze Zeit in den Garten ging, sank Haman auf das Sitzpolster der Königin und bat um Gnade. Als der König dies bei seiner Rückkehr sah, glaubte er, dass Haman ihr Gewalt antun wollte, und ließ ihn an demselben Galgen hängen, den dieser für Mordechai vorbereitet hatte.

Am Purimfest wird in der Synagoge das Buch Ester gelesen und bei Erwähnung des Namens Haman werden, vor allem von den anwesenden Kindern, Klappern betätigt.

Damit die Freude über die vermeintliche Errettung der damaligen persischen Juden auch noch heute empfunden wird, sollen Geschenke an Freunde und Arme gegeben werden. Es soll ferner nach Meinung eines Talmudgelehrten so viel Wein getrunken werden, dass man nicht mehr weiß, ob man Mordechai preist oder Haman verflucht oder umgekehrt. Dies soll die Hassgefühle gegenüber den Verfolgern dämpfen, eingedenk des Ausspruchs eines Gelehrten des Mittelalters: »Wisse, dass der, den du verachtest, im Ebenbild Gottes geschaffen wurde.« Eher puritanisch eingestellte Rabbinen sprachen sich zwar gegen den übermäßigen Weinkonsum aus, die Sitte blieb dennoch weit verbreitet.

Pessach

»Moses sagte zum Volk: Denk an diesen Tag, an dem ihr aus Ägypten, dem Sklavenhaus, fortgezogen seid.«[132]

Erst nachdem Gott Ägypten durch die zehn Plagen schwer gestraft hatte, ließ der Pharao endlich zu, dass die Juden Ägypten verließen. Aus Furcht vor weiteren Plagen drängte er sogar zum sofortigen Aufbruch. Den Juden blieb daher keine Zeit, Brot für die Wanderung zu backen: »Das Volk nahm den Brotteig ungesäuert mit, sie wickelten ihre Backschüsseln in Kleider ein und luden sie auf die Schultern.«[133]

Seither feiern die Juden zur Erinnerung an die Erlösung aus der ägyptischen Gefangenschaft das Pessachfest. Während des Festes werden eine Woche lang kein Brot und keine mit Hefe versetzten oder auch nur durch Hefe vergärbaren Speisen gegessen. Deshalb wird statt Brot Matza zubereitet: Aus Wasser und Mehl wird ein Teig geknetet, flach ausgewalzt und sofort ausgebacken, damit keine Gärung eintreten kann.

Beim Pessachmahl, nach dem hebräischen Wort für Ordnung auch »Sedermahl« genannt, wird die Haggada, die Geschichte des Auszugs aus Ägypten, vorgelesen. An bestimmten Stellen dieser Erzählung werden gewisse Speisen gegessen. In Erinnerung an die vier in der Tora aufgezählten Erlösungstaten Gottes (»Ich werde euch hinausführen … erretten … erlösen … mir zum Volk nehmen«[134]) werden vier Becher Wein getrunken und Lieder mit religiösem Inhalt gesungen.

Zum festlichen Mahl gehören bittere Kräuter, eine spezielle Süßspeise und Lammfleisch. Die Juden sollten nicht gemeinsam mit den Ägyptern von der zehnten Plage, dem Tod der Erstgeborenen, betroffen werden. Deshalb wies Gott sie an, ein Lamm zu schlachten, davon zu essen und das Blut auf die Türpfosten des Hauses zu streichen. An den so gekennzeichneten Häusern ging der Würgeengel vorüber (»Pessach« kommt vom hebräischen Wort »pasach« und heißt »vorbeigehen«). Dem Pessach-Lamm durfte kein Knochen gebrochen werden und nur Beschnittene hatten das Recht, davon zu essen.[135]

Seit der Zerstörung des zweiten Tempels kann statt des Lammfleisches auch ein Stück vom Vorderfuß eines anderen Tieres gegessen werden. Dies erinnert an Gottes Wundertat der Errettung aus der ägyptischen Gefangenschaft, da es in der Tora geschrieben steht, dass Gott sein Volk mit ausgestrecktem Arm erlöst hat.[136] Die bitteren Kräuter sollen an das bittere Schicksal der Juden in der Gefangenschaft und die Süßspeise, die aus Früchten, Mandeln, Matzamehl und Rotwein besteht, soll an den Mörtel als Symbol der Fronarbeit erinnern.

Die während des Mahls vorgelesene Erzählung, die Haggada, weist eine auf den ersten Blick nicht leicht verständliche Eigentümlichkeit auf: Moses wird mit keinem Wort erwähnt, weder direkt noch indirekt. Ist es nur einfach Vergessenheit und Undankbarkeit oder ist doch ein tieferer Grund dafür vorhanden? Die Antwort auf diese Frage ist vielleicht in der menschlichen Psyche zu suchen: Der Wunsch nach Idealgestalten und starken Führerpersönlichkeiten verleitet zur Verherrlichung einer Person, die sogar manchmal mit überirdischen Attributen versehen werden könnte. Möglicherweise wollte man eine solche Entwicklung unterbinden. Außerdem würde jedes Verdienst, den man diesem hervorragenden Führer des jüdischen Volkes am Auszug aus Ägypten zukommen ließe, bedeuten, dass Gott nur indirekt durch Moses und nicht unmittelbar persönlich die Befreiung erwirkt hätte.

In der Gebetsordnung ist vorgesehen, dass an den sechs letzten Feiertagen nur ein verkürztes Hallel-Gebet (hebr. »hallel«, »loben, preisen«) gesprochen wird. Das ganze Gebet besteht aus dem Text der Psalmen 113–118 und ist Ausdruck des Dankes und der

Freude über die Erlösung. Im Talmud wird erzählt, dass Gott den Engeln, als diese angesichts des Untergangs der Ägypter im Schilfmeer ein Loblied anstimmen wollten, Folgendes sagte: »Meine Geschöpfe ertrinken im Meer und ihr wollt ein Lied anstimmen?« Deshalb wird das Hallel-Gebet verkürzt.

Ein Rabbiner stellte folgende Frage: »Warum hebt Gott in der Tora immer wieder hervor, dass Gott es war, der die Juden aus Ägypten herausgeführt hat? Die Erschaffung der Welt ist doch eine noch viel bedeutendere Tat.« Ein anderer Rabbiner gab zur Antwort, dass das jüdische Volk Angst hatte, sich am Berg Sinai einem so gewaltigen Schöpfer zu nähern. Freilich, als Gott den Juden versicherte, dass er es war, der sie aus der Gefangenschaft befreit hat, haben sie sich ihm mit Zuversicht genähert.

Die Bedeutung der ägyptischen Gefangenschaft (bis ca. 1230 v. Chr.) für die Entwicklung der jüdischen Religion kann nur mit der Bedeutung des Babylonischen Exils verglichen werden. Obwohl Bibelforscher vermuten, dass nur ein kleiner Teil des jüdischen Volkes aus Ägypten nach Palästina kam, war die Exodus-Ideologie die treibende Kraft im religiösen Denken. Im Babylonischen Exil hat das Leben als Minderheit zu einem neuen Identitätsbewusstsein geführt. Dadurch kam es zu einem vom Ort des zentralen Heiligtums in Jerusalem mehr oder weniger abgekoppelten universell gültigen Gottesverständnis. Dieses ebnete den Weg zu einer weltweiten Verbreitung des Judentums und auch des Christentums.

Das christliche Osterfest steht in der Tradition des jüdischen Pessachfestes. Zentrales Thema ist ebenfalls die Erlösung, die laut christlicher Lehre durch den Opfertod Jesu bewirkt wird. So beginnt auch die Leidensgeschichte Jesu mit dem Sedermahl.[137] Johannes spricht diesen Gedanken, der schon bei den Synoptikern[138] nachzuweisen ist, klar aus. Für ihn ist Jesus das Osterlamm.[139] Er bezieht daher den Vers »... und ihr sollt keinen Knochen des Pessach-Lammes zerbrechen«[140] auf Jesus.

Das Wochenfest, Schawu'ot

> »Und am Tag der Erstlings-
> früchte ... an eurem Wochenfest ...
> sollt ihr keine Arbeit tun.«[141]

Erntedankfeste wurden in jeder Agrarkultur gefeiert. Auch dieses Fest, das seinen Ursprung wahrscheinlich in einer heidnischen Sonnwendfeier hatte, war mit der Darbringung der Erstlingsfrüchte verbunden. »Schawu'ot«[142], wie dieses Fest hebräisch genannt wird, bedeutet »Wochen«. Nach einer frühen Tradition wurden von Pessach an sieben Wochen, nach einer anderen, seit dem 1. Jahrhundert befolgten Tradition fünfzig Tage bis zu diesem Fest gezählt. Die Zählung – die »Omerzählung«, nach dem hebräischen Wort für »Getreidegarbe« – wird entsprechend der Vorschrift der Tora[143] nach dem Abendgebet und nach dem Sprechen eines hierfür vorgesehenen Segens vorgenommen. Damit man nicht die Anzahl der schon gezählten Tage vergisst, gibt es eigene Omerzählrollen.

Für die Tage der Omerzählung gelten die Trauervorschriften. Obwohl Näheres nicht überliefert wurde, ist anzunehmen, dass der Grund für die Trauerzeit in einer empfindlichen Niederlage der Kämpfer des Bar-Kochba-Aufstandes (132–135 n. Chr.) zu suchen ist. Dieser Aufstand brach gegen die über Palästina herrschenden Römer aus und stand unter der Leitung Bar-Kochbas. Dessen begeisterter Anhänger unter den Rabbinen, Rabbi Akiba, wurde nach dem Zusammenbruch der Bewegung von den Römern zu Tode gemartert.

Die Trauerzeit wird durch den Halbfeiertag »Lag ba-Omer« unterbrochen. An diesem Tag dürfen, im Gegensatz zu den anderen Tagen der Omerzählung, Hochzeiten stattfinden. Die Herkunft und die Bedeutung dieses Feiertages sind unbekannt. Möglicherweise gelang es den Aufständischen, an diesem Tag einen Sieg zu erringen, der aber den Ausgang des Krieges nicht beeinflussen konnte.

Schawu'ot erhielt erst im 1. oder 2. Jahrhundert n. Chr. einen geschichtlichen Aspekt. Die Rabbinen deuteten einen Toravers[144] dahingehend, dass der Tag, an dem die Tora dem jüdischen Volk am Sinai gegeben wurde, mit dem Tag des Wochenfestes identisch sei. Dadurch bekam auch dieses dritte Wallfahrtsfest eine religionsgeschichtliche Begründung. Da Schawu'ot in die Erntezeit fiel und man der zum Großteil bäuerlichen Bevölkerung nicht eine ganze Woche Festivitäten zumuten konnte, wurde dieses Wallfahrtsfest auf nur einen Tag beschränkt. Im Mittelalter begann an diesem Feiertag der Unterricht für Knaben, die ihr fünftes Lebensjahr beendet hatten.

Ein Rabbiner wurde zu Beginn des 19. Jahrhunderts gefragt, warum Schawu'ot das »Fest der Verleihung der Tora« und nicht das »Fest des Empfanges der Tora« genannt wird, wo doch vor allem das Empfangen der Tora von Bedeutung ist. Die Antwort des Rabbiners war: »An dem Tag, der gefeiert wird, fand das Geben statt. Das Nehmen findet immer wieder statt, jedoch viele, denen es gegeben wurde, haben nicht angenommen.«

Das christliche Pfingstfest fällt auf den siebten Sonntag nach Ostern. Dies ist eine ähnliche Zeitspanne, wie zwischen Schawu'ot und Pessach. Im 2. Kapitel der Apostelgeschichte wird beschrieben, wie der Heilige Geist auf die versammelten Jünger Jesu herabkam, damit sie in verschiedensten Sprachen die Großtaten Gottes verkünden. Jakob Kremer[145] vertritt die Ansicht, dass das Pfingstwunder – die Verkündigung der Lehre Jesu in vielen Sprachen – eine Parallele mit der laut rabbinischer Tradition in siebzig Sprachen erfolgten Verkündigung der Lehre am Berg Sinai hat.

Weniger verbreitete Feiertage

Ein Feiertag, der vor allem in orthodoxen Gemeinden befolgt wird, ist »Tischa be-Av«, »der neunte Tag des Monats Av«. An diesem Tag soll der Tradition zufolge der erste (586 v. Chr.) und der zweite (70 n. Chr.) Tempel zerstört worden sein. Der Tag ist ein Tag der Trauer und des Fastens.

»Tu be-Av«, »der 15. Tag des Monats Av«, war zur Zeit des zweiten Tempels ein Freudenfest zur Feier der Weinlese, die an diesem Tag ihren Anfang nahm. An diesem Tag wurde auch Brennholz für den Altar des Tempels nach Jerusalem gebracht.

Das »Fest der Unabhängigkeit« Israels feiert den Jahrestag der Unabhängigkeitserklärung am 14. Mai 1948. Das Oberrabbinat deklarierte trotz der Einsprüche der Ultraorthodoxen, die keine Änderung der Feiertage zulassen wollten, diesen Tag als Halbfeiertag.

»Tu bi-Schewat«, der 15. Tag des Monats Schewat, ist das Neujahrsfest der Obstbäume. Wegen der Tempelabgaben und der Toravorschriften darf in den ersten vier Jahren eines Baumes keine seiner Früchte genossen werden.[146] Der Tag, der auch das Ende der Regenzeit in Israel anzeigt, gilt als Neujahrstag der Bäume, um für das Alter der Bäume einen genauen Anhaltspunkt zu haben. Zur Feier des Tages isst man viel Obst und pflanzt Bäume.

Der »Tag des Neumondes« ist ein Fest, das schon in der Tora verordnet wurde.[147] Darüber hinaus gibt es noch weitere Feiertage, die aber nur wenig Beachtung finden.

Der Lebenslauf

Geburt und Beschneidung

>»Unter Schmerzen gebierst du Kinder.«[148]

Damit wurde Eva von Gott bestraft, weil sie von der verbotenen Frucht im Garten Eden gegessen hatte. Die Geburt fand bis ins 19. Jahrhundert vornehmlich zu Hause statt und war je nach ortsüblichem Brauch mit magischen Riten verbunden, die alle die Geburtsschmerzen der Mutter zu mildern versuchten. Es war auch der Brauch verbreitet, den Schlüssel der Synagoge in die Hand der Gebärenden zu legen, da man dem Metall, besonders in Verbindung mit der Synagoge, eine magische Kraft zur Abwehr böser Geister zuschrieb. An manchen Orten wurde die Umfassungsmauer des Friedhofs abgemessen und dieser Länge entsprechend schenkte man der Synagoge eine gewisse Anzahl von Kerzen.

Es wurde auch gelegentlich ein Kreis mit Kreide oder Holzkohle am Boden um das Geburtsbett gezogen, um böse Geister abzuhalten. Zahllose andere Bräuche wie das Aufhängen von Amuletten und gewissen Pflanzen wurden gleichfalls überliefert. Da heute die Geburt meist in der Klinik stattfindet, gehören diese Bräuche der Vergangenheit an.

Das Leben der Mutter hat Vorrang vor dem Leben des Neugeborenen, aber nur bis dessen Kopf oder der größte Teil seines Körpers aus dem Muttermund heraustritt. Danach darf man das Leben des Neugeborenen nicht mehr gefährden, auch wenn es zur Rettung des Lebens der Mutter notwendig wäre. Alle Tätigkeiten, die zum Wohl der Mutter und des Neugeborenen dienen, dürfen auch am Sabbat verrichtet werden.

In der Tora wird erwähnt, dass Gott den Tod über alle ägyptischen männlichen Erstgeborenen, Menschen und Tiere, verhängte. Denn der Pharao hatte sich hartnäckig geweigert, die Juden ziehen zu lassen. Zur Erinnerung an diese Tat Gottes, die zur Befreiung der Israeliten aus der ägyptischen Knechtschaft führte, soll jedes männliche, erstgeborene Geschöpf, das den Mutterschoß durchbricht, Gottes Eigentum sein.[149] Die erstgeborenen männlichen Tiere wurden den Priestern übergeben,[150] die Säuglinge männlichen Geschlechts mussten und müssen heute noch durch eine symbolische Gabe ausgelöst werden. Dreißig Tage nach der Geburt – erst dann wird das Neugeborene als lebensfähig betrachtet – findet zumeist in der Synagoge beim Sabbatgottesdienst eine Feier der Auslösung statt.

Alle Neugeborenen männlichen Geschlechts sollen am achten Tag beschnitten werden. Dieses schon Abraham gegebene Gesetz dient als Zeichen des Bundes zwischen Gott und seinem Volk.[151] Die Beschneidung wird heute von allen Juden befolgt, obwohl sie bei der Gründung der Reformbewegung im 19. Jahrhundert in Frage gestellt worden ist. Es wurde damals eingewendet, dass die Beschneidung für das jüdische Volk nicht mehr als Unterscheidungsmerkmal dienen könne, da die Muslims und viele Nichtjuden ihre männlichen Nachkommen gleichfalls beschneiden ließen. Überdies gäbe es für das weibliche Geschlecht keinen vergleichbaren Ritus und dies würde der Gleichberechtigung der Geschlechter widersprechen.

Die Beschneidung wird meistens im Rahmen einer feierlichen Zeremonie in Anwesenheit der Familie und von Gästen entweder von einem Arzt oder von einem Mohel durchgeführt. Ein Mohel ist ein orthodoxer Jude, der sich in den rabbinischen Schriften besonders gut auskennt und von einem anderen Mohel in der Durchführung dieses Eingriffs unterwiesen wurde. Auch nicht streng religiöse Eltern entscheiden sich sehr oft für den Mohel, da dieser auf diesem Gebiet über mehr Erfahrung verfügt als ein Arzt.

Nach einem Gebet oder Gesang nimmt der Mohel die zu entfernende Vorhaut in die linke Hand, nachdem er vorher seine Hände durch längeres Waschen mit Seife und Bürste gereinigt hat. Um die Eichel des Gliedes zu schützen, wird die Vorhaut durch ein lyraförmiges, in der Mitte geschlitztes, flaches Silbergerät oberhalb der Eichel abgeklemmt. Mit einem Messer wird nunmehr entlang der Oberfläche des Silbergeräts der Schnitt durchgeführt. Anschließend wird mit den Fingernägeln des Daumens und des Zeigefingers die durch den Schnitt offen gelegte Schleimhaut bis unterhalb der Eichel geöffnet.

Der zuletzt beschriebene Teil des Eingriffs wird vom Arzt mit dem Messer vorgenommen. Dabei kommt es jedoch zu einer stärkeren Blutung, da ein Schnitt die Blutgefäße mehr öffnet, als wenn die Haut eingerissen wird. Der Mohel nimmt dann das verwundete Glied in den Mund und desinfiziert es mit seinem Speichel, indem er durch ein leichtes Saugen eine beim Eingriff eventuell erfolgte Infektion der Wunde behebt. Seit dem 19. Jahrhundert wird dieser Vorgang vielfach mit einem Glasröhrchen unter Zuhilfenahme moderner Desinfektionsmittel vollzogen.

Die Beschneidung wurde mit Ausnahme während der vierzigjährigen Wanderung in der Wüste in der mehr als dreitausendjährigen Geschichte des jüdischen Volkes fast immer praktiziert. Sie ist damit zusammen mit der Öffnung der Schädeldecke eine der ältesten Operationen der Menschheitsgeschichte. Als

...rstellung Jesu im Tempel; Meister der Aachener Marientafel
... 1485. Auf dem Altarbild im Hintergrund ist Abrahams Opfer zu sehen
...to: Ann Münchow, Aachen).

Aschkenasische Juden in typischer Tracht (Foto: Israel Museum, Jerusalem).

...phardische Juden, hier jemenitische Juden (Foto: Israel Museum, Jerusalem).

Ein Rabbiner; Radierung von Marc Chagall. Auf dem Bild sind die Tefillin z[u] *sehen. Der Rabbiner trägt einen Gebetsschal, wobei er einen der Schaufäden* *(Zizit) zwischen den Fingern hält (Foto: Thomas Hartmann, Würenlos).*

die Juden nach der Wanderung in der Wüste an den Jordan kamen, erging das Wort Gottes an Josua, die Beschneidung gleich nach der Überquerung des Flusses beim Betreten des Heiligen Landes nachzuholen.[152]

In der hellenistischen Zeit wurde die Beschneidung bei assimilierten Juden unterlassen, da man zu den Sportwettkämpfen nackt antrat und das heidnische Publikum Beschnittene auslachte. Während der Herrschaft Antiochos' IV. Epiphanes wurde die Beschneidung sogar völlig verboten. Zur Abschreckung wurden zwei Mütter, die dem Verbot zuwidergehandelt hatten, mit ihren Säuglingen von der Stadtmauer gestürzt.[153] Dennoch konnten auch solche Gräueltaten die Mütter vom Vollzug dieses Gebotes nicht abbringen. Ein gleiches Verbot Kaiser Hadrians zu Beginn des 2. Jahrhunderts n. Chr. war eine der Ursachen, die zur Revolution Bar-Kochbas führten.

Sowohl in der Tora[154] als auch bei den Propheten[155] bezeichnet der Ausdruck »unbeschnittenes Herz« solche Juden, die dem Gefühl und dem Geist nach die Gebote der Religion nicht befolgen.

Paulus führt in seinem Brief an die Römer an, dass die Beschneidung nur als Werk gilt, demgegenüber der Glaube an Gott vorrangig ist.[156] Nach längerer Beratung wurde von der frühchristlichen Gemeinde beschlossen, den Heiden, die sich taufen lassen wollten, die Last der Beschneidung zu ersparen.[157] Der Islam dagegen übernahm das Gebot der Beschneidung aus der Tora.

Bei jeder Beschneidung wird für den Propheten Elija ein Stuhl bereitgestellt. Manche Gemeinden verfügen deshalb über ein reich besticktes Sitzmöbel in der Synagoge. Elija soll deshalb bei jeder Beschneidung anwesend sein, da er als Hüter des Bundes gilt.

Elija lebte im 9. Jahrhundert v. Chr. Die Bibel berichtet, dass er nicht starb, sondern mit feurigen Pferden auf einem feuersprühenden Wagen in den Himmel entrückt wurde.[158] Er war ein kraftvoller Prophet, der sowohl die Herrscher ermahnte als auch gegen die Baalspriester vorging. So forderte er diese auf, einen Holzstoß zu errichten und ihren Gott Baal anzurufen, damit er diesen entzünde. Nachdem sich die Baalspriester vergeblich bemüht hatten, errichtete Elija gleichfalls einen Holzstoß, den Gott mit Feuer und Blitz in Brand setzte.

Diese legendäre Figur war im jüdischen Volksglauben ein Beschützer der Armen und der Verfolgten. Ihm wurde zugeschrieben, dass er an Arme Büchsen verteile, die sich stets mit Geld füllten. Er soll auch dem Gründer der Dynastie Rothschild, Mayer Amschel Rothschild (1744–1812), ein Fass geschenkt haben, aus dem ständig Öl floss. Das sei der Ursprung des Vermögens dieser Familie.

Der Prophet Maleachi weissagte, dass Elija vor Anbruch der messianischen Zeit erscheinen wird;[159] Dieser Prophezeiung folgend, sah Jesus in Johannes den Täufer den wiedergekommenen Elija.[160]

Beim jüdischen Pessachmahl, das im Zeichen der Erlösung steht, wird ein Becher, der meist besonders schön verziert ist, mit Wein für den Propheten Elija gefüllt und auf den Tisch gestellt.

Die Namensgebung erfolgt bei Knaben anlässlich der Beschneidung, bei den Mädchen meistens bei einem Sabbatgottesdienst im Rahmen einer kleinen Zeremonie. Die Juden führen neben ihrem zivilen Namen noch einen hebräischen Namen, wobei anstelle des Familiennamens der Vorname des Vaters steht, mit der Verbindung »Sohn/Tochter des … (hebr. ben/bat …)«. In manchen Ländern ist es üblich, dass die Mädchen als Familiennamen statt dem Namen des Vaters den Namen der Mutter führen. Bei aschkenasischen Juden soll ein Kind seinen Vornamen nach verstorbenen Vorfahren erhalten. Bei den Sephardim erhält das Kind meistens den Namen des Vaters oder der Mutter, auch wenn diese noch am Leben sind.

Bar Mitzwa – Bat Mitzwa

> »Hier in der Wüste sollen eure Leichen liegen bleiben, … alle Männer von zwanzig Jahren und darüber, die über mich gemurrt haben.«[161]

In der Tora wird berichtet, dass Moses von Gott den Auftrag bekam, Späher nach Kanaan zu schicken, um das Land auszukundschaften. Sie kamen mit köstlichen Früchten zurück. Darunter war eine Weintraube, die so groß war, dass sie, an einer Stange befestigt, von zwei Männern getragen werden musste. Diese Traube stammte aus dem Tal Eschkol.[162]

Da dieses Tal bis heute nicht geortet werden konnte, bildeten sich um dieses märchenhaft fruchtbare Gebiet viele Legenden. So wurden das Tal mit der

Fruchtbarkeit der jüdischen Lehre und die Süße der Früchte mit der Süße des Seelenheils gleichgesetzt. Bei der Bar-Mitzwa-Feier, die der Firmung und der Konfirmation entspricht, hält üblicherweise der Rabbiner eine Ansprache. Er fordert dabei gelegentlich das neue Gemeindemitglied auf, die Suche nach diesem von Gott gesegneten Tal während des ganzen Lebens fortzusetzen.

Die Späher berichteten, dass das Land, in dem Milch und Honig fließt, von Riesen bewohnt wird, die unüberwindbar sind. Das kleingläubige Volk warf Moses vor, es absichtlich dorthin zu führen, um seinen Untergang herbeizuführen. Gott strafte sie für dieses Misstrauen, indem er alle Personen, die damals über zwanzig Jahre alt waren, bei der nun folgenden vierzigjährigen Wanderung in der Wüste umkommen ließ und nur den Jüngeren gestattete, das gelobte Land zu betreten. Ausgenommen von dieser Bestimmung waren die Späher Josua und Kaleb, da diese beiden überzeugt waren, dass die Riesen mit Hilfe Gottes überwunden werden können.

Hinweise, dass erst mit zwanzig Jahren die volle Verantwortlichkeit und somit die Volljährigkeit eintrat, sind auch aus anderen Stellen der Tora[163] zu entnehmen. Jüdische Männer wurden erst mit zwanzig Jahren zahlenmäßig erfasst und zum Kriegsdienst verpflichtet. Für gewisse Tempeldienste gab es noch höhere Altersgrenzen, nämlich fünfundzwanzig[164] und dreißig Jahre.[165]

Im Talmud wird erwähnt, dass Knaben im Alter von dreizehn und Mädchen im Alter von zwölf Jahren sowohl die religiösen Gesetze erfüllen mussten als auch rechtlich verantwortlich waren. Es sei auch in der Zeit um Christi Geburt üblich gewesen, dass Weise Kinder segneten, die bei der Erreichung des zwölften oder dreizehnten Lebensjahres das erste Mal am Versöhnungstag fasteten.

Die Rabbinen bestimmten das Alter der Volljährigkeit entsprechend der sexuellen Reife, weil es im Orient üblich ist, dass vor allem Mädchen in sehr jungen Jahren verheiratet werden. Da die jüdische Religion – im Gegensatz zu dem bei anderen Völkern in dieser Zeit üblich gewesenen Brauch – die Zustimmung der Braut zur Heirat vorschrieb,[166] musste sie in diesem Alter volljährig sein. Der Widerspruch mit dem eingangs erwähnten Alter der Volljährigkeit wird im Talmud mit dem Hinweis überbrückt, dass Sünder Gott gegenüber erst mit zwanzig Jahren voll verantwortlich sind.

Seit dem 15. Jahrhundert wird bei Erreichung der Volljährigkeit der Knaben (mit 13 Jahren) ein religiöses Fest abgehalten, die »Bar Mitzwa«-Feier, deutsch »Sohn des Gebotes«. Für Mädchen (mit 12 Jahren) gibt es erst seit dem 19. Jahrhundert in liberalen und einigen konservativen Gemeinden ein ähnliches Fest, die »Bat Mitzwa«-Feier, deutsch »Tochter des Gebotes«. An diesem Festtag wird der junge Mann während eines Sabbatgottesdienstes das erste Mal zur Tora gerufen, um einen Abschnitt vorzulesen. Damit wird der ganzen Gemeinde seine Volljährigkeit kundgetan. Sein Vater wird ebenfalls zur Tora aufgerufen und betet folgenden Segensspruch: »Gelobt sei Er, der mich nunmehr von der Verantwortlichkeit für diesen (Knaben) befreit hat.«

Beim Aufruf zur Tora, der als eine besondere Ehre betrachtet wird, muss das Vorlesen mit einem Sprechgesang vorgenommen werden, der genauen Regeln unterworfen ist. Da die meisten Juden dies nicht beherrschen, wird vom Vorbeter in ihrem Namen die Lesung vollzogen. Der junge Mann, der dieses Fest begeht, liest hingegen selbst den ihm zugeteilten Abschnitt vor. Er muss dies ungefähr ein halbes Jahr lang lernen und üben.

Nach der Toralesung segnet der Rabbiner den Knaben und ermahnt ihn, stets seinen religiösen und sozialen Pflichten nachzukommen. Die Eltern laden meistens die Freunde der Familie nach der Zeremonie in der Synagoge zu einem festlichen Mahl ein. Bei orthodoxen Familien hält der junge Mann vor den Gästen eine Ansprache, in der er den vorgelesenen Toraabschnitt erläutert.

Die Hochzeit

> »Laban versammelte alle Männer des Ortes und veranstaltete ein Festmahl.«[167]

Laban hatte zwei Töchter, Lea und Rachel. Jakob, der bei Laban im Dienst stand, verliebte sich in Rachel und erhielt die Zusage, sie nach sieben Jahren als Entgelt für seine Arbeit ehelichen zu können. Laban aber betrog Jakob und verheiratete ihn mit Lea. Jakob konnte den Betrug nicht merken, da es noch heute so wie damals Sitte ist, dass die Braut bei der Hochzeit einen Schleier trägt. Als er am nächsten Morgen die Verwechslung wahrnahm und Laban zur Rede stellte, meinte dieser, dass es nicht Brauch sei, die jüngere Schwester vor der älteren zu verheiraten. Er versprach Jakob, ihn für den Dienst von weiteren sieben Jahren mit Rachel zu vermählen.[168]

In der Bibel werden weder diese beiden Hochzeitsfeiern Jakobs näher beschrieben, noch finden sich darin Vorschriften über den Verlauf einer Hochzeit. Lediglich an einer Stelle wird der Hochzeitszug eines Brautpaares mit Musikbegleitung geschildert.[169] Das Fehlen solcher Vorschriften erklärt, dass sich mit der Zeit unterschiedliche Hochzeitsriten entwickelt haben.

In manchen orthodoxen Kreisen wird die Hochzeit an einem Dienstag begangen, da dieser Tag als Glückstag gilt. Denn im Schöpfungsbericht der Tora wird an jedem Schöpfungstag mit Ausnahme des zweiten Tages – des Montags – die Bemerkung Gottes angeführt, »dass es gut war«. Am Dienstag, dem dritten Tag, allein steht diese Bemerkung gleich zweimal. In konservativen und reformierten Kreisen wird meistens am Sonntag geheiratet. Am Sabbat und an anderen Festtagen sowie an Tagen der Trauer ist es verboten, eine Hochzeit zu feiern.

Die Zeremonie nimmt in einem Nebenraum der Synagoge ihren Anfang, wo zwei Zeugen und meistens auch das Brautpaar den Heiratskontrakt, hebräisch »Ketubba« genannt, unterzeichnen. Solche Dokumente wurden gelegentlich künstlerisch gestaltet. Aus dem Mittelalter sind nur ganz wenige, reich dekorierte Blätter erhalten geblieben. Eine Ketubba beinhaltet das Versprechen des Mannes: »Sei mir zur Frau nach dem Gesetz Moses' und Israels, ich will dir dienen, dich ehren, ernähren und versorgen ...«

Die Ketubba wurde von den Gelehrten um 100 v. Chr. eingeführt und ist noch heute in Aramäisch – der damaligen Sprache der Juden – verfasst. Die darin festgelegten materiellen Verpflichtungen des Mannes verhinderten, dass sich der Mann leichtfertig von seiner Frau trennte, da diese auch im Fall der Scheidung zu erfüllen waren. Reformrabbiner und manche konservativen Rabbiner in den USA stellen Heiratsurkunden nach den jeweiligen staatlichen Vorschriften anstelle der Ketubba aus. Orthodoxe Rabbiner bezweifeln in diesen Fällen die Gültigkeit der Ehe.

Nach diesem Akt wird das Brautpaar gemeinsam mit den Eltern in die Synagoge unter einen Baldachin, die »Chuppa«, geleitet. Der Brauch, eine Chuppa aufzustellen, erinnert wahrscheinlich an frühere Zeiten, als man die Hochzeit in einem Zelt abhielt. Orthodoxe Juden stellen die Chuppa, soweit es das Wetter erlaubt, unter freiem Himmel auf. Dieser Brauch wird damit erklärt, dass am Abend Sterne zu sehen sind, die an Gottes Zusage an Abraham erinnern, wonach seine Nachkommen so zahlreich wie Sterne sein werden.[170]

In manchen Gemeinden wird der Bräutigam zur Braut geleitet, wo er das »Bedecken der Kalle« – dieser jiddische Ausdruck bezeichnet die Zeremonie der Verschleierung der Braut (hebr. »Kalla«, jiddisch »Kalle«) – vornimmt. Anderswo ist dies die Aufgabe des Rabbiners oder auch eines nahen Familienangehörigen. In sephardischen Gemeinden ist dieser Brauch unbekannt.

Unter der Chuppa hat die Braut nach einem Segensspruch des Rabbiners den Bräutigam siebenmal zu umkreisen. Man nimmt an, dass dies auf einen magischen Brauch zurückzuführen ist. Eine ähnliche siebenmalige Umkreisung wird auch von der Bibel berichtet. Josua befahl den Priestern und den Kriegern, sechs Tage lang jeweils einmal um die belagerte Stadt Jericho zu ziehen. Am siebenten Tag wurde die Stadt siebenmal umkreist. Danach stürzten die starken Stadtmauern ein.[171]

Der Rabbiner segnet nach seiner Predigt das Brautpaar und gibt ihm aus einem Weinkelch zu trinken, über den er zuvor den Segen gesprochen hat. Danach steckt der Bräutigam der Braut einen Ring an, zumeist an den Zeigefinger der rechten Hand. In Reformgemeinden ist es üblich, dass auch die Braut dem Bräutigam einen Ring gibt. Dies beeinträchtigt für orthodoxe Rabbiner die Gültigkeit der Ehe. Nunmehr wird der Heiratskontrakt vorgelesen und der Rabbiner segnet neuerlich das Paar. Es ist üblich, dass anschließend der Bräutigam mit dem rechten Fuß auf einen Glasbecher tritt, um diesen zu zerbrechen.

Einige Forscher führen diesen Brauch auf eine Talmudstelle zurück, die das Zerbrechen eines wertvollen Glaskelches schildert, um die übermäßige Lustigkeit einer Gesellschaft zu dämpfen. In der Tradition hingegen wird dieser Brauch mit dem Wachrufen wehmütiger Erinnerungen an den zerstörten Tempel in Jerusalem erklärt. In vielen Gemeinden ist es auch üblich, dass die Brautleute während oder nach der Zeremonie mit Bonbons, Weizen, Reis oder Nüssen beworfen werden.

Bei orthodoxen Juden ist es Brauch, dass sich die Brautleute erst nach der Hochzeit näher kennen lernen, da die Ehe von den Eltern mit Hilfe eines Hei ratsvermittlers beschlossen wurde. Die Eltern hielten den Kindern den Toravers vor Augen: »Isaak führte Rebekka in das Zelt, ... sie wurde seine Frau, ... Isaak gewann sie lieb.«[172] Demnach verliebten sie sich nach der Hochzeit. Tatsächlich liegt die Scheidungsrate solcher Ehen unter dem Durchschnitt.

Für die Attraktivität einer Braut oder eines Bräutigams spielen in religiösen Kreisen die Vermögensverhältnisse eine geringere Rolle als der »Jiches«. Unter diesem Ausdruck versteht man das Ansehen der Familie, das fast ausschließlich von der Anzahl der Rabbiner unter ihren Angehörigen bestimmt wird.

Der Tod

> »Sieben Tage hielt Josef um seinen Vater Trauer.«[173]

Beim Ableben eines nahen Verwandten gilt ein vom orthodoxen Judentum streng eingehaltener Brauch, das »Schiwesitzen«. In den ersten sieben Tagen – »schiwe« ist auf Jiddisch »sieben« – nach dem Begräbnis bleibt die Trauerfamilie zu Hause und empfängt Kondolenzbesuche. Es ist Pflicht, dabei auf weichen Sitzgelegenheiten ohne Arm- und Rückenlehnen zu sitzen und keine ledernen Schuhe zu tragen, da diese im Altertum als Luxus galten. Von diesem Brauch leitet sich der Aberglaube ab, dass man im Haus nicht ohne Schuhe gehen soll, da dies kommende Trauer heraufbeschwören könnte. Johannes berichtet über den Tod des Lazarus und vermerkt, dass dessen Schwester Maria im Haus *saß*.[174] Ohne Kenntnis obiger Sitte ist dieser Hinweis nicht verständlich.

Die Dauer von sieben Tagen wird sowohl durch den am Anfang stehenden Toravers belegt als auch durch den Talmud, der die siebentägige Dauer mit dem Bibelvers: »Ich werde eure Feste in Trauer verwandeln«[175] erklärt. Wie die Feste soll auch die Trauer sieben Tage dauern. In der Tora steht geschrieben, dass Abraham nach dem Tod seiner Frau Sara klagte und sie beweinte.[176] Die Rabbinen legten diesen Satz so aus, dass von den sieben Tagen des Klagens die ersten drei Tage die des Weinens sind.

Während der anschließenden Zeit, den »Schloschim« (hebr. »dreißig«), die vom Ableben an dreißig Tage dauert, soll man bis auf gewisse Einschränkungen die normale Lebensweise wieder aufnehmen, aber gewisse Vergnügungen, wie den Besuch von lustigen Veranstaltungen, unterlassen. Beim Tod der Eltern gelten diese Bestimmungen bis zu einem Jahr nach dem Todestag.

Ein Sohn ist verpflichtet, täglich, elf Monate hindurch, das Kaddischgebet zu sprechen. Dieses Gebet wird auch beim täglichen Gottesdienst aufgesagt und preist Gott als Erlöser und Friedensbringer. Der Tradition nach entscheidet Gott über das Schicksal von Sündern zwölf Monate nach deren Begräbnis. Entweder verdammt er sie dann oder er lässt sie nach dem Kommen des Messias auferstehen. Die Lebenden haben die Möglichkeit, diese Entscheidung Gottes durch das Gebet und durch Darbringung von Opfern zu beeinflussen. Würde ein Sohn seinen Eltern jedoch zwölf Monate lang das Kaddischgebet sprechen, so wäre dies mit der kindlichen Ehrfurcht, die der Sohn den Eltern schuldet, unvereinbar. Denn er würde dann der Vermutung Ausdruck geben, dass die Eltern Sünder waren und es deshalb notwendig sei, bis zum letzten Tag, an dem die Entscheidung Gottes fällt, für ihr Seelenheil zu beten.

Die Ansicht, dass das Darbringen von Opfern und das Beten für die Erwirkung des Seelenheils für einen Toten nützlich ist, wird aus dem Torakapitel über das Auffinden eines Erschlagenen auf freiem Feld abgeleitet:[177] Die Ältesten und die Richter des nächstgelegenen Ortes haben eine junge Kuh, offensichtlich als Sühneopfer, zu töten. Sie sollen über dem Opfertier die Hände waschen als Zeichen, dass sie am Tod des Erschlagenen unschuldig sind. Ihre dabei gesprochenen Worte »Vergib deinem Volk Israel, das du erlöst hast«[178] werden so interpretiert, dass sich die Worte »Volk Israel« auf die Lebenden, die Worte »das du erlöst hast« auf die Toten beziehen. Die hebräische Sprache erlaubt es, dass der Sinn so verstanden wird, als ob das Wort »wegen« eingefügt wäre. Der so transponierte Satz bedeutet daher: »Vergib wegen der Lebenden den Toten.« Daher sollen die Lebenden für die Verstorbenen Entsühnung erwirken.

»... unsere Hände haben dieses Blut nicht vergossen und unsere Augen haben es nicht gesehen«, sagen die Ältesten und die Richter beim Auffinden eines Erschlagenen. Dieser Vers beweist, dass von allen Teilen des menschlichen Körpers vor allem die Hände und die Augen vor Gott einer Entsühnung bedürfen. Deshalb wird bei der Vorbereitung des Leichnams für das Begräbnis aus einem Ei mit Schale und Wein eine Flüssigkeit hergestellt, mit der der Körper und vor allem die Hände und die Augen benetzt werden. Das

Ei ist das Symbol für das Rad des Lebens, das sowohl den Zyklus Geburt, Leben, Tod und Auferstehung als auch das wechselnde menschliche Schicksal, einmal oben und einmal unten, anzeigt. Der Wein deutet auf die Auferstehung hin im Sinn des Verses: »Und dein Gaumen ist wie köstlicher Wein, ... lässt murmeln die Lippen der Schlafenden.«[179]

Der Leichnam wird mit Wasser abgerieben und gereinigt, die Nägel werden geschnitten und die Haare gekämmt. Dann wird er rituell gereinigt, indem er aufgestellt und mit Wasser begossen wird. Damit wird der biblischen Bestimmung Genüge getan: »... genau wie er kam, muss er gehen.«[180] Die Worte der Apostelgeschichte »... man wusch ihren Leichnam ...«[181] beweisen, dass dieses Ritual ebenfalls sehr alt ist. Während dieser Vorgänge werden hierfür vorgesehene Bibelverse gesprochen. Zum Abschluss werden die Augen und der Mund mit Tonscherben bedeckt, da sowohl der Mund als auch die Augen eine Quelle der Sünde sind. Manche dieser Riten werden nur bei gewissen orthodoxen Gruppen ausgeführt.

Der Leichnam wird in weiße Totenkleider gehüllt, da ein rabbinischer Ausspruch lautet: »Die Toten werden in ihren Gewändern auferstehen, denn wenn ein Weizenkorn, das nackt begraben wird, mit vielen Gewändern hervorkommt, um wie viel mehr die Frommen.« Paulus weist hingegen auf den wesenhaften Unterschied zwischen dem irdischen und dem himmlischen Körper hin.[182]

Die Bibel enthält keine Weisungen, welche die Durchführung des Begräbnisses regeln. Es wird lediglich betont, dass die Toten in ihrer Heimat in einem

Familiengrab zu bestatten sind. Die Erhaltung von regionalen Sitten war auch ein Anliegen der Weisen des Talmuds, deshalb heißt es: »Man richte sich bei allem nach dem Landesbrauch.«

Aus der Beschreibung der Eile bei der Grablegung Jesu in den Evangelien kann entnommen werden, dass die Bräuche dieser Zeit sich teilweise bis heute erhalten haben: Der Tote soll so schnell wie möglich begraben werden. Dies war nicht nur im Hinblick auf das warme Klima empfehlenswert, sondern diente in erster Linie zur Verkürzung des Leides der Hinterbliebenen.

Das Begräbnis wird von der »Heiligen Bruderschaft« (hebr. »Chewra kaddischa«) in größtmöglicher Einfachheit durchgeführt, denn wegen des Bibelverses: »Der Kleine und der Große sind dort beisammen«[183] soll das Ansehen des Verstorbenen nicht berücksichtigt werden. Durch die Anzahl der Ansprachen und der gesprochenen Gebete wird dennoch die Bedeutung des Verstorbenen hervorgehoben.

Um das Begraben von Scheintoten zu vermeiden, bewachte man in rabbinischer Zeit drei Tage lang das Grab. Im Talmud wird auch erwähnt, dass die Juden verpflichtet sind, auch dafür zu sorgen, dass Nichtjuden begraben werden, wenn sich sonst niemand darum kümmert. Als die größte Tat der Barmherzigkeit wird das Begleiten eines Toten bis zu seinem Grab gewertet, weil dies ohne eine Aussicht auf Vergeltung geschieht. Die beim Begräbnis gesprochenen Gebete enthalten nach altem Brauch das Lob Gottes als gerechten Richter und die freudige Annahme seines Schiedsspruchs. Sie sollen auch als Trost für die Hinterbliebenen dienen.

Einige Zitate aus diesen Gebeten lauten: »Der Herr hat gegeben, der Herr hat genommen, gepriesen sei der Name des Herrn.«[184] Oder: »Denn Staub bist du, zum Staub musst du zurück.«[185] Daher gibt es auf einem orthodoxen Friedhof auch keinen Blumenschmuck. Nur der Grabstein zeugt von einer Begräbnisstätte.

Beim Begräbnis wird ein Kleidungsstück der unmittelbaren Familienangehörigen zum Zeichen der Trauer eingerissen. Den Juden war es verboten, sich aus Trauer Wunden zuzufügen,[186] wie dies in biblischen Zeiten bei den Nachbarvölkern üblich war. Das Einreißen der Kleidung, wie es Ruben und Jakob bei der Nachricht vom Tod Josefs taten,[187] scheint eine Ersatzhandlung dafür gewesen zu sein.

Dieses Einreißen des Gewandes dient genauso wie das Ausschütten des Wassers bei Todeseintritt oder das Verhängen der Spiegel als wortlose Mitteilung über das Ableben eines nahen Verwandten. Laut Talmud soll man nämlich schlechte Nachrichten nicht persönlich übermitteln, da im Leben immer wieder zu beobachten ist, dass der Empfänger einer schlechten Nachricht dies dem Überbringer nachträgt.

Nach Ablauf der vorgeschriebenen Zeiten sollen die Hinterbliebenen ihrer Trauer ein Ende setzen. Die Rabbinen meinen, dass die Festlegung der Trauerzeiten von Gott stammt. Wenn jemand über diese Termine hinaus trauert, sagt ihm Gott: »Seid nicht barmherziger als ich.« Es wäre eine Herausforderung Gottes und seines Wortes, wenn man sich nicht dem Unabänderlichen fügen würde.

Reformjuden sowie manche konservative Juden beachten die oben beschriebenen Trauerzeremonien nur zum Teil. Orthodoxe Juden lehnen das Tragen von schwarzen Kleidungsstücken und Armbinden genauso ab wie das Blumenbringen zum Grab, da diese Bräuche nicht aus dem Judentum kommen. Fast alle Juden jedoch begehen den Jahrestag des Todes ihrer unmittelbaren Angehörigen, indem sie eine Kerze anzünden, die 24 Stunden lang brennt. Dieser Brauch ist auf den Vers zurückzuführen: »Eine Leuchte Gottes ist des Menschen Seele.«[188]

An den drei Wallfahrtsfesten sowie am Versöhnungstag wird beim Gottesdienst eine Gedenkstunde für die Verstorbenen abgehalten. Nach einer Predigt des Rabbiners wird von den Anwesenden das Gebet »Jiskor« (hebr. »er erinnere sich«) gesprochen, in dem Gott gebeten wird, sich des Verstorbenen zu erinnern.

III. DIE JÜDISCHE GEMEINSCHAFT

Die Gemeinde

>»Der Herr sprach zu Moses und
Aaron ... Sagt der ganzen
Gemeinde Israel ... Da rief Moses
alle Ältesten Israels zusammen.«[1]

In der Bibel finden sich Hinweise auf lokale Gemeinden, die unter der Leitung von Notabeln und Ältestenräten standen. Es ist anzunehmen, dass die nach 586 v. Chr. nach Babylonien verschleppten Juden eine Gemeinde gebildet haben. Auf jeden Fall gibt es Zeugnisse aus der hellenistischen Zeit über jüdische Gemeinden, etwa in Alexandrien, um nur die größte zu nennen, die sich jeweils um eine Synagoge als geistigen und strukturellen Mittelpunkt bildeten. Es konnten somit in größeren Orten mehrere Gemeinden, je nach der Anzahl der Synagogen, entstehen.

Die Briefe des Apostels Paulus zeigen, wie eng und gut organisiert jüdische Gemeinden, auf Grund des von den Römern gewährten autonomen Status, in der damaligen Zeit waren. Die frühchristlichen Gemeinden entstanden nach der Loslösung aus den jüdischen Gemeinden nach deren Vorbild, wobei die christlichen Gemeinden im Römischen Reich als nicht anerkannte Religionsgemeinschaft vorerst keinerlei Rechte hatten.

Im Mittelalter war diese Organisationsform für die kollektive Besteuerung durch die weltlichen Behörden von wesentlicher Bedeutung, da es der Gemeindeleitung oblag, den einzelnen Mitgliedern den anteiligen Betrag vorzuschreiben und sich um dessen Eintreibung zu kümmern. Deshalb erhielt sie entsprechende Vollmachten und eine eigene Gerichtsbarkeit.

Da man befürchtete, dass arme Juden nur die Steuerlast erhöhen, indessen nichts zur Aufbringung von Geldern beitragen würden, beschlossen viele Gemeinden, die Zuwanderung von einem Niederlassungsrecht abhängig zu machen. Dieses wurde meistens nur reichen oder in der jüdischen Religion besonders bewanderten Personen gewährt. Jüdische Gelehrte kritisierten diese Beschränkung, da eine solche Haltung dem Gebot widersprach, dass Wohltätigkeit keinerlei Grenzen haben darf.

Die jüdische Gemeindeleitung sollte demokratisch gewählt werden; tatsächlich aber wurde die Gemeindeverwaltung nur durch die oberste soziale Schicht bestimmt, die durch Vermögen, Bildung und Abstammung privilegiert war. Der Repräsentant einer oder auch mehrerer Gemeinden war zumeist ein vermögender Jude, der die Landessprache beherrschte und der im Umgang mit den weltlichen und geistlichen Machthabern gewandt war. Er trug den Titel »Stadlan« und versuchte, so gut es ging, die Interessen seiner ihm Anvertrauten zu vertreten.

Neben der Synagoge war der Friedhof eine der wichtigsten Einrichtungen des kommunalen Lebens. Gleichfalls gab es rituelle Bäder sowie Vorrichtungen für das rituelle Schlachten. Von der Gemeindeverwaltung wurde auch die Organisation des Unterrichts und der Wohltätigkeit wahrgenommen.

Die Gemeindeführung erlangte mit der Zeit mehr und mehr Macht gegenüber den Mitgliedern. Dies entsprach ganz dem Geist des Mittelalters, da man die Gemeinschaft über den Einzelnen stellte. Es wurde mehr und mehr in das private Leben eingegriffen. Durch strenge Kleidervorschriften und Vorschriften, die der Sexualmoral Geltung verschafften, wurde auf das Gemeinschafts- und sogar auf das Familienleben Einfluss genommen.

Um diese Bestimmungen, die ausnahmslos auf der jüdischen Lehre beruhten, in den Gemeinden besser durchsetzen zu können, stand der Gemeindeleitung der Bann zur Verfügung. Diese »Exkommunikation« bedeutete jedoch nur, dass der Betroffene das Recht verlor, in der Gemeinde, die den Bann verhängte, die kommunalen Einrichtungen zu benützen oder sich dort aufzuhalten. In vielen Fällen wurde der Bann auch den anderen Gemeinden zur Bestätigung zugesandt. Die Zugehörigkeit zum jüdischen Glauben konnte jedoch nicht aberkannt werden.

Die Renaissance, in der das Individuum von gemeinschaftlichen Zwängen zum Großteil befreit wurde, ging an der stark durch die Tradition bestimmten jüdischen Lebensweise wenn nicht spurlos, so doch fast unbemerkt vorbei. Dagegen konnten sich die Ideen der Aufklärung seit der Mitte des 18. Jahrhunderts auch in den jüdischen Gemeinden durchsetzen. Die Selbstverwaltung der Gemeinden wurde mit der Zeit vom Staat abgelöst, aber auch die Juden selbst wendeten sich bei Rechtsstreitigkeiten mit der Zeit immer mehr an weltliche Gerichte.

Heute ist der Jude seiner Gemeinde gegenüber nur durch Zahlung eines Beitrags – ähnlich der Kirchensteuer – verpflichtet. Will er kommunale Einrichtungen in Anspruch nehmen, muss er dafür, soweit er dazu in der Lage ist, zusätzliche Zahlungen leisten. Dies betrifft vor allem den Sitzplatz in der Synagoge an hohen Feiertagen, den Begräbnisplatz auf dem Friedhof, das Altersheim und die Benützung des Gemeindezentrums für private, religiöse Feiern.

Die Wahl der Gemeindevertretung erfolgt durch geheime Wahl. Dabei stellen sich diverse politische Vereine zur Wahl, die meist in einer gewissen Beziehung zu den Parteien des jeweiligen Landes stehen oder verschiedene religiöse Richtungen repräsentieren. Jüdische Gemeinden unterhalten nach wie vor Einrichtungen zur Betreuung der Armen und religiöse Schulen. Vor allem in Amerika gibt es auch Krankenhäuser, deren Dienste nicht nur von Juden in Anspruch genommen werden können.

Die Synagoge

> »Werdet ihr dem Herrn, eurem Gott, dienen, so wird er dein Brot und dein Wasser segnen.«[2]

Ein Rabbiner wurde gefragt: Warum steht in diesem Satz zuerst »ihr« und dann »dein« und nicht »euer«? Er antwortete: Dienen bedeutet beten und beten soll man in der Gemeinschaft, deshalb die Mehrzahl. Das Brot isst jeder für sich, deshalb die Einzahl. Diese Idee des Gemeinschaftsgebetes, die zuerst in der jüdischen Religion verwirklicht wurde, prägte maßgebend das Ritual von Kirche und Moschee.

Das Zeltheiligtum zur Zeit der Wanderung in der Wüste nach dem Auszug aus Ägypten und später der Tempel in Jerusalem verfügten beide noch nicht über die für ein Gemeindegebet erforderliche Voraussetzung, nämlich einen eigenen mit einem Dach versehenen Raum für die Betenden. Diese Heiligtümer waren vielmehr ein Symbol für Gottes Anwesenheit in der Mitte seines Volkes. Die Talmudgelehrten warfen hierzu die Frage auf, wie sich die Anwesenheit Gottes im Heiligtum mit der Allgegenwart Gottes vereinbaren lässt. Sie fanden die Antwort in einem Gleichnis: Wenn das Wasser des Meeres in eine Höhle rinnt, gibt es dadurch weniger Wasser im Meer?

Die Priester vollzogen im Heiligtum die vorgeschriebenen Weihehandlungen, von denen in der Tora die Darbringung verschiedener Opfer besonders genau und ausführlich beschrieben wird. Die dort praktizierte Gottesverehrung unterscheidet sich von den zu dieser Zeit und in diesem Raum üblichen Riten durch das Fehlen von Gottesbildern und allen – nach heutigen Moralbegriffen – anstößigen Einrichtungen und Handlungen, wie zum Beispiel Tempelprostitution und Menschenopfer.

Das Zelt war bis in die Zeit König Davids das Zentrum des Kultes. Erst König Salomon errichtete in Jerusalem einen mit Zedernholz, Elfenbeinintarsien sowie Gold- und Kupferornamenten versehenen, prachtvoll ausgestatteten Steinbau, der als der »erste Tempel« in die jüdische Geschichte einging.

An den drei Wallfahrtsfesten, Pessach, Wochenfest und Laubhüttenfest, kamen aus dem ganzen Land Pilger zum Tempel nach Jerusalem. Am Sabbat und an den Tagen des Neumonds waren es vorwiegend die Bürger Jerusalems, die mit Musikbegleitung singend zum Heiligtum zogen. Das Allerheiligste im Tempel durfte nur einmal im Jahr, am Versöhnungstag betreten werden, und dies nur vom Hohepriester. Das Volk hielt sich im Hof des Tempels auf, wo der große Opferaltar stand. Dort wurden zwar Gebete gesprochen, freilich, durch das Kommen und Gehen war ein Gemeinschaftsgebet auch hier nicht möglich.

Die Propheten geißelten die *nur* am Ritus hängende Frömmigkeit, wie die Darbringung von Opfern und Gaben an den Tempel. Sie verlangten vielmehr, dass diese Handlungen mit einer Gott gefälligen, moralischen Lebensführung Hand in Hand gehen solle: »Lernt Gutes tun! Trachtet nach dem Recht! Helft den Unterdrückten! Verschafft den Waisen Recht, tretet ein für die Witwen.«[3] Den Tempel als Kult- und Religionszentrum[4] stellten die Propheten aber nie in Frage.

Der erste Tempel wurde von den Babyloniern unter Nebukadnezzar 586 v. Chr. zerstört. Rund sechzig Jahre später begannen die aus dem Babylonischen Exil zurückgekehrten Juden unter der Leitung des letzten namentlich erwähnten Nachkommen Davids, Zerubbabel, mit dem Bau des zweiten Tempels.

Die Synagoge, oder richtiger: ihr Vorläufer, entstand vermutlich im Babylonischen Exil und förderte ein ausgeprägtes Gemeinschaftsgefühl und eine starke Bindung an die jüdische Religion.

Der Terminus »Synagoge« steht in den ersten vorchristlichen Jahrhunderten nur als Bezeichnung für die Versammlung der jüdischen Gemeinde, noch nicht für das Gebäude. Spätestens vom 2. Jahrhundert v. Chr. an wurden überall dort, wo jüdische Gemeinden entstanden, Synagogen errichtet. Die Synagoge in Alexandrien war so groß, dass mit Fahnenzeichen das Einsetzen des Vorbeters angezeigt werden musste, um das gemeinsame Sprechen eines Gebets zu sichern. Die Errichtung eines Bethauses in Jerusalem während der Zeit des zweiten Tempels weist darauf hin, dass ein allgemeines Bedürfnis nach dem gemeinsamen Gebet vorhanden war.

Der Tempel in Jerusalem wurde von Herodes dem Großen prachtvoll ausgebaut. Die Römer vernichteten zwar im Jahr 70 n. Chr. das Tempelgebäude, allein die Umfassungsmauern des Tempelberges mit ihren schön behauenen, riesigen Steinquadern zeugen heute noch von der Großartigkeit des Baues.

Die Synagoge entwickelte sich mehr und mehr zu einem Zentrum jüdischen Lehrens und Lernens. Sie hatte jedoch auch noch andere Funktionen, etwa die eines Gemeindezentrums, wo auch kundgetan wurde, welche Gegenstände verloren, gestohlen oder gefunden worden waren. Außerdem mussten alle, die die Absicht hatten, von der Gemeinde wegzuziehen, dies in der Synagoge bekannt geben, damit Gemeindemitglieder eventuelle Forderungen geltend machen konnten.

Die Bauform der christlichen Kirche wurde nur insofern vom jüdischen Tempelbau beeinflusst, als in der Apsis die Nachbildung des Toraschreines gesehen werden kann. Dagegen wurde der Baustil der Synagogen sehr oft von kirchlichen Bauten bestimmt, besonders bei den zweischiffigen Synagogen der Gotik.

Für die nicht unmittelbar mit dem Gottesdienst verbundenen Gemeinschaftseinrichtungen wurden mit der Zeit eigene Räume geschaffen. Das führte vom 18. Jahrhundert an zur Entwicklung von großen tempelartigen Synagogenbauten, die jeweils dem herrschenden Baustil angepasst waren. Andererseits legten etwa die Chassidim* auf das Äußere der Synagoge wenig Wert. Das Wichtigste für sie war die Verinnerlichung des Betenden. Vor allem zwischen dem 18. und 19. Jahrhundert gab es in Osteuropa einfache, schmucklose Stuben, jiddisch »Stiebel«, die als Synagogen dienten. Dort wurde nicht nur gebetet und gelehrt, sondern auch, um keine Zeit zu verlieren, gegessen und geschlafen.

Katholiken und Christlich-Orthodoxe – nicht die reformierten Kirchen – glauben, dass in der Messe bei der Wandlung Jesus Christus in einzigartiger Weise gegenwärtig wird. Dieser Weihehandlung wird mit ergriffener, stiller Andacht gefolgt. In der Synagoge der orthodoxen und konservativen Richtung kommt diese Art der Andacht nicht auf, da dort die Stimmung eher von dem Gefühl geprägt ist, an einer Zusammenkunft von Verwandten teilzunehmen.

Beim Beten werden die Worte ausgesprochen. Da aber jeder eine eigene Art des Betens hat – manche

---

* Hebr. wörtlich »Fromme«; ausführlicher siehe Kapitel IV, »Die jüdische Mystik«.

Synagoge in Wien; erbaut nach einem Entwurf von Josef Kornhäusl 1825–1826. In der Mitte der Toraschrein, davor das »Ewige Licht«, vor dem Toraschrein ist das Vorlesepult (Archiv Verfasser).

beten schnell, andere langsam, manche laut, andere leise –, ist der Unterschied zu einem gemeinsamen Gebet, wie es in der Kirche üblich ist, augenfällig.

Die heute in den orthodoxen und konservativen Synagogen geforderte Kopfbedeckung war in früheren Zeiten nicht allgemein üblich. Dies belegen die Wandbilder der Synagoge von Dura Europos (um 255 n. Chr.), die barhäuptige Juden im Tempel zeigen. Während es im Talmud dem Einzelnen überlassen wird, ob er mit oder ohne Kopfbedeckung beten will, wurde diese im 18. Jahrhundert in den Synagogen allgemein vorgeschrieben. In Reformsynagogen ist dagegen weder die Kopfbedeckung üblich, noch wird dort die sonst vorgeschriebene räumliche Trennung von Männern und Frauen vorgenommen.

Zur Innenausstattung einer Synagoge gehört außer den Sitzgelegenheiten für die Gläubigen nur der Toraschrein und ein Vorlesepult. Seit dem 17. Jahrhundert findet sich dort – in Erinnerung an den Jerusalemer Tempel – auch das »Ewige Licht«. Schon im Tempel in Jerusalem hatte die Musik beim Gottesdienst eine bedeutende Rolle eingenommen. Es waren Tempelsänger angestellt, die den Gesang der Gläubigen anführten. In der Bibel gibt es auch viele Hinweise auf Instrumente wie Trompeten, Flöten und Harfen, um nur einige zu nennen. Nach der Zerstörung des zweiten Tempels wurde als Zeichen des Trauerns die Instrumentalmusik in den Synagogen untersagt. Denn der Psalmvers: »Wir hängten unsere Harfen an die Weiden«[5] berichtet über die Trauer der nach Babylonien verschleppten Juden um den zerstörten ersten Tempel. Noch heute wird die Fortdauer dieser Trauer durch Bräuche bezeugt,[6] die im jüdischen Leben ihren festen Platz haben.

Im 19. Jahrhundert wurde in nicht-orthodoxen Synagogen die Orgelmusik eingeführt. Die Bearbeitungen und Kompositionen des Kantors des Wiener Stadttempels, Salomon Sulzer (1804–1890) – er war in seiner Jugend mit Franz Schubert befreundet – bereicherten in bedeutendem Maß den Tempelgesang. Sie wurden in vielen Teilen Europas in den aschkenasischen Tempeldienst aufgenommen.

Der jüdische Gottesdienst hat seine überlieferte Struktur mit Morgen-, Mittags- (nur am Sabbat und an den Feiertagen), Nachmittags- und Abendgebet. Schon seit rabbinischer Zeit gibt es über die vielen täglich aufzusagenden Gebete unterschiedliche

Ansichten. Im Talmud steht: »Der Wert der Worte, die von den Lippen kommen, wird durch die Andacht des Herzens bestimmt.« Und im Schulchan Aruch wird ausgesagt: »Besser wenig Gebet mit Andacht als viel ohne Andacht.«

Eine besondere Rolle nimmt das Vorlesen eines Abschnitts der Tora ein. Dies erfolgt am Samstag nach dem Morgengebet, wobei kürzere Abschnitte auch am Montag und am Donnerstag zur Vorlesung gelangen. Im Talmud wird dieser Brauch mit dem Toravers erklärt: »Und sie waren drei Tage in der Wüste unterwegs und fanden kein Wasser.«[7] Das Wasser ist mit der Tora gleichzusetzen. Dies lehrt der Bibelvers »Auf, ihr Durstigen, kommt alle zum Wasser«[8]. Deshalb sollen keine drei Tage ohne Toralesung vergehen.

Neben den Gebeten und der Toralesung ist die Predigt des Rabbiners die dritte Säule des synagogalen Gottesdienstes. Da beim Gottesdienst die Anwesenheit eines Rabbiners zwar üblich, jedoch nicht vorgeschrieben ist, kann die Predigt auch einem der Anwesenden übertragen werden.

Im Talmud wird verfügt, dass beim Gottesdienst in der Synagoge mindestens zehn Juden am Gebet teilnehmen sollen. Dies wird folgendermaßen begründet: In der Tora fordert Gott »... damit ich in der Mitte der Kinder Israels geheiligt werde«.[9] Unter dem Begriff »Mitte« ist »Gemeinde« zu verstehen. Dies kann dem Toravers »Sondert euch ab aus der Mitte der Gemeinde ...«[10] entnommen werden und dass der Begriff »Gemeinde« sich auf eine Anzahl von zehn Männern bezieht, lehrt der Vers: »Wie lange soll das mit dieser bösen Gemeinde so weitergehen?«[11] Denn dieser Satz bezog sich auf die zehn kleingläubigen Späher.[12]

Die Nationalsozialisten zerstörten in ihrem Herrschaftsbereich systematisch die Synagogen. Im November 1938 wurden allein in der Reichskristallnacht über dreihundert Synagogen verwüstet. Die Bezeichnung geht auf die vielen Glasscherben zurück, die diese Aktion mit sich brachte. Seit einigen Jahren wird statt der Bezeichnung »Kristallnacht« die Bezeichnung »Reichspogromnacht« bevorzugt, da das Wort »Kristall« mit etwas Schönem und Positivem assoziiert wird. Der Verlust an wertvollem Kulturgut, der durch diese blinde Zerstörung entstand, ist unermesslich.

Der Rabbiner

> »Du sollst vor die levitischen Priester und den Richter treten, der dann amtiert ... Von dem Spruch, den sie dir verkünden, sollst du weder rechts noch links abweichen.«[13]

Der Rabbiner ist der anerkannte geistige Führer einer jüdischen Gemeinde, die dieselbe Synagoge besucht. Er versieht die Funktion eines Richters heute nur noch in religiösen Fragen oder bei einem Rechtsstreit unter Gläubigen. Weiterhin ist er meist als Lehrer tätig. Seine verschiedenen Ämter weisen in der Geschichte des jüdischen Volks manchmal voneinander abweichende Traditionen auf, die sich zum Teil in den verschiedenen Bedeutungen widerspiegeln, die das Wort »Rabbiner« hatte.

In der Tora wird geschildert, wie Moses seine richterliche Funktion an Männer delegierte, die in vier Instanzen Recht zu sprechen hatten.[14] Dazu bestellte er auf Gottes Geheiß siebzig Älteste, auf die ein Teil seiner prophetischen Gabe übertragen wurde.[15] Durch das Auflegen beider Hände auf die Stirn Josuas setzte er diesen als seinen Nachfolger zum Führer des Volkes ein. Der auch von ihm eingesetzte Hohepriester Aaron, sein Bruder, vererbte sein Amt auf seine Nachkommen. Schließlich wurde der Stamm Levi, zu dem auch Moses und Aaron gehörten, ausersehen, die Priester des Heiligtums zu werden.

Manche Gelehrte schließen aus den biblischen Berichten, zumindest für die Zeit nach dem Babylonischen Exil, auf das Vorhandensein einer mit richterlichen Befugnissen ausgestatteten und daher das Gesetz auslegenden Körperschaft. Sie wurde die »Große Synagoge« oder die »Große Versammlung« genannt. Andere bezeichnen dies als legendär. Sicher ist, dass es vom 1. Jahrhundert v. Chr. an eine solche Körperschaft, den Großen Sanhedrin, gab.

Über den Ursprung dieser Institution liegen keine gesicherten Angaben vor. Die Entscheidungen dieses Gerichts hatte man unter Androhung der Todesstrafe unbedingt zu befolgen, auch dann, wenn sie offensichtlich falsch waren. Die Mitglieder dieser Körperschaft führten ihre Bestellung, die ebenfalls durch Handauflegung erfolgte, auf die Einsetzung der siebzig Ältesten durch Moses in einer ununterbrochenen Reihe zurück.

Die Bestellung war mit folgender Weiheformel verbunden: »Entscheiden? Er entscheide! Richten? Er richte! Zulassen? Er lasse zu!« Die Formel wurde auch auf den ersten oder auf den ersten und zweiten Satzteil verkürzt. Auf diese Weise gab es drei Richtergrade. Der erste berechtigte, in religiösen Angelegenheiten zu entscheiden, der zweite berechtigte zur Fällung von Urteilen in einem strafrechtlichen Verfahren und der dritte Grad – die höchste Weihe – ermächtigte den Richter zu bestimmen, ob das für die Opferung dargebrachte Tier fehlerfrei ist.

Die Richter des Sanhedrins wurden aus dem Kreis der Rabbinen gewählt, da für dieses Amt die Kenntnis der heiligen Bücher Voraussetzung war. Der Rabbi hatte keine seelsorglichen Aufgaben und übte meist einen bürgerlichen Beruf aus. Da die Weihehandlung der Bestellung nur in Palästina durchgeführt wurde, trug der Gelehrte einer Talmudschule in Babylonien den Titel Rav (Mehrzahl ebenfalls Rabbinen), um diesen vom geweihten Rabbi zu unterscheiden.

Nach dem Verlust der Selbstständigkeit des jüdischen Staates war der Sanhedrin das oberste religiöse und politische Organ des Judentums, das auch von den Römern anerkannt wurde. Als Folge des Bar-Kochba-Aufstandes (132–133 n. Chr.) verbot Kaiser Hadrian die Weihe von Rabbinen und ließ die dem Verbot Zuwiderhandelnden exekutieren. Er beabsichtigte damit, den Großen Sanhedrin abzuschaffen. Doch schon Kaiser Antoninus Pius (138–161 n. Chr.) hob die judenfeindlichen Verordnungen seines Vorgängers mit Ausnahme des Verbots, Bekehrungen durchzuführen, wieder auf.

Anfänglich erfüllten die für den Tempeldienst ausersehenen Priester auch richterliche Funktionen. Eine

Zeit lang konnte ein Kläger sich sowohl an das priesterliche Gericht als auch an das rabbinische Gericht wenden. Später wurden Priester in den Großen Sanhedrin integriert und so eine einheitliche Gerichtsbarkeit hergestellt. Dieser Körperschaft oblag es auch, Gesetze neu zu fassen. Dabei wurde stets von der schriftlichen und mündlichen Überlieferung ausgegangen.

Der Gerichtshof verlor Mitte des 3. Jahrhunderts n. Chr. für die außerhalb Palästinas lebenden Juden seine zentrale Stellung. Dies war auf die wachsende Bedeutung der jüdischen Akademien in Babylon einerseits und auf die römischen Unterdrückungsmaßnahmen in Palästina andererseits zurückzuführen. Das Judentum hatte von diesem Zeitpunkt an keine zentrale Gerichtsinstanz mehr, da es den Akademien in Babylon nicht gelang, sich über den Sitz und die Zusammensetzung des Sanhedrins zu einigen.

Der Große Sanhedrin Palästinas wurde vermutlich im Jahr 425 n. Chr. von Kaiser Theodosius II. (401–450 n. Chr.) formell aufgelöst. In der folgenden Zeit gab es zwar rabbinische Autoritäten, deren Bestellung durch andere Rabbiner – so die Bezeichnung des Trägers dieses Amtes seit talmudischer Zeit – nun mittels Dekret erfolgte. Versuche zur Herstellung eines Sanhedrins schlugen immer wieder fehl.

Die Gemeinden unterhielten eigene Gerichtshöfe. In manchen Ländern gab es zentrale jüdische Gerichte als Berufungsinstanzen, die so lange befugt waren Entscheidungen zu fällen, als ihnen von der weltlichen Autorität die Berechtigung hierzu gewährt wurde. In Deutschland gab es im Mittelalter öfters Fälle, in denen bei Streitigkeiten zwischen Christen und Juden christliche und jüdische Richter gemeinsam in Synagogen tagten und Urteile fällten. Auf Antrag der christlichen Partei konnte das weltliche Recht zur Anwendung gebracht werden, da dieses Gesetz auch aus jüdischer Sicht als Rechtsnorm galt. Im Talmud wird nämlich festgelegt: »Das Staatsgesetz ist Gesetz.«

Die jüdischen Richter wurden zu diesem Amt von den Gemeindemitgliedern gewählt. Sie waren dazu angehalten, in Fragen des Gesetzes die Meinung des Rabbiners einzuholen. Oft übte der Rabbiner auch selbst die Funktion des Richters aus.

Im späteren Mittelalter verboten die Rabbiner ihren Gemeindemitgliedern, bei Streitigkeiten ein weltliches Gericht anzurufen. Dies wurde mit dem Torazitat begründet: »... denn das Gericht hat mit Gott zu tun«[16]. Würde man sich an das christliche Gericht wenden, wäre dies mit der Anerkennung des christlichen Gottes verbunden.

Nach der Gründung des Staates Israel plante man zwar die Einsetzung eines Großen Sanhedrins, das Vorhaben stieß jedoch auf vehementen Widerstand. In den mehr als eineinhalbtausend Jahren seit dem letzten Großen Sanhedrin entwickelte sich innerhalb des Judentums eine Vielfalt von religiösen Meinungen und Lebensformen. Bei der Festlegung einer einheitlichen Lehre durch eine alle Juden verpflichtende höchste Autorität wäre es unweigerlich zur Spaltung des Judentums gekommen. Diese Maßnahme wurde daher einvernehmlich auf die kommende messianische Zeit verschoben.

Noch heute werden vom Rabbiner Gerichte einberufen, die je nach Fall drei bis sieben rechtskundige Mitglieder haben müssen. Diese rabbinischen Gerichte sind für die religiöse Anerkennung gewisser Zivilakte wie zum Beispiel einer Scheidung unerlässlich.

Den Rabbiner als hauptberuflich geistigen Führer einer Gemeinde gibt es erst seit dem Mittelalter. Ein entsprechender Nachweis liegt aus dem Ende des 14. Jahrhunderts vor. Ursprünglich wurde diese Aufgabe nur ehrenamtlich wahrgenommen. Im späten Mittelalter erfolgte die Bestellung des Rabbiners schriftlich mit Festlegung seiner Pflichten – meist nach einer Abstimmung unter den Mitgliedern der Gemeinde. Über die Frage, wer ein Rabbiner ist, herrschten widersprechende Ansichten, da eingewendet wurde, dass die Erteilung einer Amtsberechtigung ohne den Sanhedrin nicht möglich sei. Dennoch setzten sich mit der Zeit schriftliche Zeugnisse von anerkannten Rabbinern über die abgeschlossene Ausbildung eines Kandidaten durch. Weiterhin entstanden rabbinische Schulen, von der die jungen Rabbiner oder Rav, wie der entsprechende Titel bei der orthodoxen Richtung lautet, im Rahmen einer religiösen Feier ein Abschlusszeugnis erhielten. Dies ist jedoch nicht mit einer Priesterweihe zu vergleichen.

Die Armenfürsorge und die Wohltätigkeit

> »Und wenn ihr die Ernte eures
> Landes einbringt, so sollt ihr das Feld
> nicht vollends abernten ... in deinem
> Weinberg sollst du nicht nachlesen ...
> dem Armen und dem Fremden sollst
> du sie überlassen.«[17]

Dieses Gesetz der Tora zeigt, dass von sehr früher Zeit an im Judentum die soziale Verantwortung für das Wohlergehen des Mitmenschen verankert war. In Ägypten und Mesopotamien sind zwar ähnliche Bestimmungen zu finden, immer aber in Verbindung mit einem Fruchtbarkeitskult. Den biblischen Berichten entnehmen wir, dass dieses zitierte Gesetz sowie ähnliche Gesetze, die das restlose Abernten der Oliven und Trauben verboten, wirklich eingehalten wurden.

Zur Erhaltung und zum Schutz der Bedürftigen dienten ebenfalls gewisse regelmäßige Abgaben sowie die Vorschrift, wonach in jedem siebten Jahr die Schulden erlassen werden mussten. Letzteres Gebot erwies sich im Laufe der Zeit als nicht durchführbar. Denn trotz wiederholter Ermahnungen der Bibel, waren viele nicht bereit, zu diesen Bedingungen Kredite zu geben. Insbesondere beim Herannahen des Termins, an dem die Schuld als getilgt anzusehen war.

Jedes fünfzigste Jahr sollte außerdem der Grund und Boden dem ursprünglichen Besitzer oder dessen Nachkommen zurückerstattet werden, um soziale Unterschiede in der Bevölkerung auszugleichen. Auch die Durchführung dieser Bestimmung, die den utopischen Sozialisten des 19. Jahrhunderts zur Ehre gereicht hätte, scheiterte an der ökonomischen Realität.

Hingegen wurde das Gebot, die Felder jedes siebte Jahr nicht zu bebauen, bis in die Zeit des zweiten Tempels eingehalten. Der Nachwuchs dieses Jahres war auch für die Ernährung der Bedürftigen bestimmt. Weitere die Armen betreffende Schutzbestimmungen sahen vor, dass diese bei Gericht nicht benachteiligt, aber im Interesse der Gerechtigkeit auch nicht bevorzugt werden sollen. Des Weiteren durften keine Gegenstände gepfändet werden, die dem Lebensunterhalt dienten.[18] Gepfändete Kleider und für die Lebensführung notwendige Gegenstände mussten bei Bedarf rückerstattet werden.[19] Dem Gläubiger war es verboten, beim Pfänden das Haus des Schuldners zu betreten. Er hatte sich mit dem zu begnügen, was der Schuldner ihm aus dem Haus brachte.

Die verordnete Sabbatruhe sowie das Gebot, den Taglohn am Ende des Werktages sofort auszuzahlen, dienten zum Schutz des Arbeiters. Der Evangelist Matthäus bezeugte die Einhaltung dieser Bestimmung.[20] Für den Eigenbedarf der Armen war es sogar erlaubt, Trauben in einem Weinberg zu pflücken oder auf einem Feld mit der Hand Ähren zu rupfen. Auch der letzterwähnte Brauch wird von Evangelisten bestätigt.[21]

Den Toravers »Wenn dein Bruder verarmt und sich neben dir nicht halten kann, sollst du ihn ... unterstützen, damit er neben dir leben kann«[22] kommentierte Raschi (ca. 1040–1105 n. Chr.) folgendermaßen: »Hilf einem Bedürftigen, bevor er völlig verarmt, denn diese Hilfe ist wertvoller.« Das Wesentliche an diesen sozialen, in fortschrittlichem Geist abgefassten Gesetzen ist, dass sie in die Religion eingebunden waren und dadurch zum Glaubensinhalt wurden.

Solange im Volk Israel die überlieferte Stammesstruktur noch intakt war, scheint es auch keine größeren Sozialprobleme gegeben zu haben. Unter der Herrschaft Salomons jedoch änderte sich die soziale Struktur durch das Entstehen eines städtischen Proletariats radikal. Die entstandene Armut ließ die Frage aufkommen, ob die Armen an ihrer Situation selbst ein Verschulden trifft. Die Propheten verneinten dies und forderten die Reichen auf, die Armen zu schonen.[23]

In den späteren Büchern der Bibel wird immer wieder auf die Gottgefälligkeit mildtätiger Gaben hingewiesen. In der Zeit um Christi Geburt entstanden Sekten, die in einem Leben in Armut die im Sinn der Religion einzig mögliche Lebensform und eine Voraussetzung zum Erlangen des Seelenheils sahen. Johannes der Täufer etwa predigte: »Wer zwei Röcke hat, gebe *dem* einen, der keinen hat.«[24] Und Petrus sprach zu Jesus: »Du weißt, wir haben alles verlassen und sind dir nachgefolgt.«[25]

Diese Einstellung fand auch in die Hauptströmung des Judentums Eingang. Im Talmud wird sowohl das harte Schicksal der Armen als auch der Vorteil der Armen hervorgehoben, ein von Verlockungen freies, gerechtes Leben zu führen. Sie geben aber auch den Reichen die Gelegenheit, sich in Mildtätigkeit zu üben und damit Taten zu setzen, die vor Gott für sie sprechen. Die Talmudgelehrten verlangten, dass jeder Mensch Wohltätigkeit übt, da in der Heiligen Schrift steht: »Gerechtigkeit erhöht ein Volk.«[26] Auch der, der selbst auf Unterstützung angewiesen ist, soll etwas davon einem noch Ärmeren zukommen lassen.

Als Richtschnur galt, dass jeder zehn Prozent seines Vermögens für Wohltätigkeitszwecke ausgeben soll, wobei die unterste Grenze fünf Prozent und die oberste zwanzig Prozent betragen kann. Hierzu steht im Talmud: »Wer verschwenderisch spendet, verschwende nicht mehr als ein Fünftel, damit er nicht selbst der Menschen bedürftig werde. Dies nur bei Lebzeiten, aber nach dem Tod ist nichts dabei.« Als besonders tugendhaft gilt es dabei, wenn man anonym spendet oder die Spende auf eine Art dem Empfänger zukommen lässt, die diesen nicht verletzt oder demütigt. Derselbe Gedanke findet sich bei Matthäus, wenn er meint, dass Almosen im Verborgenen gegeben werden sollten.[27] Maimonides betont, dass man diese Gebote nicht allein von der materiellen Seite her auffassen darf, sondern dass es genauso wichtig ist, Mitgefühl zu zeigen.

Unter dem hebräischen Wort für Witwe, »Almana«, sind Frauen zu verstehen, die einmal verheiratet waren und unversorgt sind. Das Wort »Waise« wird im Sinn des Psalmverses »Ein Vater den Waisen … ist Gott«[28] vor allem auf die vaterlosen und daher schutzlosen Minderjährigen bezogen. Für Witwen und Waisen gab es besondere Vorkehrungen.

Die Wohltätigkeit darf keine durch die Religionszugehörigkeit gegebenen Grenzen kennen. Im Talmud heißt es: »Man ernähre die Armen der Nichtjuden mit den Armen Israels, man besuche die Kranken der Nichtjuden mit den Kranken Israels, man begrabe die Toten der Nichtjuden mit den Toten Israels.«

Die Bewirtung von Armen wurde in den jüdischen Gemeinden des Mittelalters durch Verteilung von Karten organisiert, die zur Teilnahme an Mahlzeiten bei besser gestellten Familien berechtigten. Dies milderte etwas die wirtschaftliche Not, die durch die Judenverfolgungen der damaligen Zeit entstanden war.

Die Sitte, Arme zu einer Mahlzeit einzuladen, geht schon auf die Bibel zurück. In den Evangelien wird dieser Brauch besonders bei Lukas hervorgehoben,[29] der darauf hinweist, dass Gott dies den Gastgebern bei der Auferstehung vergelten werde. Matthäus führt an, dass beim Weltgericht folgende Taten angerechnet werden: »Den Bedürftigen Essen, Trinken und Kleidung sowie den Fremden Unterkunft geben, die Kranken und die Gefangenen besuchen.«[30]

Sowohl für die Bewirteten als auch für die Hausleute wurden eingehende Vorschriften ausgearbeitet: Die Gäste dürfen nicht zu gierig essen und sollen durch Zurücklassen einiger weniger Bissen am Teller zeigen, dass sie ausreichend bewirtet worden waren. Die Gastgeber sollen ihre Freude über den Besuch zeigen und die Geladenen nicht zu prüfend betrachten. Weiterhin dürfen sie es nicht verabsäumen, selbst ihre Gäste zu bedienen.

Mit der Zeit entstanden in den jüdischen Gemeinden Wohltätigkeitsvereine, die Geld sammelten, Suppenküchen betrieben und für die Begräbniskosten Mittelloser aufkamen. Um Mädchen von armen

Familien verheiraten zu können, wurde für deren Mitgift gesondert gesammelt. Die Schulung armer Kinder war genauso ein Anliegen wie das Besuchen und die Betreuung von Kranken. Besonders die letzterwähnte Wohltat wurde im Talmud für wichtig erachtet: »Wenn jemand keine Kranken besucht, so sei dies ebenso, als würde er Blut vergießen.«

Weiterhin steht im Talmud, dass es für den Gesunden eine heilige Pflicht sei, Kranke zu besuchen. Dies wird aus einem Torakapitel abgeleitet, wo beschrieben ist, wie Gott Abraham in Mamre besucht. Das Kapitel davor berichtet, dass Abraham die Beschneidung an sich durchführen ließ.[31] Aus dem Aufeinanderfolgen dieser beiden Kapitel ergibt sich, dass Gott, durch sein Beispiel den Menschen verpflichtet, Kranke zu besuchen.

Im Talmud und im Schulchan Aruch werden folgende Verhaltensweisen beim Krankenbesuch festgelegt: Der Besucher soll weder zu oft kommen noch zu lange bleiben, damit er nicht zur Last fällt. Wenn jemand mit einem Kranken verfeindet ist, darf er ihn nicht besuchen, damit dieser nicht denken möge, dass der Besucher sich über seine Erkrankung freue. Man hat sich beim Besuch zu erkundigen, ob man etwas für den Kranken tun kann, und es ist diesen Wünschen sobald als möglich nachzukommen.

Der Besucher muss sich verständlich ausdrücken, heitere Begebenheiten erzählen und darf keineswegs schlechte Nachrichten überbringen. Er soll auch beim Betreten des Krankenzimmers fröhlich dreinblicken, da der Kranke jeden, der zu ihm kommt, beobachtet und aus dem Gesicht des Besuchers Rückschlüsse auf seinen Zustand zieht. Raschi sagt: »Durch einen Krankenbesuch nimmt man ein Sechzigstel der Krankheit.« Kranke, denen das Reden schwer fällt, besuche man nicht, sondern man erkundige sich im Vorraum ihres Zimmers nach deren Wünschen und Befinden.

Der Besuch eines Kranken wird ebenso wie die Wohltätigkeit als eine Mitzwa bezeichnet. Darunter versteht man eine barmherzige Handlung, die zugleich das Erfüllen eines Gebotes bedeutet. Im Talmud wird betont, dass eine der wichtigsten Mitzwot (Plural von Mitzwa) die Friedensstiftung unter den Mitmenschen ist. Die Erfüllung einer Mitzwa soll niemandem einen Vorteil bringen, sondern eher beschwerlich sein; dafür darf man erwarten, dass Gott diese guten Werke bei der Beurteilung des Menschen berücksichtigen wird.

In der Tora wird über die Drohung Gottes berichtet, für den Fall der Nichtbefolgung seiner Gebote mit Krankheit zu strafen.[32] Daraus wurde gefolgert, dass die Krankheit Folge einer begangenen Sünde ist. Diese Ansicht kommt auch im Buch Ijob zum Ausdruck, wobei aber auch die Möglichkeit einer unverschuldeten Krankheit eingeräumt wird. Im letzteren Fall dient die Heilung als Beweis der göttlichen Intervention. In den Evangelien wird gleichfalls diese Auffassung vertreten.[33] Selbst wenn der Kranke sich keiner Sünde bewusst ist, darf er sich nicht auf Wunder für seine Heilung verlassen, da eine solche selbstgerechte Verhaltensweise einer Sünde gleichkäme. Er ist vielmehr verpflichtet, alles in seiner Macht Stehende zu tun, um einen guten Arzt kommen zu lassen und die Heilung herbeizuführen.

Nimmt jemand eine wohlschmeckende Arznei ein, hat er wie bei jeder genüsslichen Speise einen Segensspruch zu sagen, auch dann, wenn es sich um eine verbotene Speise handelt, deren Genuss dennoch als Heilmittel erlaubt ist. Bei einem Aderlass ist folgender Segensspruch vorgeschrieben: »Gelobt seist Du, Herr, unser Gott, König der Welt, der die Krankheit heilt.«

In vielen jüdischen Gemeinden wurden schon sehr früh Unterkünfte für Kranke und Armenhäuser gegründet. Wegen der beschränkt vorhandenen Räumlichkeiten war es aber mit den hygienischen Verhältnissen meist nicht zum Besten bestellt. Es gab auch einen Fonds, der zum Auslösen von Gefangenen diente.

Alle diese Maßnahmen konnten nicht verhindern, dass es im 12. Jahrhundert eine große Anzahl jüdischer Bettler gab. Man schätzt deren Anteil auf zwanzig Prozent der jüdischen Bevölkerung Europas. Sie schlossen sich in der Regel den gut organisierten christlichen Bettlern an, wurden aber trotzdem von der Obrigkeit in Erlassen gesondert als »Bettel-Juden« bezeichnet und verfolgt. Da sie nirgends ein Niederlassungsrecht bekamen, mussten sie von Gemeinde zu Gemeinde ziehen. Die jüdischen Gemeinden distanzierten sich von diesen asozialen Elementen, gewährten jedoch hie und da einigen für ein bis zwei Nächte Unterkunft und Verpflegung.

Eine andere Form der Wohltätigkeit hat ebenfalls eine alte Tradition. Es wurde weltweit in den jüdischen Gemeinden für die Bedürftigen und die religiösen Einrichtungen Palästinas gesammelt. Die ersten Nachrichten über eine organisierte Sammeltätigkeit stammen aus der zweiten Tempelperiode. Sie berichten über die Gemeinde in Alexandrien, die Beiträge zur Erhaltung des Tempels nach Jerusalem schickte. Dieser Brauch, die frühchristliche Gemeinde in Jerusalem zu unterstützen, setzte sich auch im 1. Jahrhundert n. Chr. fort.[34]

In der Neuzeit wurden in den Gottesdienst Gebete für die Verstorbenen aufgenommen, die ein Gelübde zur Wohltätigkeit beinhalten. Des Weiteren wurde eingeführt, dass sich derjenige, dem die Ehre zuteil wird, zur Toralesung aufgerufen zu werden, durch Spenden an Wohltätigkeitsvereine und an die Synagoge erkenntlich zeigt.

Der Schutz der Fremden

> »Für den Fremden und für den Einheimischen soll bei euch dasselbe Gesetz gelten.«[35]

Bei dem Begriff »Fremde« hat man zwischen nichtjüdischen Ausländern, die hebräisch als »Nochrim« bezeichnet werden, und den mit den Juden gemeinsam lebenden Fremden, die hebräisch »Gerim« genannt werden, zu unterscheiden. Ausländer kamen nicht in den Genuss des Zinsverbots für an sie gewährte Darlehen. Es war auch ein Unterschied zwischen dem rechtlichen Status eines jüdischen und eines nichtjüdischen Sklaven vorhanden.

Fremde waren vermögend und nahmen hohe Positionen in der Staatsverwaltung ein. So war Urija, ein Heerführer Davids, hethitischer Abstammung. König

Salomon hat sogar in einem Gebet[36] die Bitte an Gott gerichtet, die Ausländer zu erhören. Welche Hochschätzung Fremden zuteil wurde, zeigt eine Bestimmung der Tora, die untersagt, dass sie als Könige über Israel herrschen dürfen.[37] Daraus kann entnommen werden, dass Fremde ohne diese Bestimmung zu Königen Israels hätten gesalbt werden können.

Fremde schlossen sich den Juden schon beim Auszug aus Ägypten an.[38] Die vor ihnen in Kanaan ansässig gewesene Bevölkerung und spätere nichtjüdische Einwanderer bildeten eine weitere Gruppe von ständig im Land lebenden Fremden. Ihnen wurde volle Gleichberechtigung gewährt.

Wiederholt werden die Juden in der Tora ermahnt, sich Fremden gegenüber so zu verhalten wie gegenüber Waisen und Witwen und aus deren Situation keinen Nutzen zu ziehen. Darüber hinaus soll man den Fremden lieben, da auch die Juden einst Fremde in Ägypten waren.[39]

In der Tora werden die Ermahnungen für das Verhalten Fremden gegenüber stets mit dem Hinweis verbunden, sich an die schwere Lage der Juden in Ägypten zu erinnern, als sie Angehörige einer entrechteten Minderheit waren.

Dieses Verhalten Fremden gegenüber, das besonders im Vergleich mit anderen Völkern als sehr tolerant bezeichnet werden kann, steht auf dem religiösen Gebiet einer intoleranten Einstellung gegenüber. Die jüdische Religion, die über Hunderte Jahre hindurch die einzige monotheistische Religion war, konnte und durfte nicht die von den Fremden praktizierte Götzenanbetung in ihrem Land zulassen. Denn Juden hätten zur Anbetung fremder Götter verleitet werden können, wenn jüdische Herrscher auch in der Religionsausübung Toleranz geübt hätten. Es wurde daher von den im Land lebenden Fremden erwartet, dass sie dem Gott der Juden gegenüber zumindest eine loyale Haltung an den Tag legten. Das war für diese umso leichter, als es den meisten auf Grund ihres Glaubens möglich war, neben ihren Göttern auch den Gott der Juden anzubeten. Im Lauf der Zeit nahm aber ohnehin der größte Teil der in Palästina lebenden Fremden den jüdischen Glauben an.

IV. KULTUR UND ZIVILISATION

Zahlensystem, Schrift und Sprache

>»Die Zahl der aus dem Stamm Juda
>Gemusterten betrug 74 600 Mann.«[1]

Das Zahlensystem der Tora stammt in erster Linie aus
Ägypten, wo das Dezimalsystem seinen Ursprung hat.
Das sexagesische System, das zum Beispiel der heutigen Unterteilung von Stunden und Minuten noch
immer zu Grunde liegt, stammt aus Sumer und beeinflusste ebenfalls die in der Tora angegebenen Zahlen.
Manchmal fehlen die Zahlenangaben überhaupt, und
es werden, um Dimensionen zu vermitteln, einfach die
Worte »viel«, »wenig(er)« oder »mehr (als)« verwendet. Beweise für die Exaktheit der angegebenen Zahlen fehlen; oft sind es nur Vergleiche, die mit Zahlen
plastischer ausgedrückt werden.

Die ersten sicheren Beweise, dass man für Zahlen
Buchstaben verwendete, stammen aus dem 2. Jahrhundert v. Chr. Die Zahlen wurden den Buchstaben
des Alphabets der Reihe nach zugeordnet: zuerst die
Ziffern 1–9, dann die Zehnerstellen 10, 21 usw. bis
100; und die letzten drei Buchstaben des Alphabets
erhielten die Zahlenwerte 200, 300 und 400. Alle
anderen Zahlen werden durch Addition der nacheinander geschriebenen Buchstaben-Ziffern ausge-

drückt, wobei die Reihenfolge beliebig ist, da es keinen Stellenwert gibt.

Aus dem 8. vorchristlichen Jahrhundert ist ein Text auf Tonscherben erhalten, in dem die Ziffern mit Worten und Symbolen ausgedrückt sind. Ob dies allgemein üblich war und ob die Symbole eindeutig Ziffern ausdrücken sollen, muss der weiteren Forschung überlassen werden. Da die Juden die Wahrsagerei und sonstige Methoden der Zukunftsdeutung ablehnten, hatten sie im Gegensatz zu anderen Völkern ihres Kulturraumes an der Astrologie kein Interesse.[2] Dies wiederum bewirkte, dass auch die Mathematik nur in Ansätzen entwickelt war.

Auch heute noch werden die Phönizier gern als Erfinder des Alphabets angesehen. Die bei Ausgrabungen zu Beginn des 19. Jahrhunderts aufgefundenen Schriftzeichen ergeben jedoch ein anderes Bild: Im Gebiet des heutigen Israel entstand Mitte des 2. Jahrtausends ein Alphabet mit 27 Buchstaben. Ein Teil davon ist von ägyptischen Hieroglyphen abgeleitet. Diese so genannte protosinaitische Alphabetschrift ist die Mutter aller Alphabetschriften. Aus dem Protosinaitischen entwickelte sich die kanaanäisch-phönikische Schrift und daraus etwa in der 2. Hälfte des 10. Jahrhunderts v. Chr. die althebräische Schrift, die bis zur Mitte des 4. Jahrhunderts v. Chr. gebräuchlich war. Alle diese Schriften berücksichtigten nur die Konsonanten. Erst die griechische Schrift entwickelte eigene Buchstaben für die Vokale. Die hebräischen Schriftzeichen veränderten im Lauf der Zeit ihre Form und die althebräische Schrift wurde seit dem 3. Jahrhundert v. Chr. langsam durch die so genannte Quadratschrift ersetzt.[3]

Die hebräische Sprache gehört zu den semitischen Sprachen und hier wieder zur nordwestsemitischen Sprachfamilie. Vor allem aus der akkadischen Sprache, die zur ostsemitischen Sprachfamilie zählt, flossen viele Lehnwörter ins Hebräische ein.

Die Vokale können im Hebräischen durch Punkte und Striche über, unter oder zwischen den Konsonanten ausgedrückt werden. Man spricht daher von vokalisierten oder punktierten Texten. Diese Punkte und Striche werden in der Alltagsschrift, in Zeitungen, Büchern etc. nicht verwendet. Man kann daher ein unvokalisiertes hebräisches Wort erst richtig lesen, wenn man dessen Bedeutung kennt. Weniger bekannte Eigennamen werden dagegen meist vokalisiert, um ihre richtige Lesung zu garantieren. Auch jede hebräische Bibel ist selbstverständlich vokalisiert, um so beim heiligen Text verschiedene Lesemöglichkeiten auszuschließen.

Schon im 2. Jahrhundert n. Chr. entstand eine Kursivschrift. In den letzten fünfzig Jahren wurde für Blinde die Brailleschrift und für Stenotypisten eine eigene hebräische Kurzschrift entwickelt. Hebräisch wird heute nach wie vor von rechts nach links geschrieben, möglicherweise weil bei Verwendung eines Meißels und Schlegels dies für Rechtshänder die natürliche Schreibrichtung ist.

Eine Sprache, die für das Judentum eine große Bedeutung erlangte, ist das zur südsemitischen Sprachfamilie gehörende Arabisch. Viele der wichtigsten jüdischen religionsphilosophischen und literarischen Werke des späteren Mittelalters wurden Arabisch geschrieben und erst später aus dieser Sprache gemeinsam mit den Werken der griechischen und arabischen Philosophie ins Hebräische übersetzt.

Hebräisch wurde mit der Zeit reicher an Ausdrucksformen und entwickelte sich sowohl zur Literatursprache der Bibel als auch zu einer Alltagssprache. Nach der Rückkehr aus dem Babylonischen Exil wurde auch in Palästina, so wie im nahöstlichen Raum, neben Hebräisch hauptsächlich Aramäisch gesprochen. Mit dem Anbruch der hellenistischen Zeit setzte sich vor allem in der gebildeten Schicht Griechisch durch. Seit dem Beginn des 2. Jahrhunderts v. Chr. machte sich jedoch wieder eine Hinwendung zur hebräischen Sprache bemerkbar. So wurde die Mischna Ende des 2. Jahrhunderts n. Chr. in der hebräischen Alltagssprache geschrieben, während die Gemara im babylonischen Talmud schon wieder auf Aramäisch verfasst wurde. Erst vom 5. Jahrhundert n. Chr. an entstanden neuerlich hebräische Gebete in Gedichtform.

Die Alltagssprache jedoch war die Sprache des Landes, in dem die Juden lebten; die wichtigsten Sprachen waren daher Arabisch, Provençal und Mittelhochdeutsch. Vom 10. bis zum 15. Jahrhundert wurden intensiv hebräische Sprachforschung und Sprachanalyse betrieben. In diesen Zeitraum fällt auch die Festlegung der grammatikalischen Regeln.

Die Wiedererweckung der hebräischen Sprache als Umgangssprache wurde Ende des 19. Jahrhunderts in Russland vorgenommen. Von dort stammten die ersten Einwanderer nach Palästina, die als Ziel die

Wiedererrichtung eines jüdisch-nationalen Staates vor Augen hatten. Ihre Eltern ließen sie Hebräisch lernen, um die heiligen Bücher lesen zu können, wodurch es ihnen auch möglich war, sich in dieser Sprache zu verständigen.

Nur ein Teil der orthodoxen Juden lehnte die Verwendung der hebräischen Sprache, in der die heiligen Bücher verfasst sind, als gewöhnliche Alltagssprache ab. In den zwanziger Jahren des 20. Jahrhunderts entstand unter den Wissenschaftlern ein heftiger Streit, ob es möglich sei, eine Sprache in Lehre und Forschung zu verwenden, die seit rund zweitausend Jahren nicht mehr gesprochen wurde. Man schlug sogar vor, den Unterricht an Universitäten in deutscher Sprache einzuführen. Die erste Universität des Landes, die Hebräische Universität Jerusalem, wurde im Jahr 1925 eröffnet. Ihren Namen »Hebräische« erhielt sie deshalb, weil alle Fächer in Hebräisch gelehrt wurden. Heute freilich kann man sich angesichts der vielen Zehntausenden von Studenten, die an den Universitäten und Forschungsanstalten Israels in hebräischer Sprache lernen und arbeiten, kaum mehr vorstellen, dass es diese Problematik vor nicht allzu langer Zeit gab.

Die Toraauslegung mittels Zahlen-Buchstaben-Kombination, die Gematria

Es wurde schon darauf hingewiesen, dass in der hebräischen Schrift und in anderen antiken Kulturen die Zahlen mit Hilfe von Buchstaben ausgedrückt werden. Dadurch hat jedes Wort zugleich einen Zahlenwert. Diesen Zusammenhang zwischen Buchstaben und Zahlen verwendet die Gematria für das Aufdecken verborgener Gedanken und Hinweise der Bibel. Im 2. Jahrhundert n. Chr. wurden feste Regeln für das Verfahren aufgestellt und man konnte dabei schon auf eine längere Tradition zurückgreifen. Die erste erhaltene Inschrift, in deren Text Zahlen-Buchstaben-Kombinationen eine Rolle spielen, stammt von Sargon I. (727–707 v. Chr.) und besagt, dass der König die Mauer von Korsabad 16283 Kubit lang baute. Die Zahl 16283 ist die Summe der Zahlenwerte der einzelnen Buchstaben seines Namens.

Ein Beispiel für die Verwendung der Gematria im 2. Jahrhundert n. Chr. ist die Auslegung des Torasatzes: »Als Abraham hörte, sein Bruder sei gefangen, musterte er ... 318 Mann.«[4] Ein christlicher Gelehrter sah in der Zahl 318 einen Hinweis auf Jesus, mit dessen Hilfe Abraham gesiegt habe. Er bewies dies mit den griechischen Buchstaben, die der Zahl 318 entsprechen: »T I E«. Der erste Buchstabe »Tau« versinnbildlicht das Kreuz Jesu, während die weiteren Buchstaben die Abkürzung des Namens Jesu sind. Dem widersprach ein jüdischer Gelehrter, der die Zahl 318 mit dem Namen »Eliezer« – der Zahlenwert der hebräischen Buchstaben von »Eliezer« beträgt 318 – erklärt, der eine Art Verwalter Abrahams war.

Die Methode der Gematria fand auch in das Neue Testament Eingang: Matthäus führt den Stammbaum Jesu auf Abraham zurück, indem er die Zeit von Abraham bis Jesus in drei Geschichtsperioden zu je 14 Generationen einteilt. 14 in Buchstaben ausgedrückt ergibt den Namen »David«. Ebenso heißt es in der Offenbarung des Johannes: »Hier braucht man Kenntnis. Wer Verstand hat, berechne den Zahlenwert des Tieres. Denn es ist die Zahl eines Menschennamens; seine Zahl ist 666.«[5]

In der langen Geschichte des Judentums wurde diese Art der Bibelauslegung immer gerne verwendet.[6] Eine besonders große Rolle spielte sie in der jüdischen Mystik. Noch heute ist bei traditionsbewussten Juden das Denken in der Kategorie der Gematria ein Teil ihres Religionsverständnisses.

Die jüdische Mystik

>»Denke an den Herrn, deinen Gott ...«[7]

Die jüdische Mystik ist so umfangreich wie die Gesamtheit aller anderen Teile der Judaistik. Sie weist seit ihrem Ursprung – vermutlich im letzten Jahrhundert v. Chr. – bis heute eine ununterbrochene Tradition auf. Seit der Aufklärung ist jedoch ihr Einfluss auf das Judentum im Schwinden begriffen. Ihr Ziel ist es, durch ein inneres Auge das verborgene Wesen der Welt zu schauen. Die Versenkung, die zur mystischen Sicht führt, wird meistens nach langen Übungen durch besondere Körperhaltungen und durch das Sprechen bestimmter Texte herbeigeführt.

Ausgangspunkt der jüdischen Mystik war die Beschreibung des Thronwagens Gottes im 1. Kapitel des biblischen Buches Ezechiel. Der Eingeweihte musste in seiner Vorstellung auf Stufen zu diesem

Thron hinaufsteigen, wobei jede Stufe besondere Erkenntnisse vermittelt, jedoch manche davon gefahrvoll sein konnten. Wesentlich war es auch, den Namen des Engels zu kennen, der jede Stufe bewacht. Eine andere Richtung versuchte, Erkenntnisse durch die Versenkung in die Geschichte der Schöpfung herbeizuführen.

Auf welche Weise und ob überhaupt gnostische Sekten auf die Entwicklung dieser Lehren einen Einfluss ausübten, ist nicht geklärt.

Ein kleines Buch »Jetzira«, »Schöpfung«, das zwischen dem 2. und 6. Jahrhundert n. Chr. geschrieben wurde, beeinflusste alle weiteren mystischen Lehren. Es wurde auch als Handbuch für magische Praktiken, die so genannte schwarze Kabbala, benützt. In diesem Werk scheint zum ersten Mal der Terminus »Sephirot« für Kraftzentren auf, denen sowohl bei der Schöpfung als auch bei der Erhaltung der Weltordnung besondere Aufgaben zukommen. Diese mystische Lehre spürt die geheimen Kräfte auf, die den Buchstaben des hebräischen Alphabets innewohnen. Die Namen der Engel, welche die Stufen zum Aufstieg bewachen, und der geheime Gottesname ergeben sich durch eine Vertauschung von Buchstaben. Mit Hilfe der Gematria wurde versucht, diese Beziehungen aufzuspüren.

Mit der Zeit fand auch die Schechina* in dieses System Eingang. Die jüdische Mystik im Mittelalter nahm unter dem Einfluss der islamischen Mystik der Sufis und der christlichen Mystik eine Entwicklung,

* Siehe Kapitel über »Gott«.

die in weiterer Folge zwei unterschiedliche Strömungen des Judentums herbeiführte: Die eine gibt einem frommen Leben, die andere einem den umfangreichen religiösen Gesetzen entsprechenden Leben den Vorzug. Diese unterschiedliche religiöse Auffassung wurde von dem großen jüdischen Dichter Jehuda Halevi (um 1075–1141) folgendermaßen charakterisiert: »Nach dem einen sehnt sich die Seele durch Gefühl und Anschauung, das andere ist lediglich das Ziel klügelnder Spekulationen.«

Im 12. und 15. Jahrhundert verbreitete sich eine fromme Bewegung vor allem in Deutschland, die auf die Beachtung der ethischen Normen der jüdischen Gesetze und auf das Erlangen mystischer Erfahrungen besonderen Wert legte. Ihre Anhänger nannten sich Chassidim, die Frommen.

Im 18. Jahrhundert wurde eine ähnliche Bewegung, auch Chassidismus genannt, in Osteuropa aktiv. Ihr Begründer und ihre Leitfigur war der Wunderrabbiner Baal schem tow (1699–1760). Die Anhänger dieser Richtung sammelten sich um charismatische Rabbiner, über die viele Legenden existieren. Martin Buber (1878–1965), der große Schriftsteller und Philosoph, befasste sich in mehreren seiner Bücher mit dieser religiösen Bewegung.

Die Lehre der Kabbala gab den mystischen Bewegungen einen starken Auftrieb. Sie ist vom 12. Jahrhundert n. Chr. an in der Provence nachweisbar, obwohl ihr Ursprung wahrscheinlich viel früher anzusetzen ist. Es werden in dieser Lehre die Sephirot als verborgen anzusehende Eigenschaften Gottes neu gedeutet und die Existenz des einen Gottes angenommen, der sich nicht offenbart und mit dem Schöpfergott eine Einheit bildet. Einer der führenden Rabbinen dieser Bewegung war Isaak der Blinde (gestorben wahrscheinlich 1235). Diese Lehre wurde im kabbalistischen Zentrum Spaniens, in Gerona, weiterentwickelt und gipfelte im wichtigsten Werk der Kabbala, im »Sohar«, deutsch »Glanz«. Das Buch wurde von Moses ben Leon wahrscheinlich 1280–1286 geschrieben und beschäftigt sich mit den zwischen den Sephirot bestehenden Kraftlinien und ihren Auswirkungen.

Die Vertreibung der Juden aus Spanien löschte dort mit einem Schlag das überall blühende jüdische Geistesleben und somit auch den kabbalistischen Gelehrtenkreis aus. Erst vierzig Jahre nach der Vertreibung bildete sich in Safed, einem kleinen Städtchen Palästinas nicht weit vom See Genezareth, wieder eine Gemeinschaft von jüdischen Mystikern, deren Lehren in der lurianischen Kabbala ihren Höhepunkt erlangten.

Die Überlegungen Isaak Lurias (1534–1572 n. Chr.) gingen von der Allgegenwart Gottes aus. Der Erschaffung der Welt musste ein In-sich-Zurückziehen Gottes – ein »Exil in sich« – vorausgegangen sein, um Raum für die Welt zu schaffen. Diese Konzentration und Kontraktion nannte er Schöpfungsprozess. Bei dem Schöpfungsprozess tritt nun Gott mit einem Strahl seiner Weisheit aus sich hinaus. Der Akt der Emanation wird laut Luria vor jeder Schöpfungsphase jeweils von einem neuerlichen Akt der Konzentration abgelöst. Diese Überlegung führt die Kabbala von einer pantheistischen zu einer theistischen Auffassung.

Der erste Schöpfungsakt, die erste Konfiguration der göttlichen Emanation war der Urmensch, der erste Adam. Aus seinen Augen, Ohren, Mund und Nase sprühten die Lichter der Sephirot. Diese sind die zehn Stufen des Alls und entsprechen den zehn göttlichen Namen, mit denen Gott am meisten genannt wird. Für diese Sephirot waren Gefäße bestimmt, die aber zerbrachen und aus deren Fragmenten sich die Kräfte des Bösen bildeten.

Die Erlösung bedeutet demnach die Wiederherstellung des ursprünglichen Zustands. Der Mensch kann hierzu durch seine konzentrierte mystische Intention, die in all seinem Tun und vor allem im Gebet zum Ausdruck kommen soll, sowie durch »Umkehr« beitragen. Die Kabbala bildet den Höhepunkt der jüdischen Mystik, die ohne wesentliche Veränderungen noch heute maßgebend ist.

Der Kalender

> »Das ist das monatliche Opfer, das in jedem Monat des Jahres am Neumond dargebracht wird.«[8]

Das jüdische Jahr ist ein Sonnenjahr, die Monate sind Mondmonate. Um dies miteinander in Einklang zu bringen, werden sieben Jahre innerhalb eines Zyklus von neunzehn Jahren zu Schaltjahren. Diese bestehen dann aus dreizehn Monaten, anstelle von zwölf in den Normaljahren. Eine weitere Anpassungsmöglichkeit ist in der Anzahl der Tage gegeben, die im Jahr enthalten sind, und zwar gibt es Monate mit 29 oder 30

Tagen, zwei bestimmte Monate aber können sowohl 29 als auch 30 Tage haben. Die Festlegung der genauen Anzahl der Tage erfolgt durch ein kompliziertes System. Diese Zeitrechnung ist seit dem Jahr 358/359 n. Chr. in Gebrauch. In früherer Zeit erfolgte der Ausgleich zwischen den Mondmonaten und dem Sonnenjahr durch Beschlüsse der Priester oder des Königs, später durch den Großen Sanhedrin. Da die Sterndeutung verboten war, entwickelte sich die Astrologie kaum, wodurch die Bewegung der Himmelskörper als Anhaltspunkt für die Erstellung des Kalenders wegfiel. Anzunehmen ist, dass dafür das Eintreten der Reife der wichtigsten landwirtschaftlichen Feldfrüchte herangezogen wurde. Festgestellte Abweichungen wurden durch Hinzufügen und Weglassen einer entsprechenden Anzahl von Tagen korrigiert.

Für den Beginn des Jahres war zuerst die Anbauzeit im Frühjahr maßgebend. In Gezer, einem biblischen Ort, wurde bei Ausgrabungen ein Stein aus dem 10. vorchristlichen Jahrhundert gefunden, auf dem ein Kalender eingemeißelt war. In diesem »Gezer-Kalender« beginnt das Jahr schon mit den Herbstmonaten. Die beiden Traditionen waren vermutlich von dieser Zeit an nebeneinander in Gebrauch, bis dann ab dem 1. Jahrhundert n. Chr. das Jahr mit dem in der Tora beschriebenen Herbstfest seinen Anfang nahm. Dieses Fest wurde zum Neujahrstag.

Die im Hebräischen heute gebräuchlichen Monatsnamen sind babylonischen Ursprungs und kamen im Exil im 6. Jahrhundert v. Chr. in Gebrauch. Der Tag hatte vierundzwanzig Stunden, wobei die Nacht und der Tag in je zwölf Stunden unterteilt waren. Dies bedingte, dass im Winter eine Nachtstunde bedeutend länger war als im Sommer. Geschichtliche Ereignisse präzise zu datieren bereitet den Historikern nicht nur allein aus dem unterschiedlichen Jahresbeginn Schwierigkeiten.

Am genauesten lassen sich aufgezeichnete astronomische Phänomene wie Sonnen- und Mondfinsternisse zeitlich definieren und aus ihrer Erwähnung in Berichten Rückschlüsse auf die Jahreszahl ziehen. Im Nahen Osten erfolgte die Zeitrechnung nach den Herrschaftsjahren des Königs. Königslisten wurden hingegen des Öfteren aus politischen Gründen manipuliert, indem man unliebsame Herrscher einfach ausließ. Es mussten daher für die Geschichtsforschung die verschiedenen Herrscherlisten koordiniert und mit den Ergebnissen der Ausgrabungen in Einklang gebracht werden.

In der jüdischen Geschichtsschreibung datierte man nach dem Herrscherjahr des Königs, wobei ab dem 10. vorchristlichen Jahrhundert durch die Spaltung des Landes in Israel und Juda die Jahre der Herrschaft der einzelnen Könige für beide Länder gesondert erwähnt werden und als Anhaltspunkte dienen.

In späteren Quellen sind als zusätzliche Orientierung für eine genaue Datierung die Herrscherjahre der persischen, seleukidischen und hasmonäischen Machthaber verzeichnet.

Nach der Zerstörung des zweiten Tempels (70 n. Chr.) wurde dieses Ereignis zum Ausgangspunkt der Zeitrechnung. Im 9. Jahrhundert n. Chr. wurde dann eine neue, im Judentum heute noch gültige Zeitrechnung eingeführt. Ausgehend von den in der Bibel angegebenen Jahreszahlen, errechnete man das Datum der Erschaffung der Welt, von dem aus man weiterzählte. Die unterschiedlichen Berechnungen ergaben jedoch Abweichungen bis zu vier Jahren. Erst im 12. Jahrhundert einigten sich die Rabbinen darauf, dass der erste Tag der Schöpfung der 7. Oktober 3759 v. Chr. nach dem gregorianischen Kalender war. Mit diesem Datum – es ist das Jahr 0 – *beginnt* die traditionelle jüdische Zeitrechnung. Für extrem orthodoxe Juden besteht die Welt im Jahr 2002 exakte 5763 Jahre. Sie lehnen die dem widersprechenden wissenschaftlichen Ergebnisse mit dem Hinweis ab, dass sich die Wissenschaft schon oft geirrt habe.

Bei der Umrechnung einer Jahreszahl aus der jüdischen Zeitrechnung ist zu beachten, dass das jüdische Jahr im Herbst beginnt. Fällt ein Datum zwischen das jüdische Neujahr und den 1. Januar, dann sind 3760 von der jüdischen Jahreszahl abzuziehen, fällt es nach dem 1. Januar, sind es 3761, um die gewünschte Jahreszahl nach dem gregorianischen Kalender zu erhalten.

Die bildende Kunst

> »Und ich habe ihn erfüllt mit dem Geist Gottes, mit Weisheit, Einsicht und Kenntnis und allerlei Fertigkeit, Ideen auszudenken, um Arbeiten auszuführen in Gold und in Silber und in Kupfer.«[9]

Es handelt sich in diesem Toraabschnitt um den Auftrag an Bezalel, detailliert beschriebene Kultgegenstände anzufertigen. Wie aus dem obigen Text ersichtlich, wird in der Tora in eindrucksvoller und erschöpfender Weise über die Voraussetzungen für eine künstlerische Tätigkeit berichtet. Der »Geist Gottes« ist dabei offensichtlich mit dem poetischen Ausdruck »Kuss der Muse« gleichzusetzen. Im ersten Moment überrascht es, unter dieser Aufzählung die Weisheit zu finden. Vermutlich ist darunter die Selbstkritik und die rationale Kontrolle der eigenen künstlerischen Tätigkeit zu verstehen, sicherlich wichtige Voraussetzungen für das künstlerische Schaffen.

Aus den in der Bibel beschriebenen Kultobjekten geht hervor, dass sich das bereits erwähnte Bilderverbot nur auf den Götzendienst bezieht. Dennoch war die Bestimmung »Du sollst dir kein Bild machen«[10] der Entwicklung einer jüdischen Kunst immer wieder hinderlich.

Es ist auf Grund der Beschreibung zu vermuten, dass die für das Heiligtum angefertigten zwei Keruben sowie der mit Mandelblüten verzierte siebenarmige Leuchter wahre Kunstgegenstände waren.[11] Dies bezeugt auch die wahrscheinlich getreue Abbildung am Triumphbogen des Titus in Rom. Sie zeigt, wie die siegreichen römischen Legionäre, nach der Zerstörung des Tempels in Jerusalem, bei ihrem Einzug in Rom den siebenarmigen Leuchter mit sich führten. Nach der Bibel stand im Vorhof des Tempels Salomons auch noch ein aus Kupfer gegossenes, prunkvoll ausgeführtes Waschbecken, das auf zwölf kupfernen Rindern ruhte.

In der Zeit bis zum Auftreten des Hellenismus scheint es keine nennenswerte jüdische künstlerische

Tätigkeit gegeben zu haben. So mussten zum Beispiel zur Ausstattung des ersten Tempels Kunsthandwerker aus Phönizien gerufen werden. Während der Zeit des Hellenismus erscheinen künstlerisch geformte Motive wie Sterne, Füllhorn und Anker auf Münzen. Diese Darstellungen wurden auch gemeinsam mit Weintrauben, Armleuchtern und Blättern für Tempelfriese verwendet.

Aus den ersten nachchristlichen Jahrhunderten sind kunstvolle Mosaike erhalten, die als Dekoration der Fußböden von Synagogen dienten. Die Wände der auf die Mitte des 3. Jahrhunderts n. Chr. datierten Synagoge von Dura Europos in Syrien, die durch Zufall erhalten blieb, zeugen mit ihren großfigürlichen Fresken von einer ausgebildeten jüdischen Bildtradition, die, wie vor allem Ursula Schubert zeigt, in die Ikonographie der frühchristlichen Kunst Eingang fand.[12] Ihrer Meinung nach sind schon deshalb nicht mehr Kunstobjekte aus dieser Geschichtsperiode erhalten geblieben, weil in späteren Zeiten, in denen man das Bilderverbot wieder im restriktiven Sinn auszulegen begann, jüdische Buchmalereien und Fresken vernichtet wurden.

In den Vatikanischen Museen sind einige runde Glasscheiben mit Abbildungen ausgestellt, die die Erweckung der Tochter des Jairus und die Erweckung des Lazarus vom Tod zum Gegenstand haben. Es sind dies Grundflächen von zerbrochenen Pokalen, die Blattgoldeinlagen aufweisen und vermutlich aus dem 2. Jahrhundert n. Chr. stammen. In beiden Fällen sowie auch bei einer ähnlichen Darstellung auf einem Elfenbeinkästchen vom Ende des 4. Jahrhunderts n.

Chr. ist Jesus mit einem Stab abgebildet, wofür in den Evangelien jedoch kein Hinweis zu finden ist. Möglicherweise bezog der Künstler den Bibelvers »Du gleichst ... einer Quelle, deren Wasser niemals versiegt«[13] auf Jesus und wollte die Parallelen zwischen der Wundertat des Moses, Wasser aus dem Felsen zu schlagen, und den Wundertaten Jesu zum Ausdruck bringen. Die Annahme, dass es sich dabei um die Übernahme von Mosesbildern aus einer verloren gegangenen jüdischen Bildtradition in die christliche Ikonographie handelt, ist aber doch wahrscheinlicher. Des Weiteren zeugen die Reste einiger Synagogen aus der Römerzeit von der Fortdauer jüdischer Bildhauerkunst.

Illustrierte hebräische Handschriften aus dem späten Mittelalter erfahren gerade in letzter Zeit viel Beachtung. Jährlich erscheinen neue Faksimileausgaben und jüdische Geistes- und Kulturgeschichte werden dadurch einem größeren Publikum zugänglich gemacht.

Die Literatur

> »Moses schrieb alle Worte des Herrn auf.«[14]

Verstehen wir diesen Toravers wörtlich, dann lässt sich der Begriff der jüdischen Literatur auf Werke jüdischer Schriftsteller über jüdische Themen eingrenzen. Da es vor allem vom beginnenden Mittelalter an eine große Zahl jüdischer Schriftsteller gab, würde ein auch nur kursorischer Bericht den Rahmen dieses Buches sprengen. Es soll daher nur die Entwicklung der Literatur in groben Zügen geschildert werden.

Das älteste und am meisten verbreitete Werk der Weltliteratur ist zweifellos die (hebräische) *Bibel*, da sie Juden, Christen und Muslims gleich heilig ist. Innerhalb dieses Werkes ist das *Lied der Lieder* ein ergreifendes, sinnliches Liebesgedicht. Wegen seines sehr weltlichen Charakters kamen auch noch nach seiner Kanonisierung Zweifel auf, ob es zu den biblischen Büchern gehört. Dennoch konnte sich die Ansicht durchsetzen, wonach die dargestellte Liebesbeziehung allegorisch die Liebe Gottes zu Israel schildert. Einen eigenen Bereich bildet die lange Reihe von *Bibelkommentaren*, die ihrerseits wieder analysiert und ausgelegt wurden.

Vom 2. vorchristlichen Jahrhundert an entstanden eine Reihe moralisierender Bücher, die der *Weisheitsliteratur* zugeordnet werden können und zum Teil in die jüdisch-christliche Bibel Eingang fanden. Wie die Qumranrollen beweisen, gab es noch viele ähnliche Werke, deren Existenz zwar bekannt ist, die aber nicht erhalten blieben.

Weitere Bücher mit *apokalyptischem Gedankengut*, von denen manche in die katholische Bibel aufgenommen wurden, entstanden vom 2. Jahrhundert v. Chr. an. Da die Rabbinen das Lesen außerbiblischer Bücher verboten, blieben nur einige Werke in griechischer oder aramäischer Übersetzung erhalten. Andere wurden von ihren anonym gebliebenen Verfassern auch in diesen Sprachen geschrieben.

Entscheidende Werke für die Entwicklung der jüdischen Lehre waren jene, die sich mit der jüdischen *Rechtslehre* beschäftigten. Hierzu gehören in erster Linie der palästinensische und der babylonische Talmud, in dem die wichtigsten rechtlichen Bestimmungen aufscheinen. Denn nach dem Abschluss der beiden Talmudim entstand eine umfangreiche rabbinische Rechtsauslegung, zuerst in Aramäisch, dann in Arabisch, Spanisch und Hebräisch. Da diese Literatur bald so umfangreich wurde, dass sie nur noch für ganz wenige Gelehrte überschaubar blieb, waren schon Anfang des Mittelalters übersichtlich angeordnete *Gesetzesbücher* notwendig geworden, die, um jeweils neue Kommentare berücksichtigen zu können, immer wieder neu gefasst werden mussten.

Parallel zu dieser vor allem mit Rechtsfragen befassten Literatur wurden schon von frühester Zeit an *Erzählungen* überliefert, die meistens einen geschichtlichen oder einen ethisch-religiösen Charakter haben. Sie wurden teils in den Talmud aufgenommen, teils in eigenen Büchern, so genannten Midraschim, niedergeschrieben.

Juden, die außerhalb Palästinas und des persischen Reichs lebten, kamen mit judenfeindlichen Schriften ihrer heidnischen und später ihrer christlichen Umgebung in Berührung. Sie verfassten als Antwort so genannte *apologetische* Werke, welche die Vorzüge des Judentums hervorhoben.

Unter dem Einfluss der griechischen Philosophie entstanden ab ca. 150 v. Chr. *philosophisch-theologische Abhandlungen*, die die jüdische Lehre unter dem jeweiligen Einfluss der herrschenden philosophischen Richtung interpretierten.

Einen eigenen Zweig der jüdischen Literatur, vor allem während des Mittelalters, bilden die *Responsen*. Dies sind Antwortschreiben von anerkannten Gelehrten auf an sie gerichtete Fragen religiöser Natur.

Unter arabischem Einfluss entstanden im Mittelalter zahlreiche *Gedichte*, die, meistens aus dem Arabischen übersetzt, auch in die Liturgie Eingang fanden. In *Testamenten* erteilen Eltern ihren Söhnen auf Grund eigener Erfahrungen Ratschläge. Manche von ihnen reflektieren in eindringlicher Weise die Gedankengänge und Lebensumstände des Erblassers.

Ein eigener Bereich der Literatur sind die *mystischen Bücher*, zu denen auch die Werke der Kabbala zählen. Zur prosaischen Literatur gehören mehrere *Geschichtsbücher*, *Reisebeschreibungen*, einige *Biografien* aus dem Mittelalter und der Neuzeit sowie eine sehr beschränkte Anzahl von Erzählungen und *satirisch-humoristischen Büchern*.

Vom 15. Jahrhundert an entwickelte sich auch eine Literatur in jiddischer Sprache, die hauptsächlich Erzählungen, humoristische Verse und Liedertexte umfasst. Seit dem 18. Jahrhundert wird die jüdische Literatur durch Werke, die in den verschiedensten europäischen Sprachen erschienen sind und nach wie vor erscheinen, besonders bedeutend und umfangreich.

Die jüdische Literaturgeschichte spiegelt die Wanderungen der Juden im Lauf der Geschichte wider. Wenn durch Verfolgungen in einem Land ein wirtschaftlicher und damit Hand in Hand gehender kultureller Niedergang erfolgte, entstanden gleichzeitig in anderen Teilen der Welt neue jüdische Zentren. Sol-

Elfenbeinkästchen, Ende des 4. Jahrhunderts n.Chr., stellt die Blindenheilung und die Auferweckung des Lazarus dar, wobei Jesus mit dem Mosesstab abgebildet ist (Foto: Israel Museum, Jerusalem)

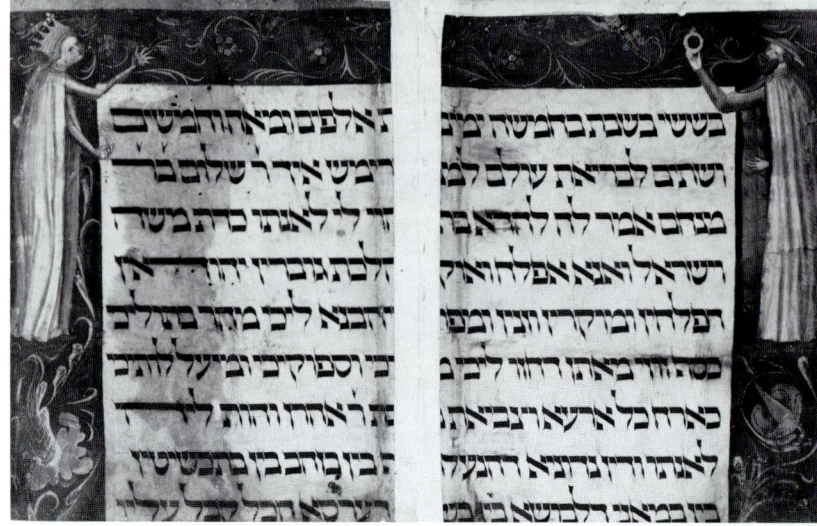

Heiratsurkunde (Ketubba) Krems 1392, der Bräutigam mit dem spitzen Judenhut (Foto: Österreichische Nationalbibliothek).

Der jüdische Friedhof in Wien, Döbling, Grabsteine aus dem 18. Jahrhundert (Foto: Hedwig Zdrazil).

ובחמיה ובמ'שריה איזהות לא יפכרי ולא חרם קדש קדש' הוא ליהו' כל חרם אשר
יחרם מז הארם לא יפדה מות יומת וכל במעשר הארץ מזרע הארץ מפרי העץ ליהוה
הוא קדש ליהוה ואם גאל יגאל איש ממעשרי חמישתו יסף עליו וכל מעשר בקר
רצאז כל אשר יעבר תחת השבט העשירי יהיה קדש ליהוה לא יבקר בין טוב לרע ולא
ימירנו ואם המר ימירנו והיה הוא ותמורתו יהיה קדש לא יגאל אלה המצות אש
עוה יהוה את משה אל בני ישראל בהר סני

חזק

סימז סכום פסוקי דספרא גטה

oburg-Pentateuch, 1395, Lehrer und Schüler. Der Schüler studiert gerade
e Regel Hillels »Was du nicht willst, das man dir tu, das tue auch einem
deren nicht an«. Dadurch bekommt die Illustration eine humoristische Note
oto: The British Library, London).

Die aus dem Mittelalter stammende von den Nazis 1938 zerstörte und im Jahr 1961 wieder aufgebaute Synagoge in Worms. Ganz rechts das Raschi-Haus (Archiv Verfasser).

Grenzstein: Oben ist die Jahreszahl 1656 zu sehen, darunter das Kreuz als Zeichen der benachbarten Karmeliter, dann in hebräischen Lettern die Jahreszahl 5416 – entsprechend dem Jahr 1656 – und zuletzt der Davidstern (Archiv Verfasser).

che waren im Mittelalter Babylonien, Nordafrika, Spanien und die Provence. Auch Palästina, die Türkei und Ägypten waren zeitweise kulturell wichtige jüdische Siedlungsbereiche. Gegen Ende des Mittelalters verschob sich der europäische Schwerpunkt des literarischen Schaffens zwangsweise von Deutschland nach Polen und Russland. In den letzten Jahrhunderten entwickelte sich eine hochstehende jüdische Literatur in Westeuropa und in den USA.

Das jüdische Volk wird somit zu Recht »Volk des Buches« genannt. Dass ein so kleines Volk wie das jüdische seine Kultur so sehr auf das Buch gründen konnte, hängt vielleicht damit zusammen, dass es immer nur einen geringen Prozentsatz von Analphabeten unter den Juden gab.

Einige Persönlichkeiten, deren Werke in diesem Buch erwähnt werden, sollen nachstehend geschildert werden:

Philo von Alexandrien (ca. 20 v. Chr. – 50 n. Chr.) stammte aus einer der angesehensten jüdischen Familien Alexandriens, dem wohl bedeutendsten Zentrum der ägyptischen Diaspora. Er war dank einer ausgezeichneten griechischen Erziehung überaus gebildet. Mit der jüdischen Lehre wurde er durch die religiöse Lebensführung seiner Familie und durch die Predigten des Sabbatgottesdienstes bekannt. Er versuchte nachzuweisen, dass die Gesetze der Tora mit den Naturgesetzen im Einklang stehen und die griechische Philosophie auf den Lehren Moses' beruhe. Sein Einfluss ist weniger in der jüdischen Tradition als in den Schriften der Kirchenväter nachweisbar.

Josephus Flavius (ca. 30 n. Chr. – 100 n. Chr.) kam in Jerusalem als Sohn einer priesterlich-aristokratischen Familie zur Welt. Dank seiner Kenntnisse des jüdischen Rechts und der griechischen Sprache beauftragte man ihn, in Rom einige eingekerkerte jüdische Priester freizubekommen. Diese Stadt machte auf ihn einen überwältigenden und seine Zukunft bestimmenden Eindruck. Nachdem er von dieser Mission erfolgreich nach Jerusalem zurückgekehrt war, ernannte ihn der Große Sanhedrin im Jahr 66 n. Chr. zum Oberbefehlshaber des nördlichen Bereichs im Krieg gegen die Römer. Nach anfänglichen Erfolgen erlitten die Juden dort durch Vespasian schwere Niederlagen. Josephus floh mit seinen Gefährten in eine Höhle, wo die kleine Gruppe beschloss, sich gegenseitig umzubringen, um nicht in römische Gefangenschaft zu geraten.

Er manipulierte die Lose und blieb auf diese Weise bis zuletzt am Leben. Die Römer nahmen ihn gefangen und er wäre zweifellos nach dem Feldzug nach Rom gebracht und dort exekutiert worden, doch ahnte er, dass der im jüdischen Krieg siegreiche Feldherr Vespasian (9 n. Chr. – 79 n. Chr.) einst Kaiser werden würde. Deshalb verbreitete er nach dem Tod Neros (geb. 37 n. Chr.) im Jahr 68 n. Chr. und nach dem Tod Galbas (geb. 4 v. Chr.) im Jahr 69 n. Chr. angebliche messianische Weissagungen, die dessen Machtergreifung erwarten ließen.

Nach der Ausrufung Vespasians zum Kaiser vergalt dieser ihm seine Bemühungen und begnadigte ihn. Josephus nahm daraufhin an der Seite Titus' (39–81 n. Chr.) als Beobachter an der Belagerung von Jerusalem teil. Er bemühte sich dort vergebens, die Juden zur Übergabe der Stadt zu bewegen, und wurde deshalb sowohl von den Juden als auch von den Römern verachtet. Nur der Schutz des Kaisers rettete ihn davor, von den Römern als Spion getötet zu werden. Als Titus ihm nach der Eroberung Jerusalems freistellte, aus der Stadt mitzunehmen, was er wolle, fiel seine Wahl auf eine Torarolle.

Nach dem Krieg ging er nach Rom, wo er das Bürgerrecht und vom Kaiser eine Leibrente erhielt. Sein bedeutendstes Werk ist der »Jüdische Krieg«, in dem er eingehend die Geschichte dieser für das Judentum katastrophalen Auseinandersetzung schilderte. Obwohl an der Authentizität der Berichte zum Teil berechtigte Zweifel angebracht sind, ist das Werk sowohl literarisch als auch geschichtlich von großer Bedeutung. In seinen »Jüdischen Altertümern« schildert er für Nichtjuden die heiligen Bücher und die Geschichte des Volkes der Bibel. In seinem dritten Werk »Gegen Apion« tritt er antijüdischen Anschuldigungen entgegen und betont die Überlegenheit der ethischen Werte des Judentums.

Gerschom ben Jehuda (ca. 960 n. Chr. – 1028 n. Chr.) ist wahrscheinlich in Metz geboren. Er war der erste große deutsche Talmudgelehrte, der auch die religiöse Schule in Mainz gründete. Diese war bis zu ihrer Zerstörung durch die Kreuzfahrer besonders für das deutsche Judentum von großer Bedeutung. Ihm werden grundlegende Entscheidungen, die in das jüdische Recht aufgenommen wurden, zugeschrieben: das Verbot der Bigamie, die Wahrung der Rechte des weiblichen Ehepartners in Scheidungsfragen, das Verbot, Briefe zu lesen, die an andere gerichtet sind, oder zwangsgetaufte Juden, die ihre Tat bereuen, an ihr Vergehen zu erinnern.

Rabbi Salomon ben Isaak (ca. 1040 n. Chr. – 1105 n. Chr.), kurz »Raschi« genannt, wurde in Troyes geboren, wo er auch später lehrte und eine einflussreiche religiöse Forschungsstätte gründete. Diese wurde zum europäischen jüdischen Gelehrtenzentrum, nachdem die Kreuzfahrer das jüdische Leben im Rheinland ausgelöscht hatten. Raschi studierte in Mainz und in Worms, wo das Raschihaus, ein Anbau an die Synagoge aus dem 16. Jahrhundert, an ihn erinnert. Er genoss auch weltlichen Unterricht und war mit dem Wirtschaftsleben bestens vertraut. Seine bedeutendsten Werke sind seine Bibel- und Talmudkommentare, die zu ungefähr einem Drittel auf früheren Quellen beruhen. Er fasste diese neu, wodurch sein Werk sowohl sprachlich als auch gedanklich eine einheitliche Note bekam. In den Kommentaren legte er besonderen Wert auf die wörtliche Deutung der in den Schriften verwendeten Ausdrücke. Durch die leichte Verständlichkeit seiner Ausführungen ist er noch heute der weitverbreitetste Bibel- und Talmudkommentator.

Jehuda Halevi (1075 n. Chr. – 1141 n. Chr.) wurde im islamischen Spanien geboren. Er genoss sowohl Hebräisch- als auch Arabischunterricht und reiste schon in jungen Jahren durch Andalusien. Nach seinen Liebesgedichten und den Wein preisenden poetischen Werken zu schließen, führte er dort ein sehr weltliches Leben. Er gewann einen Dichterwettbewerb in Cordoba. Dadurch wurde er mit den erfolgreichen jüdischen Dichterkollegen in Sevilla, Saragossa und Granada bekannt.

Die Eroberung Spaniens durch die von Nordafrika kommenden Almoraviden (nach 1090 n. Chr.) hatte eine Verschlechterung der Situation der Juden zur Folge. Jehuda Halevi wechselte daraufhin oftmals seine Aufenthaltsorte in Spanien. Aus Toledo ist bekannt, dass er als Arzt praktizierte. Am dortigen Hof des sehr toleranten christlichen Herrschers Alfons VI. (um 1040–1109 n. Chr.) waren viele Juden tätig und so schien eine Zeit lang der Friede für die Juden gewährleistet. Ein Mord an einem prominenten Juden belehrte Jehuda eines Besseren und er verließ Toledo.

Durch seine Tätigkeit als Kaufmann war er wohlhabend, erfreute sich einer weitgehenden Anerkennung als Dichter und stand als literarische Autorität auch mit jüdischen Gemeinden Nordafrikas, Ägyptens und Südfrankreichs in Verbindung. Halevi beschäftigte sich mehr und mehr mit der Frage der Erlösung und glaubte an ein unmittelbar bevorstehendes Anbrechen der messianischen Zeit.

In seinem philosophischen Werk »Kusari« verweist er auf die Einheit zwischen Gott und dem jüdischen Volk und betrachtet Palästina als das Tor zum Himmel sowie als den einzigen Ort, wo sich Gott offenbart. Nach langen inneren Kämpfen verabschiedete er sich von seiner Tochter, seinem Schwiegersohn und seinen vielen Freunden und reiste nach Palästina.

Besonders schwer fiel ihm die Trennung von Spanien, dem Land, in dem »seine Väter begraben sind« und das er einst als Heimstätte der Juden betrachtet hatte. Auf dem Weg nach Palästina landete Halevi in Alexandrien, wo er mit großer Ehrerbietung empfangen wurde. Die Gemeinde bemühte sich, ihn zum Bleiben zu überreden, er wollte aber unbedingt in das gelobte Land gelangen. Er bestieg zwar in Alexandrien ein Schiff nach Palästina, die Abfahrt war jedoch wegen der schlechten Wetterverhältnisse unmöglich. Kurz darauf starb Halevi in Ägypten.

Er war zweifellos der bedeutendste jüdische Dichter. Seine religiösen Gedichte gingen zu einem Großteil in die Liturgie ein. Seine Preisgedichte, Klagelieder sowie alle weiteren umfangreichen Werke sind Zeugen seiner großartigen Begabung.

Abraham Ibn Esra (1089 n. Chr. – 1164 n. Chr.) war ein Freund Jehuda Halevis und wurde gleichfalls in Spanien geboren. Er besaß ein umfangreiches Wissen, schrieb Bücher über hebräische Grammatik, kommentierte die Bibel, verfasste philosophische und astronomische Werke und war Arzt sowie Dichter. Mit fünfzig Jahren – bis dahin hatte er nur in Spanien gelebt – beschloss er, auf Wanderschaft zu gehen, und bereiste Italien und Frankreich. In diesen Ländern schrieb er den Großteil seiner Werke und fertigte Übersetzungen vom Arabischen ins Hebräische an. Seine Bibelkommentare, die besonders auf seinem etymologischen und grammatikalischen Wissen beruhen, sind die wichtigsten nach Raschi.

Moses Maimonides (1137 n. Chr. – 1204 n. Chr.), dessen Geburtsort Cordoba war, stammte aus einer sehr traditionsbewussten Familie, die durch mehrere Generationen hindurch die religiösen Richter der Stadt stellte. Als die judenfeindlichen muslimischen Almohaden 1148 Cordoba eroberten, flüchtete die Familie. Sie wanderte ungefähr neun Jahre in Spanien und möglicherweise in der Provence umher, bis sie 1160 nach Fez in Marokko kam und sich dort niederließ.

Sein Vater Maimon schrieb den bekannt gewordenen »Brief der Tröstung« an die Juden der Stadt, die zwar gezwungen waren, den islamischen Glauben anzunehmen, jedoch weiterhin Juden bleiben wollten. Maimon versicherte ihnen, dass sie Juden bleiben würden, wenn sie nur kurze Gebete sagten und gute Werke täten. Um 1165 n. Chr. verließ die Familie, wegen der judenfeindlichen Gesinnung der Machthaber Fez und fuhr nach Palästina, von wo aus sie nach Ägypten weiterreiste.

Maimonides arbeitete dort acht Jahre ungestört an seinen philosophisch–theologischen Werken, da sein Bruder aus seinem Einkommen als Edelsteinhändler die Familie erhalten konnte. Dieser verlor jedoch auf einer Geschäftsreise bei einem Schiffsunglück im Indischen Ozean sein Leben und sein Vermögen. Maimonides war daher genötigt, den Arztberuf zu ergreifen, um sich und seine Familie zu ernähren.

Mit der Zeit machte er sich einen Namen, schrieb bedeutende wissenschaftliche Abhandlungen und wurde auch mit der ständigen ärztlichen Betreuung des Sultans und seiner Familienangehörigen beauftragt. Er war mit vielen jüdischen Autoritäten der ganzen Welt in Kontakt und verfasste weiterhin philosophische und astronomische Werke. Nach seinem Tod wurde sein Leichnam in Tiberias im nördlichen Palästina bestattet, wo noch heute sein Grab von gläubigen Juden aufgesucht wird.

In seinen beiden Hauptwerken, der »Mischne Tora« und dem »Führer der Unschlüssigen«, unternahm er es, den Nachweis zu erbringen, dass zwischen der jüdischen Religion und der aristotelischen Logik kein Widerspruch besteht. Viele seiner Ansichten wurden zum Teil nach lang anhaltenden Kontroversen von der jüdischen Glaubenslehre übernommen. Auch Scholastiker wie Thomas von Aquin oder Albertus Magnus zitieren Maimonides des Öfteren in ihren Werken.

Die Vorstellung über die Welt

> »... von einem Ende der Erde bis zum anderen Ende der Erde...«[15]

Anhand des Schöpfungsberichts der Tora lässt sich skizzieren, welche Vorstellung über die Welt den Verfassern zu Grunde lag: Demnach gibt es eine oberste Schicht, bestehend aus Wasser, darunter befindet sich der Himmel mit den Himmelskörpern und zuunterst folgt eine weitere Schicht Wasser und die Erde. Dem ersten Schöpfungsbericht[16] folgt ein zweiter[17], in dem der Garten Eden beschrieben wird. Dieser liegt im Süden und wird von einem Strom durchquert, der sich beim Verlassen des Gartens in vier Flüsse teilt.

Das geschilderte Weltbild entspricht annähernd der Vorstellung der Völker des vorderorientalischen Raumes. Die jüdische Schöpfungsgeschichte unterscheidet sich jedoch von der anderer Völker in zwei Belangen ganz wesentlich. Erstens wird nur der Schöpfer allein als Gott bezeichnet, Sonne, Mond, Wasser und Erde werden weder als Gottheit noch als Geister und nicht einmal als mythologische Personen geschildert, und zweitens ist zwischen der Schöpfung und dem jüdischen Volk kein mythologischer Zusammenhang gegeben. Bei anderen Völkern wurden hingegen Schöpfungsdarstellungen überliefert, in denen ein mythologischer Held, von dem das Volk abstammt, eine wesentliche Rolle spielt.

Die Talmudgelehrten sahen im Schöpfungsbericht einen Widerspruch: Denn das Licht wurde schon am ersten Tag, die Sonne aber erst am vierten Tag erschaffen. Die Auflösung fanden sie im speziellen Charakter des nicht von den Himmelskörpern stammenden Lichts. Andere Gelehrte meinten, dass die Sonne bis zu dem Zeitpunkt, an dem ihr ihre Stelle am Himmel zugewiesen wurde, im Verborgenen leuchtete. Sie sagten: »Mit dem Licht, das am ersten Tag geschaffen wurde, konnte man von einem Ende der Welt bis zum anderen sehen. Als aber Gott auf das Zeitalter der Sintflut und der Sprachenverwirrung schaute und die schlechten Taten der Menschen sah, versteckte Er das Licht, denn es heißt: Den Frevlern wird ihr Licht entzogen.«[18]

Ein weiterer Widerspruch ergab sich aus dem Folgenden: Das Firmament, wie aus dem Schöpfungsbericht ersichtlich, besteht aus Wasser, die Sterne aber erhalten ihre Leuchtkraft durch das Feuer. Die Gelehrten kamen zum Schluss, dass dies eben bei den Verhältnissen, die am Firmament herrschen, möglich sei. Den Beweis dafür fand man im hebräischen Wort für Himmel, da in diesem sowohl die Buchstaben der Worte »dort ist Wasser« als auch »Feuer« vorhanden sind.

In einer jüdischen Sage wird erzählt, dass die Sonne zur Hälfte aus Feuer und zur Hälfte aus Eis besteht. Im Sommer ist die Feuerseite, im Winter die Eisseite der Erde zugewandt. Im Sommer ist es dem Eis zu verdanken, dass die Welt nicht verbrennt, und im Winter ist es das Feuer, das die Welt vor dem Kältetod schützt. Das Regenwasser entspringt aus einer himmlischen Kammer und die Wolken sind wie ein Sieb, das den Guss in Tropfen aufteilt.

Aus der Schöpfungsgeschichte ist nicht zu entnehmen, ob man sich das Firmament nur oben befindlich oder wie über die Erde gestülpt vorstellen soll. Die Rabbinen, die Ersteres annahmen, führten ins Treffen, dass bei Sonnenauf- und -untergang jeder in die Sonne sehen kann und diese daher offensichtlich weiter entfernt sein muss, als wenn sie sich im Zenit befindet, wo kein Auge ihr Licht erträgt. Diejenigen, welche meinten, dass die Form des Himmels eine Halbkugel ist, beriefen sich auf die Verse 11 und 12 von Psalm 103, wo die Entfernungen von Ost zu West und die zwischen Erde und Himmel gleichrangig genannt werden.

Über die Sonnenbewegung gab es gleichfalls zwei verschiedene Ansichten: »Die Weisen Israels sagen, die Sonne wandle am Tag unter dem Himmel und in der Nacht über dem Himmel (zurück), und die Weisen der weltlichen Völker sagen, die Sonne wandle am Tag unter dem Himmel und in der Nacht unter der Erde. Ihre Ansicht ist einleuchtender als unsere, denn am Tag sind die Quellen kalt, in der Nacht jedoch warm (da sie von unten von der Sonne gewärmt werden).« Aus einem anderen Talmudzitat lässt sich schließen, dass man sich den Himmel aus sieben Schalen bestehend dachte. Dies wurde von der Mehrzahl der Rabbinen angenommen, einige behaupteten aber, dass die Schalen im Norden eine Öffnung besitzen müssten. Woher sollte sonst der Nordwind kommen?

Der Nabel der Welt ist Jerusalem, genauer genommen das Allerheiligste des Tempels. Dies zeigen übrigens auch mittelalterliche Landkarten für christliche Pilger, auf denen Jerusalem als Mittelpunkt der Welt aufscheint. Die Rabbinen glaubten auch, dass es unterhalb der Erde eine riesige Schlucht gäbe, die mit dem Allerheiligsten im Tempel von Jerusalem mit einem Kanal verbunden ist.

Freilich sind es nur wenige Stellen im Talmud, die sich mit der Welt und ihrer Beschaffenheit befassen. Für die Rabbinen standen in erster Linie der Mensch und sein Verhältnis zu Gott im Mittelpunkt des Interesses.

Karte (ca. 1250) mit Jerusalem als Mittelpunkt der Welt (British Library, London).

Das Geschichtsbild

>>Dann sprach Josef zu seinen
Brüdern: Ich muss sterben. Gott wird
sich euer annehmen, er wird euch aus
diesem Land heraus- und in jenes
Land hinaufführen, das er Abraham,
Isaak und Jakob mit einem Eid
zugesichert hat.<<[19]

Das jüdische Geschichtsverständnis lässt sich anhand
folgender Episode aus der Josefslegende erklären:
>>Israel sagte zu Josef: Deine Brüder weiden bei
Sichem das Vieh. Geh, ich will dich zu ihnen schicken.
Er antwortete: Ich bin bereit. … So schickte er ihn aus
dem Tal von Hebron fort und Josef kam nach Sichem.
Ein Mann traf ihn, wie er auf dem Feld umherirrte; er
fragte ihn: ›Was suchst du?‹ Josef antwortete: ›Meine
Brüder suche ich. Sag mir doch, wo sie das Vieh weiden.‹ Der Mann antwortete: ›Sie sind von hier weiter-
gezogen. Ich habe nämlich gehört, wie sie sagten:
Gehen wir nach Dotan.‹ Da ging Josef seinen Brüdern
nach und fand sie in Dotan.<<[20]
Die Josefserzählung zeichnet sich durch ihre
Knappheit aus. Nur die wichtigsten Ereignisse werden, fast im Telegrammstil, wiedergegeben. Die angeführte Stelle freilich fällt durch ihre Ausführlichkeit
aus dem Rahmen. Warum war sie dem Autor der Tora
so wichtig, warum berichtet er über dieses an sich
nebensächliche Ereignis? Und wer war dieser eigenar-
tige Mann, den Josef zufällig in einer offensichtlich
verlassenen Gegend traf (als er >>umherirrte<<!) und
der zufällig Zeuge war, als seine Brüder über ihren
Ortswechsel berieten?

Es kommt in der Tora sehr selten vor, dass eine handelnde und sprechende Person dreimal als Mann bezeichnet, nicht jedoch sein Name genannt wird. Raschi glaubte in diesem Mann den Engel Gabriel zu erkennen, da es heißt: »der Mann Gabriel«[21]. Bei dieser Auslegung drängt sich sofort die Frage auf, warum ein Gottesbote Josef einen Weg wies, der für ihn lebensbedrohend war. Als dieser nämlich, dem Hinweis des Mannes folgend, zu seinen Brüdern kam, wollten sie ihn zuerst töten, dann in einer Grube verhungern lassen, und schließlich einigten sie sich darauf, Josef als Sklaven zufällig vorbeiziehenden Händlern zu verkaufen.

Bei dem Versuch, eine Antwort auf diese Fragen zu finden, tritt einer der Kardinalpunkte der Religion ins Blickfeld: die Heilserwartung. Die jüdische Lehre sieht in der Geschichte des jüdischen Volkes ein ununterbrochenes von Gott gesteuertes Geschehen, wobei Gott nicht nur agiert, sondern auch auf das Verhalten des jüdischen Volkes reagiert. Wenn dies der zitierten Toraerzählung zu Grunde gelegt wird, sehen wir plötzlich die eminente Bedeutung, die besagter Mann hat: Wenn Josef seine Brüder nicht getroffen hätte, wäre das jüdische Volk nicht nach Ägypten gezogen, es gäbe keinen Auszug aus Ägypten und die Geschichte des jüdischen Volkes hätte einen anderen Verlauf genommen. Da dies nicht im Sinn des von Gott entworfenen Planes lag, musste Gott eingreifen. Deshalb dürfte diese zunächst nichts sagende Episode in die Tora aufgenommen worden sein. Erst durch sie wird verständlich, dass dreimal versichert wird, dass Gott selbst es war, der Josef nach Ägypten brachte.[22]

Die Zusage Gottes, den Juden das gelobte Land zu geben, die in der Tora betont wird, prägte entscheidend das Geschichtsbild der Juden. Dennoch gab es während der nunmehr rund dreitausendjährigen Geschichte des jüdischen Volkes in den Grenzen des geschichtlichen Palästinas nur eine relativ kurze Zeit – unter David, Salomon und den Hasmonäern sowie in der Gegenwart – eine einheitliche, selbstständige jüdische Nation.

Die wiederholten Rückschläge in den Bestrebungen nach einer nationalen Selbstständigkeit wurden als Strafe Gottes wegen der Nichteinhaltung seiner Gebote angesehen. So kam der Gedanke auf, dass das gelobte Land erst in der messianischen Zeit erlangt werden wird. Jede Phase der Geschichte bis dahin wurde daher lediglich als Zwischenstation auf dem Weg zur Erlösung, d.h. zur Herstellung der nationalen Unabhängigkeit, angesehen.

Die christliche Religion übernahm zwar die Vorstellung von einem Ziel der Menschheitsgeschichte im Glauben an ein Jüngstes Gericht am Ende der Zeiten, ohne allerdings dem historischen Geschehen eine besondere religiöse Bedeutung zu verleihen. Verglichen mit dieser Auffassung von der Geschichte als einem auf ein vorbestimmtes Ziel ausgerichteten Vorgang, war das Geschichtsverständnis anderer Kulturen in diesem Raum entweder stationär oder zyklisch. Die letztere Vorstellung, die durch den ständigen Wechsel der Tages- und Jahreszeiten beeinflusst ist, wurde vor allem von den Völkern geteilt, die den Bewegungen der Himmelskörper besondere Aufmerksamkeit schenkten.

Auf die letzte umfassende und weit verbreitete Geschichtstheorie, den das marxistische Weltbild prägenden historischen Materialismus, sei hier hingewiesen. Sie zeigt, wie sehr die Vorstellung, dass die Geschichte einen auf ein Ziel gerichteten Sinn hat, im abendländischen Denken verwurzelt ist.

Der Zionismus

> »... und Er versöhnt sein Land
> seines Volks.«[23]

Das jüdische Volk hat sich mit dem Land Israel, hebräisch »Eretz Israel«, in seiner ganzen Geschichte verbunden gefühlt. In der Bibel finden sich zahlreiche Prophezeiungen über die Rückkehr der Juden in ihr Land. Die erste im Verhältnis zur damaligen Volkszahl der Juden bedeutende Rückwanderung ins Mutterland setzte Ende des 6. Jahrhunderts v. Chr. ein, als sich ein Teil der Nachkommen der von Nebukadnezzar nach Babylonien verschleppten Juden nach fünf Jahrzehnten zur Rückkehr entschloss.

Bis zum 19. Jahrhundert gab es immer wieder einzelne Juden, die sich mit ihren Familien in Palästina niederließen. Diese Rückwanderung, die zu Zeiten jüdischer Verfolgungen auch größere Gruppen umfasste, war religiös motiviert. Die Absicht, einen nationalen Staat der Juden zu gründen, gab es nicht, da in früheren Zeiten alle Rabbinen solche Bestrebungen verurteilten. Heute vertritt nur eine Minderheit die Meinung, dass die Gründung einer Nation erst mit dem Kommen des Messias vorgesehen und zulässig sei.

Im 19. Jahrhundert begann sich auch im Judentum – im Vergleich zu anderen Völkern sehr spät – ein nationales Selbstbewusstsein zu entwickeln. Dieser Nationalismus stieß innerhalb des Judentums auf vehementen Widerstand, da diese Ideologie mit dem weit verbreiteten Liberalismus in Widerspruch stand. Denn damals bemühte sich ein Großteil der Juden, gleichberechtigt und vollständig in die Nation ihrer Geburtsländer integriert zu werden. Viele Juden schlossen sich sogar begeistert der jeweiligen nationalen Bewegung ihrer Heimat an.

Erst die Pogrome in Russland und Rumänien am Beginn der achtziger Jahre des 19. Jahrhunderts sowie der sich vor allem im deutschen Sprachraum und in Frankreich verbreitende Antisemitismus bewirkten eine gegenteilige Strömung. Manche glaubten, daraus die Lehre ziehen zu müssen, dass die Gleichberechtigung und Anerkennung der Juden nicht durch Assimilation, sondern nur durch die Gründung eines eigenen Staates herbeigeführt werden könne. So entstand die Chibbat-Zion-Bewegung, die 1882 die erste jüdische Einwanderung nach Palästina organisierte.

Die dort gegründeten Siedlungen kamen bald wegen der unzureichenden Ausbildung der Einwanderer sowie wegen der nur beschränkt zur Verfügung stehenden Mittel in Schwierigkeiten. Nur der großzügigen Unterstützung Baron Edmond Rothschilds (1845–1934) verdankten es die Siedler, dass sie das Land von den herumliegenden Felsbrocken befreien und die Sümpfe drainieren konnten. So gelang es im Lauf der Zeit, die Felder urbar zu machen und die Malaria zu bekämpfen. Die landwirtschaftliche Produktion konnte unter Anleitung der von Rothschild delegierten Inspektoren einen gewissen Aufschwung verzeichnen.

Die türkische Regierung, die bis zum Ende des Ersten Weltkriegs die Oberhoheit über dieses Gebiet innehatte, sah ihre Souveränität gefährdet und verbot daher die Einwanderung der Juden. Dennoch gelang es russischen Juden – die Chibbat-Zion-Bewegung konnte nur in diesem Land Fuß fassen – eine zweite Einwanderungsbewegung anfangs der neunziger Jahre zu organisieren. Diese Einwanderer stammten hauptsächlich aus Moskau, von wo 1891 alle Juden verbannt worden waren. Durch Landkäufe der Juden entstand in Palästina eine sich immer weiter ausdehnende Bodenspekulation. Diese veranlasste die türkischen Behörden, das Verbot der Einwanderung zu erneuern.

Der Begründer der eigentlichen zionistischen Bewegung war ohne Zweifel Theodor Herzl. Sowohl der in Wien durch Karl Lueger zur politischen Doktrin erhobene Antisemitismus als auch der Dreyfuß-Prozess in Paris überzeugten ihn, dass der Judenstaat eine historische Bestimmung sei. Durch seine charismatische Erscheinung gelang es ihm, nicht nur zahlreiche einflussreiche jüdische Persönlichkeiten Westeuropas für seine Pläne zu gewinnen, sondern auch die die Tradition wahrenden Ostjuden um seine Person zu scharen. Seine These, dass das jüdische Volk ein Volk sei, konnte die zwischen den West- und Ostjuden bestehende kulturelle Kluft überbrücken. Beim ersten Zionistischen Kongress 1897 in Basel legte er selbstbewusst den Grundstein des Staates Israel, indem er eine

Dr. Theodor Herzl, Porträt in Mikrografie. Das Bild setzt sich zusammen aus hebräischen Texten (Archiv Verfasser).

politische Organisation, eine Bank zur Finanzierung der Bodenkäufe und ein mehrsprachiges Pressebüro schuf.

Herzl betrachtete es als die vordringlichste Aufgabe des Kongresses, ein jüdisches Siedlungsgebiet zu errichten. Zuerst glaubte er, das Gebiet in bestimmten

Teilen Amerikas, später in Uganda finden zu können. Erst als er sich der Verbundenheit der religiösen Juden mit Palästina bewusst wurde, sah er in diesem Land die zukünftige Heimat der Juden.

Herzl meinte, dass die politische Autonomie dieses Gebietes das vordringliche Ziel sein müsste. Andere vertraten die Ansicht, dass die wichtigste Arbeit des Zionistischen Kongresses die schrittweise Besiedelung des Landes sein sollte. Wieder andere traten für eine sofort einzusetzende geistige Erneuerung ein. Darunter verstand man die Belebung der hebräischen Sprache und die Besinnung auf die nationalen Wurzeln des Judentums.

Auch die Meinungen über die politische Zukunft des Landes divergierten. Die religiösen Juden wollten einen Staat auf der Grundlage der talmudischen Gesetze errichten, die sozialistischen Juden hingegen fanden, dass der grundlegende Wandel der Berufsstruktur der Juden die Voraussetzung für einen funktionierenden Staat bilde. Sie organisierten deshalb für auswanderungswillige Juden eine landwirtschaftliche und handwerkliche Berufsausbildung.

Chaim Weizmann (1874–1952) fand als Antwort für alle diese Bestrebungen ein Programm des »synthetischen Zionismus«, in dem er sich zu gleichzeitiger Verfolgung aller dieser Ziele bekannte. Es gelang ihm 1917 vom englischen Außenminister, Lord Arthur James Balfour (1848–1930), eine Deklaration zu erhalten, in der sich England für die Errichtung einer jüdischen Heimat in Palästina unter Wahrung der zivilen und religiösen Rechte der nichtjüdischen Bevölkerung aussprach. Erst durch die Erwähnung der Nichtjuden in der Balfour-Deklaration wurde es vielen Zionisten bewusst, dass das Land, in dem sie eine jüdische Heimat schaffen wollten, nicht menschenleer, sondern von Arabern bewohnt war.

Die Führer der zionistischen Bewegung jedoch sahen dieses Problem und versuchten, mit arabischen Notabeln Vereinbarungen über eine gemeinsame Politik zu erreichen. Sie wiesen darauf hin, dass der von den Juden gekaufte Boden unproduktiv war und dass durch die jüdische Siedlungstätigkeit keine Araber verdrängt werden. Juden würden sogar durch die Schaffung von Arbeitsplätzen einen weiteren Zuzug von Arabern nach Palästina fördern. Obwohl es einige ermutigende Anzeichen für eine Verständigung gab, wurden die Verhandlungen vorerst durch den Ausbruch des Ersten Weltkrieges unterbrochen.

Nach dem Krieg begannen Gespräche mit König Faisal I. (1883–1933) von Irak und dem späteren König von Transjordanien Abd Allah (1882–1951). Angriffe arabischer Nationalisten auf jüdische Siedlungen führten aber zur Einstellung der Kontakte. In dieser Situation versuchte England als Schutzmacht Palästinas vergeblich zwischen beiden Nationen zu vermitteln. Die gemäßigten arabischen Führer wurden indessen von ihren extremistisch eingestellten Landsleuten überspielt und dies führte zu weiterem Blutvergießen. Folglich rückte England, um den Arabern entgegenzukommen, immer mehr von der Balfour-Deklaration ab und schränkte die jüdische Einwanderung erheblich ein. Als Antwort darauf organisierte die zionistische Führung eine illegale Einwanderung. Der Konflikt zwischen England und den in Palästina lebenden Juden verschärfte sich infolge der Anschläge einer im Untergrund operierenden jüdischen Gruppe auf englische Soldaten immer mehr.

1947 beschlossen die Vereinten Nationen, das Treuhandgebiet zwischen den Arabern und den Juden aufzuteilen. Die Araber jedoch akzeptierten diese Aufteilung nicht und griffen nach dem Abzug der Engländer, die ihnen in vielen Fällen strategisch wichtige Polizeistationen übergeben hatten, zu den Waffen. Dieser Krieg sowie die weiteren Kriege, die für Israel immer Verteidigungskriege waren, brachten Israel einen erheblichen territorialen Gewinn.

Ein Großteil der Juden ist sich jedoch dessen bewusst, dass nur ein dauernder Friede ihre Sicherheit inmitten einer arabischen Bevölkerung, die das Vielfache der jüdischen beträgt, garantieren kann. Das Land verfügt noch über menschenleere Gebiete, sodass der jüdische Staat genügend Platz für zukünftige jüdische Einwanderer bietet und daher nicht auf Expansion angewiesen ist. Die Vorbedingung für eine Einigung beider Völker auf der Grundlage der Gleichberechtigung ist die Erlangung einer gegenseitigen Vertrauensbasis, was durch die gemeinsamen Wurzeln der beiden Religionen und ihren gemeinsamen Urahnen Abraham nicht nur wünschenswert, sondern auf lange Sicht durchaus vorstellbar wäre.

Der Staat und die Religion

>»Der Herr, dein Gott, wird dich
in das Land deiner Väter
zurückbringen ... Du jedoch
wirst umkehren, auf die Stimme
des Herrn hören und alle seine
Gebote ... halten.«[24]

Die orthodox-religiöse Bevölkerung, die im Staat
Israel einen Anteil von an die zwanzig Prozent hat,
verlangt, dass die Staatsführung die Gesetze der Tora
bei allen Entscheidungen befolgen soll. Die Orthodoxen sind in der Lage, jeweils der einen oder der anderen großen politischen Richtung, den Sozialisten oder
den Bürgerlichen, die Mehrheit zu verschaffen. Deshalb sind sie politisch bedeutungsvoller, als es ihrem
Anteil an der Bevölkerung entsprechen würde.

Ein Teil der nicht religiös eingestellten Juden hat
Verständnis für die Tradition und für die wichtige
Rolle, die der Religion immer für die Erhaltung des
jüdischen Volkes zukam. Es wird daher, soweit es bei
Aufrechterhaltung eines geregelten Staatswesens und
unter Berücksichtigung der Ansprüche der Staatsbür-
ger für gewisse Annehmlichkeiten des täglichen
Lebens möglich ist, den Forderungen der religiösen
Parteien Rechnung getragen. So wurden Ehe-
schließungen ausschließlich dem Rabbinat unterstellt.

Da das Reformrabbinertum in Israel nicht zugelassen ist, müssen Ehen, bei denen religiöse Einwände
der Orthodoxen bestehen, wie zum Beispiel bei der
Heirat mit Nichtjuden, außerhalb des Landes
geschlossen werden. Diese Ehen werden dann in Israel

aber zivilrechtlich anerkannt. Probleme ergaben sich hingegen bei der Scheidung solcher Ehen, weil in Israel alle mit der Ehe zusammenhängenden Streitfragen von einem religiösen Gericht entschieden werden mussten. Da für das Rabbinat solche Ehen nicht gültig waren, war es auch nicht möglich, ein Scheidungsurteil zu erhalten. Um diesen Konflikt zu beseitigen, wurde im Jahr 1969 vom israelischen Parlament, der Knesset, ein Gesetz verabschiedet, in dem der Oberste Gerichtshof ermächtigt wurde, entsprechend den Prinzipien des internationalen Privatrechts Ehescheidungen auszusprechen und die damit zusammenhängenden materiellen Probleme zu regeln.

In manchen Fragen des täglichen Lebens gelang es zwar, mit den orthodox-religiösen Gruppen Kompromisse zu erzielen, trotzdem gibt es in anderen Bereichen, wie etwa über Fragen der Sabbatruhe, permanente Auseinandersetzungen. In vielen Gemeinden sind die religiösen Gruppen nicht genügend stark, um ihren Einfluss auf die städtischen Verkehrsbetriebe geltend zu machen. Sie nahmen Zuflucht zu »außerparlamentarischen Methoden«, indem sie Autos mit Steinen bewarfen. Sie erreichten damit, dass am Sabbat gewisse Straßen in der Nähe von orthodox-religiösen Siedlungen für den Verkehr gesperrt werden mussten. Die Regierung war sogar gezwungen, der nationalen Luftfahrtslinie El Al das Fliegen am Sabbat zu verbieten, um die Unterstützung religiöser Abgeordneter zu gewinnen.

Darüber hinaus kommt es auch immer wieder zu Meinungsverschiedenheiten bezüglich der Darstellung von attraktiven, leicht bekleideten Mädchen für

Werbezwecke, da diese Bilder das religiöse Empfinden verletzen. Des Öfteren wenden orthodoxe Gruppen in solchen Fällen Gewalt an und setzen sich damit der berechtigten Kritik auf ihr etwas einseitiges Religionsverständnis aus, da die Religion Gewaltanwendung verbietet.

Die Rückkehr der orthodoxen Juden zur Landwirtschaft verursachte besondere Probleme. So wird in der Tora vorgeschrieben, dass jedes siebte und jedes fünfzigste Jahr die Felder brach liegen gelassen werden sollen. Dennoch gestattet die Mehrzahl der Rabbiner auch in den Ruhejahren die Bearbeitung der Böden, damit die mit großer Mühe fruchtbar gemachten Ackerflächen nicht neuerlich veröden. Hierzu bedient man sich eines Proformaverkaufs an einen Muslim, weil diese Bestimmung der Tora nur für Land in jüdischer Hand gilt. So konnte diese Bestimmung mit den Erfordernissen des Lebens in Einklang gebracht werden. Die Rabbiner fällten die Entscheidung schweren Herzens und drückten gleichzeitig die Hoffnung aus, dass es in künftigen Zeiten möglich sein wird, zum Gesetz zurückzukehren.

In Israel ist das Schächten für alle öffentlichen Schlachthäuser mit Ausnahme von Gemeinden mit überwiegend arabischer Bevölkerung vorgeschrieben. Ebenso muss das nach Israel eingeführte Fleisch koscher sein. Dies bedeutet eine besondere Belastung für die Wirtschaft, da das Schächten und die strengen Tauglichkeitsbestimmungen eine Preiserhöhung um 25 bis 50 Prozent bewirken. Auch die Armeekrankenhäuser und sonstige öffentliche Anstalten, die eine Küche betreiben, sind angehalten, die Speisegesetze zu befolgen. Diese Bestimmungen belasten das Budget und die Devisenbilanz sowie jeden einzelnen Bürger Israels. Die religiösen Gruppen haben diese Gesetze herbeigeführt, indem sie ihre Koalitionspartner politisch unter Druck setzten. Denn sie befürchteten, dass manche Juden die Einhaltung der Speisegesetze aufgeben würden, wenn sie die Wahl hätten, billigeres, nicht koscheres Fleisch zu kaufen.

V. DIE VERFOLGUNG

Der Antisemitismus

> »Unter diesen Nationen wirst
> du keine Ruhe finden.«[1]

Der Hellenismus mit seiner Idealvorstellung von der
Gemeinschaft aller Völker und Götter warf den Juden
vor, die Verehrung anderer Götter abzulehnen und
sich durch ihre Speisegesetze von den anderen Völkern abzusondern. Des Weiteren wurden sie beschuldigt, Feinde der Götter und gottlos zu sein. Denn sie
weigerten sich, die Götter anzubeten, welche die Himmelskörper und die Elemente Wasser, Feuer etc. ver-
körperten. Die Ablehnung fremder Götter wurde als
Fremdenhass ausgelegt und diese Einstellung beurteil-
te man als rückständig und barbarisch. Zahlreiche
antijüdische Pamphlete mit Angriffen dieses Inhalts
hatten sowohl behördliche Maßnahmen als auch Ausschreitungen gegen Juden zur Folge. Der Ablehnung
des römischen Kaiserkultes durch die Juden wurde
mit gleichem Unverständnis begegnet.

Die junge christliche Kirche stand naturgemäß in
Konkurrenz zum Judentum, da beide Religionen ihre
Wahrheit aus der Bibel ableiten und das Christentum
bestrebt war, möglichst viele Juden auf den »neuen«
Weg zu bringen. Dies war der Ausgangspunkt des

christlichen Antijudaismus, der schon in den Evangelien zu Tage tritt.

In islamisch dominierten Ländern wurden Christen und Juden gleichermaßen benachteiligt, wobei mancherorts die Christen durch ihre anpassungsfähigere Verhaltensweise, mancherorts die Juden, die durch gleiche Beschneidungs- und Speisevorschriften den Muslims näher standen, im Vorteil waren.

Die ersten Jahrhunderte des Mittelalters waren relativ frei von massiven antijüdischen Tendenzen. In dieser Zeit bemühten sich weltliche Machthaber, Juden zur Niederlassung in ihren Städten zu bewegen, und gewährten ihnen dafür besonderen Schutz und Privilegien. Durch die Finanzkraft der Juden und ihre internationalen Verbindungen ergaben sich große finanzielle Vorteile für die Städte, die so in den überregionalen Warenverkehr einbezogen werden konnten.

Aus dem 9. Jahrhundert n. Chr. sind Schriften des Erzbischofs Agobard von Lyon (769–840 n. Chr.) erhalten geblieben, in denen er die Einstellung von Christen beklagt, die den jüdischen Glauben für attraktiver und sogar richtiger ansahen als den christlichen.

Diese Entwicklung sowie der Umstand, dass die Kirche vom jüdischen Grundbesitz keine Abgaben erheben konnte, veranlasste die Geistlichkeit, gegen die Juden vorzugehen.

Die Beschlüsse des IV. Laterankonzils von 1215 sind für die damalige Situation bezeichnend: Juden mussten sich u.a. durch ihre Kleidung deutlich von den Christen unterscheiden und sie durften keine öffentlichen Ämter übernehmen. Auf der Provinzial-synode von Wien im Jahr 1267 wird gefordert, dass Juden von ihren Äckern den Zehnten an den Pfarrer abführen sollen und dass die Christen mit den Juden nicht gemeinsam essen, tanzen oder sonstige Feiern begehen dürfen. Zweifellos zeigen solche Bestimmungen, dass es zwischen Juden und Christen einen gesellschaftlichen Umgang gab.

Die Situation änderte sich vor allem im Rheinland und später in Frankreich nachhaltig durch die Kreuzzüge. In vielen christlichen Ländern wurde der Kampf gegen die Ungläubigen gleich an Ort und Stelle durch die Verfolgung von Juden aufgenommen. Die antijüdischen Tendenzen in Europa verstärkten sich auch durch die Einschränkung der Erwerbstätigkeit der Juden auf den Geldverleih.

In dieser Atmosphäre war es nicht verwunderlich, dass man die Juden beschuldigte, die in der Mitte des 14. Jahrhunderts auftretende Pest durch die Vergiftung der Brunnen verursacht zu haben. Juden wurden nämlich durch ihre Reinigungs- und Speisegesetze sowie durch ihre Abgeschlossenheit in eigenen Stadtteilen weniger von ansteckenden Krankheiten befallen als andere.

In diesen Jahren, als große Teile der europäischen Bevölkerung durch die Pest umkamen, fand die Beschuldigung, dass Juden an der Seuche schuld seien, leicht Glauben. Obwohl Papst Clemens VI. (1292-1352 n. Chr.) in einer Bulle die Unhaltbarkeit dieses Verdachts proklamierte, tötete man in mehr als dreihundert Gemeinden Juden, meist auf dem Scheiterhaufen. Gleichfalls ungehört blieb die Feststellung des berühmten Arztes Konrad von Mengenberg, der auch auf die vielen an der Pest gestorbenen Juden hinwies und daher eine Vergiftung der Brunnen durch die Juden als unmöglich bezeichnete.

Auch nach der großen Pestepidemie blieb die Vorstellung über die Schuld der Juden an dieser Seuche erhalten und beeinträchtigte noch viele Jahrhunderte das Verhältnis zwischen Christen und Juden. Passionsspiele, die die Juden besonders abstoßend darstellten und sie für die Kreuzigung Jesu verantwortlich machten, verstärkten noch dazu judenfeindliche Einstellungen.

Es erfolgte die Vertreibung der Juden aus England, Frankreich und Spanien sowie aus einigen deutschen Städten. Im 16. Jahrhundert setzte sich von Italien aus der Brauch durch, die Juden in besondere Stadtteile, in Ghettos, zu verbannen.

Die Philosophen der Aufklärung im 18. Jahrhundert nahmen Partei für die Juden, um durch das Aufzeigen des Unrechts der Judenverfolgung die katholische Kirche zu treffen. Das Judentum als Religion jedoch wurde vor allem von den französischen Enzyklopädisten noch vehementer angegriffen als die christliche Religion, da sie vom Judentum keinerlei Sanktionen zu erwarten hatten.

Die antijüdische Agitation erhielt durch die im Entstehen begriffene nationale Bewusstseinsbildung und durch die Konkurrenz jüdischer Gewerbetreibender neuen Auftrieb. Auch die kurzfristige liberale Ära des 19. Jahrhunderts, die dem Judentum nicht nur formell, sondern auch dem Geist nach die Gleichberechtigung brachte, fand bald ein Ende. Die antijüdische

Judenverbrennung aus der Schedelschen Weltchronik, 1493
(Foto: Österreichische Nationalbibliothek).

Entwicklung setzte sich im ausgehenden 19. Jahrhundert und in den ersten Jahrzehnten des 20. Jahrhunderts fort und führte schließlich zur Vernichtung eines bedeutenden Teils des europäischen Judentums.

Die Geschichte einer derart abwegigen Geisteshaltung wie die des Antisemitismus verlangt aber nach einer sinnvolleren Erklärung als die schon angeführte religiöse und ökonomische. Tatsächlich scheint der Antisemitismus eine spezifische Art des Fremdenhasses zu sein. Dass aber dieses Phänomen manchmal nach vielen Generationen friedvollen Zusammenlebens von Juden und Nichtjuden immer wieder auftritt, zeigt, dass die Angst vor dem fremdartigen Erscheinungsbild einer Minderheit eine wesentliche Antriebskraft darstellt. Denn das Fremde stellt das eigene Selbstverständnis in Frage. Dies kann unter Umständen kulturell befruchtend wirken, kann jedoch auch als Bedrohung empfunden werden. Insbesonders dann, wenn materielle Not, Seuchen oder unerklärliche Schicksalsschläge über Menschen hereinbrechen. Als Erklärung dafür und um die Angst rationalisieren zu können sucht man einen Sündenbock. Eine schutzlose, klar definierbare Minderheit (siehe die Nürnberger Gesetze!) ist dafür bestens geeignet. Eine Minorität als Zielgruppe des Fremdenhasses kommt besonders gelegen, da sie der Majorität unterlegen ist und Aggressionen an einer Minorität meist ungestraft abreagiert werden können.

Ein weiteres Element, das zur Ausprägung einer antisemitischen Einstellung führt, ist die Verallgemeinerung. Gesetzt den Fall, dass man mit einer Anzahl von Angehörigen dieser Minderheit negative Erfahrungen hatte, widerspricht es der Logik, wenn man daraus auf mehr als vierzehn Millionen Menschen schließen würde.

Wie schwierig es ist, mit dem Verstand gegen Vorurteile anzukämpfen, weiß ich aus ureigenster Erfahrung: Ich war in meiner frühesten Jugend wiederholt auf den ungarischen Gutsbetrieben meiner beiden Großväter im Urlaub. Wenn dort etwas abhanden kam, hieß es »die Zigeuner haben es gestohlen«. Es hat lange gedauert, bis ich dieses in mir eingeimpfte Vorurteil beseitigen konnte, und ich bin nicht ganz sicher, ob mir das wirklich vollständig gelungen ist.

Antisemitische Gefühle können erstaunlicherweise bei Menschen auftreten, die noch nie bewusst Juden begegnet sind. Die Erklärung hierfür könnte sein, dass solche Empfindungen über einige Generationen weitergegeben werden können. Konrad Lorenz (1903–1989) bietet eine weitere Erklärung für diesen Antisemitismus ohne Juden: »In der Reizsituation, die kollektiv-aggressive Begeisterung auslöst, kann als ein wirksamer Schlüsselreiz das Vorhandensein einer Bedrohung der zu verteidigenden Werte gehören. Dem Demagogen ist sehr wohl bekannt, dass ein solches Feindbild auch dann seinen Zweck erfüllt, wenn es frei erfunden ist.«[2]

Die mannigfaltigen Erscheinungsformen von Fremdenhass scheinen dieselbe Ursache zu haben, da sie sich sonst wegen der räumlichen und zeitlichen Distanzen nicht so ähnlich sein könnten. Konrad Lorenz dazu: »Es besteht kein Zweifel, dass eine große Anzahl von qualitativ unverwechselbaren Gefühlen allgemein menschlich, das heißt in der Erbmasse des Menschen verankert ist.«[3]

Für die Entstehung dieser »Verankerung« wurde durch neuere Arbeiten auf diesem Gebiet eine Erklärung gefunden: Die vor einigen Jahren von mehreren namhaften Forschern gleichzeitig erstellte evolutionäre Erkenntnistheorie verweist auf die Entwicklungsgeschichte des Homo sapiens in den letzten dreißigtausend Jahren.

Während dieser Zeit lebte der Mensch in Großfamilien, wobei sowohl innerhalb dieser eine genetische Selektion erfolgte als auch im Kampf der Großfamilien untereinander. Durch diese Selektion konnten nur solche Gruppen überleben, deren Mitglieder das »altruistische Gen« besaßen. Diese waren dadurch in Notsituationen bereit, im Interesse der Erhaltung der

Großfamilie dem Fremden ohne Rücksicht auf das eigene Leben entgegenzutreten. Es entstand somit eine altruistische Einstellung der einzelnen Individuen den Mitgliedern ihrer Gruppe und gleichzeitig eine aggressive und egoistische Einstellung den Fremden gegenüber. Aus dem Tierreich wären zahllose Beispiele für ein solches Verhalten zu erbringen.

Diese genetisch bedingte Verhaltensbeeinflussung kann jedoch die menschliche Verhaltensfreiheit nicht aufheben. Es handelt sich lediglich um Verhaltensimpulse, die durch Stress, besonders ökonomischer und sozialer Art, ausgelöst werden können. Konrad Lorenz führt aus: »Wie andere instinktmäßig programmierte Verhaltensweisen wird auch die der kollektiv-aggressiven Begeisterung durch eine Kombination ziemlich scharf definierbarer Reizsituationen ausgelöst.[4] Diesem Aggressionstrieb wirken Hemmungen entgegen, die hauptsächlich durch Erziehung und durch den Einfluss der Umgebung erworben werden können.«

Konrad Lorenz weist weiterhin auf das individuelle menschliche Sicherheitsbedürfnis hin und sieht einen der Gründe des Fremdenhasses in der Angst, die eine fremde Kultur mit unterschiedlichen Verhaltensformen einflößt. Diese Angst entsteht durch das Infragestellen der eigenen Lebenswerte und Ideale. Bei der Rückführung des Wortes »unheimlich« auf seine Wurzel, wird dieser psychologische Mechanismus offensichtlich.

Fremdenhass hat nach wie vor eine gesellschaftliche Funktion, da er das Selbstgefühl sowohl der Gruppe als auch des Einzelnen bestärkt. Man wird sofort ein besserer Mensch, wenn die anderen als minderwertig eingestuft werden. Die Projektion, ein bekanntes psychologisches Phänomen, wird der Minorität gegenüber besonders oft und gerne angewendet. Dabei werden der jeweiligen Gruppe solche Taten zur Last gelegt, die man unbewusst selbst gerne begehen möchte, aber durch Hemmungen daran gehindert wird. Schon im Talmud wird vor solcher Geisteshaltung gewarnt: »Einen Fehler, der dir anhaftet, wirf nicht deinem Nächsten vor.«

Seit der Antike wurde den Juden gegenüber immer wieder der Vorwurf erhoben, den Antijudaismus durch ihr starres Festhalten an ihrer kulturellen und religiösen Identität selbst zu verschulden. Der Untergang der jüdischen Kultur wäre aber – wie der jeder anderen Kultur – für die gesamte Menschheit ein nicht wieder gutzumachender Verlust. Es sei wieder auf Konrad Lorenz verwiesen, der den Begriff »interkulturelle Selektion« prägte. Da der Homo sapiens durch Zehntausende von Jahren seine Entwicklung dem genetischen Kombinations- und Selektionsprozess zu verdanken hat, kann nunmehr ein Fortschritt praktisch ausschließlich durch die gegenseitige Befruchtung unterschiedlicher Kulturen erfolgen. Kulturelle Blütezeiten gehen meist auf solche Symbiosen zurück.

Konrad Lorenz meint, dass Fremdenhass durch das Lernen von Toleranz gegenüber anderen Kulturen überwindbar sein müsste. Hubert Markl (geb. 1938) spricht über das Aufspüren der letzten Spuren biologischer Fesseln, um eine Befreiung von diesen Einflüssen zu erreichen. Es wäre sicher eine Chance für die Menschheit, sich von der Geißel des Fremdenhasses zu befreien und zu erkennen, dass Irritationen, die Fremde unter Umständen verursachen, nicht das Resultat höherer Einsicht oder Eingebung sind, sondern der Rest tierähnlichen Verhaltens.

Blut und Ritualmordlegenden

> »Wo immer ihr wohnt, dürft ihr kein Blut genießen, weder von Vögeln noch vom Vieh. Wer Blut genießt, soll aus seinem Stamm ausgemerzt werden.«[5]

Ein ähnliches Gebot erging schon an Noah: »Nur Fleisch, in dem noch Blut ist, dürft ihr nicht essen. Wenn aber euer Blut vergossen wird, fordere ich Rechenschaft, und zwar für das Blut eines jeden von euch.«[6] Die Verbindung Tierblut mit Menschenblut zeigt, dass das Verbot, Tierblut zu essen, mit der Ehrfurcht vor dem Leben verbunden ist, das Gott schuf. Das Blut als »der Sitz des Lebens«[7] hatte ursprünglich wahrscheinlich magische Bedeutung. So wurde zum Beispiel bei der Priesterweihe das Blut der Opfertiere auf die Hände und Füße des Kandidaten aufgetragen und die Ecken des Altars und das Allerheiligste mit Blut geweiht, um böse Einflüsse abzuwenden.

Die Bedeutung dieses Rituals ergibt sich auch aus dem an die Juden am Vortag des Auszugs aus Ägypten ergangenen Gebots, ihre Türpfosten mit dem Blut des Opferlammes zu bestreichen. Denn als die zehnte Plage, die Tötung der Erstgeborenen, über Ägypten kam, hat der Todesengel die so gekennzeichneten Häuser nicht betreten.

Blut zu trinken oder aus Blut zubereitete Speisen zu essen verbietet nur die jüdische Religion. Ähnliche Verbote wie dieses kommen in der jüdischen Religion des Öfteren vor. Sie wurden vermutlich auch deshalb erlassen, um zu vermeiden, dass Juden Kulthandlungen der Nachbarvölker nachahmten. Denn bei manchen anderen Völkern herrschte die Annahme vor, dass positive Eigenschaften vom Tier oder sogar vom Menschen durch das Trinken von Blut übertragen werden. Obwohl bis heute Blutrituale im nahöstlichen Bereich nicht nachgewiesen werden konnten, nehmen Wissenschaftler dennoch an, dass das Verbot, Blut zu sich zu nehmen, damit zu tun haben könnte.

Trotz des eindeutigen Verbotes des Blutgenusses wurden die Juden zuerst in der hellenistischen Zeit, dann vom 12. Jahrhundert an bis ins 20. Jahrhundert beschuldigt, zur Zubereitung der Matza für Pessach Menschenblut verwendet zu haben. Dieses Gerücht verbreitete sich in ganz Europa und wurde von Generation zu Generation weitergegeben. Kaiser Friedrich II. (1194–1250) ordnete eine Untersuchung dieser Beschuldigungen an. Als die eingesetzte Kommission von den kirchlichen Behörden keine klare Stellungnahme erhielt, wurden vom Judentum abgefallene Personen in die Untersuchung einbezogen. Da sie sich von ihren früheren Glaubensgenossen getrennt hatten, nahm man an, von ihnen eine objektive Auskunft erhalten zu können. Der Bericht der Kommission widerlegte alle derartigen Beschuldigungen eindeutig. Trotzdem wurden Juden immer wieder der gleichen Tat bezichtigt und unter grausamer Folter getötet.

Ebenso wenig nützte es, dass Bernhard von Clairvaux (1090–1153 n. Chr.) und die Päpste Gregor IX. (um 1170–1271 n. Chr.) und Innozenz IV. (1195–1254 n. Chr.) diese Anschuldigungen heftig verurteilten. Juden wurden weiterhin verdächtigt, das Blut von Christen, vor allem das von christlichen Kindern, zur Herstellung von ungesäuertem Brot für das jüdische Pessachfest zu verwenden. Es tauchten auch Vorstellungen auf, wonach Juden Christenblut zur Erweckung sexueller Lust und als Medizin gegen die Menstruation von Männern (!) und Frauen verwendeten (Gerichtsprotokoll von Trnava 1494). Am Rande sei darauf hingewiesen, dass Christen im 2. Jahrhundert n. Chr. von Heiden des gleichen Verbrechens angeklagt wurden.

Da sich diese Anschuldigungen mit der Zeit immer mehr verbreiteten und immer mehr Juden deswegen gefoltert und getötet wurden, wandten sich die Juden an den Heiligen Stuhl mit der Bitte, diese angeblichen Verbrechen untersuchen zu lassen. Kardinal Conganelli, der spätere Papst Clemens XIV. (1705–1774 n. Chr.), veröffentlichte im Jahr 1759 das Ergebnis seiner Untersuchungen. Unter anderem schreibt er: »Wir müssen Rechenschaft darüber geben, mit welch innigem Glauben wir Gott mit den Worten der Psalmen bitten müssen: ›rette uns von den Verleumdungen‹, da es nicht geleugnet werden kann, dass die Verleumdung den Weisen zum Dummen macht und die Stärke seines Herzens zerstört.«

Auch diese Erklärung konnte die Flut der Anschuldigungen nicht bremsen. Bis ins 20. Jahrhundert gab es in Russland, Polen und im Baltikum Ritualmordprozesse. Auch die Nazis verwendeten diese Legende für ihre Zwecke und hielten in Memel (1936), in Bamberg (1937 eine Wiederaufnahme) und in Böhmen (1940) solche Prozesse ab. Die nationalsozialistische Zeitschrift »Der Stürmer« brachte am 1. Mai 1934 gar eine Ritualmord-Nummer, die zum Teil von Wissenschaftlern mitgestaltet worden war.

In diese Kategorie der Anschuldigungen fallen auch die Legenden über den Hostienfrevel: So soll die heilige Hostie beim Durchstechen durch Juden geblutet und Schmerzenslaute von sich gegeben haben. Entscheidend für die Entstehung solcher Legenden war die Lehre von der Transsubstantiation, wonach das Brot ganz in den Leib Christi verwandelt wird. Diese Lehre wurde im Jahr 1215 vom IV. Laterankonzil verabschiedet und schon im Jahr 1243 kam es in der Nähe von Berlin zur ersten Beschuldigung der Hostienschändung. Eine große Zahl von Juden wurde mit ihren Familien an Pfähle gebunden und verbrannt.

Ähnliche Vorfälle häuften sich in Paris, Brüssel, Bayern und Italien, wo der berühmte Renaissancemaler Paolo Uccello (1397–1475) in vier Predellengemälden das angebliche Geschehen festhielt.[8] Die letzten grausamen Exekutionen fanden 1761 in Nancy statt, aber noch 1836 wurde in Rumänien Anklage wegen Hostienschändung erhoben. Das Paradoxe bei diesem Phänomen ist, dass Juden, um eine Hostie schänden zu wollen, an die im absoluten Gegensatz zu ihrer Religion stehende Transsubstantiationslehre glauben müssten.

Die Anschuldigungen über Ritualmord und Hostienschändungen wären sicherlich nicht ohne Verteufelung der Juden durch die Kirche möglich gewesen. Kurt Schubert zeigte auf, dass den Juden unterstellt wurde, mit dem Mord an christlichen Kindern sowie mit dem Schänden von Hostien den Gottesmord zu wiederholen.

Die Zwangstaufe

> »Der Herr wird dich unter alle Völker verstreuen ... Dort musst du anderen Göttern dienen.«[9]

Vom 5. Jahrhundert n. Chr. an wurden Juden immer wieder gezwungen, das Christentum anzunehmen. Dieser Zwang hatte vielerlei Gesichter, vom befohlenen regelmäßigen Anhören der Predigten dominikanischer Mönche, über Androhung der Vertreibung und des Todes bis zur physischen Gewaltanwendung bei der Verabreichung des Taufsakraments. Seit Papst Gregor I. (590–604) wurde die Taufe ohne Einwilligung des zu Taufenden von den meisten Päpsten abgelehnt.

Unterschiedliche Auffassungen traten zu Tage, als es um die Beurteilung ging, inwieweit eine nur unter Drohung und nicht unter Gewaltanwendung erpresste Einwilligung gültig und daher unwiderruflich ist. In diesem Fall urteilten die meisten Päpste, dass die Taufe gültig ist und die Rückkehr zum früheren Glauben einer Häresie gleichkommt. Bei Gewaltanwendung meinten nur einige wenige Päpste, dass die Taufe gültig sei. Obwohl Häretiker von der Inquisition mit dem Tod auf dem Scheiterhaufen bestraft wurden, übten viele zwangsgetaufte spanische Juden im Geheimen den jüdischen Glauben weiter aus. Sie wurden als Marranen bezeichnet. Oft kehrten in späteren Generationen Nachkommen dieser Marranen wieder zur Religion ihrer Ahnen, zum Judentum, zurück.

Als Zwangstaufe ist auch die Taufe unmündiger Kinder aufzufassen, die gegen den Willen ihrer Eltern getauft wurden. Dies wurde bis ins vorige Jahrhundert in ganz Europa praktiziert. Die zahlenmäßig größte Bedeutung erreichte dieses Vorgehen im Russland des 19. Jahrhunderts, wo man wahllos acht- bis zwölfjährige jüdische Knaben gefangen nahm und sie zum Militärdienst zwang, um sie dort durch entsprechende Maßnahmen zur Annahme der Taufe zu bewegen. Ein für die Auffassung und Sitten des 18. Jahrhunderts in Österreich bezeichnender zeitgenössischer Bericht soll hier kurz wiedergegeben werden:

Isaak Landesmann, 1727 geboren als Sohn des wohlhabenden Jeremias Landesmann, führte sehr ausgebreitete Geschäfte mit den Herrschaftsbesitzern der Umgebung. Einen besonders regen Geschäftsverkehr unterhielt er mit dem Besitzer der Herrschaft Pullitz, dem Grafen Adam Ignaz von Berchthold, dessen Gemahlin Landesmann wegen seines biederen Charakters lieb gewonnen hatte und seine Besuche im Schloss gern sah. Als Landesmann aber merkte, dass es die Frau Gräfin in ihrem Eifer für die katholische Kirche nur darauf abgesehen hatte, ihn zum Abfall von seinem Glauben zu bewegen, stellte er die Besuche im Schloss ein. Die Gräfin, durch den Widerstand des Juden gereizt, wollte nun wenigstens eines seiner Kinder dem Christentum zuführen. Nachdem die

Ortshebamme der Gräfin anvertraut hatte, dass sie den jüngsten der drei Knaben Landesmanns, den am 4. Februar 1760 geborenen Löbel, getauft habe, beschloss man, dem Vater das Kind abzufordern. Der dem Landesmann freundlich gesinnte Schlosskaplan warnte jedoch den ahnungslosen Vater und dieser konnte seine Kinder noch rechtzeitig zu einem befreundeten Rabbiner schicken.

Gegen Landesmann wurde sofort Anzeige erstattet wegen Verschleppung eines getauften Kindes. Nach vier Monaten, die er im Pullitzer Schlossgefängnis zuzubringen hatte, brachte man ihn in die Fronfeste des Znaimer Stadtgerichtes, wo er anfangs noch optimistisch in die Zukunft blickte. Bald jedoch wurden ihm grausame Strafen angekündigt, falls die Kinder nicht bald zurückgebracht würden. Über Landesmanns Ängste und Gefühle geben seine Briefe an seine Frau Ester Auskunft. Diese versuchte mit allen Mitteln, die Haft ihres Mannes zu erleichtern und ihn freizubekommen. Erst nach Zurücklegen einer hohen Kaution wurde Landesmann auf freien Fuß gesetzt und das Verfahren sehr bald eingestellt, da ohnehin erhebliche Zweifel an der angeblichen Taufe des Judenkindes bestanden.

Das »Weltjudentum«

Die Stämme Israels werden als Nachkommen der zwölf Söhne Jakobs betrachtet, der von Gott den Ehrennamen Israel erhalten hatte. Welche die zwölf Stämme Israels bildeten, ist unklar, da zwei Stämme manchmal nicht gezählt werden: Levi, weil er als Tempeldiener kein eigenes Stammgebiet erhielt, und Simeon, weil dieser Stamm schon frühzeitig im Stamm Juda aufging. Wird bei der Aufzählung der Stämme einer der beiden genannten weggelassen, werden die Stämme Ephraim und Manasse – die ihren Namen von den Söhnen Josefs, also von Jakobs Enkelkindern erhielten – als zwei Stämme gezählt.

Die Wissenschaft ist sich über die Frage, ob alle zwölf Stämme den Auszug aus Ägypten mitmachten, nicht einig. Auch über den Zeitpunkt des Zusammenschlusses der Stämme gibt es verschiedene Ansichten. Sicher ist, dass sowohl Saul und David als auch Salomon schon über ganz Israel herrschten. Nach Salomons Tod im Jahr 927 v. Chr. spaltete sich das Land in ein Nordreich der zehn Stämme und in ein Südreich der zwei Stämme Juda und Benjamin mit Jerusalem als Hauptstadt.

Nach der Eroberung des Nordreichs durch die Assyrer im Jahr 722 v. Chr. wurde die Bevölkerung in andere Teile des großassyrischen Reiches verschleppt. Damit wollten die Assyrer möglichen Revolten in besiegten Ländern vorbeugen. Da die zehn Stämme aus der Geschichte verschwanden, bildeten sich schon bald zahlreiche Legenden über sie. Bis in die Neuzeit berichteten jüdische und nichtjüdische Forscher und Reisende über das Verbleiben der zehn Stämme. Es gibt kaum einen Fleck auf der Welt, der nicht als das Land der zehn verlorenen Stämme bezeichnet worden wäre. Man glaubte, sie in den Indianern, in der Bevölkerung der Karibik, in den Falaschas Äthiopiens und in den Juden Jemens zu entdecken. Die Mormonen behaupten von sich, die Nachkommen dieser Stämme zu sein. Am wahrscheinlichsten jedoch ist es, dass die verschleppten Juden in Mesopotamien angesiedelt wurden. Der Großteil dürfte sich im Lauf der Zeit mit der einheimischen Bevölkerung vermischt und seine Identität verloren haben.

Im Gegensatz zu den Südstämmen, die den Tempel in Jerusalem als Kultstätte besaßen, hatten die Nordstämme kein ähnlich bedeutendes zentrales Heiligtum. Dies könnte vielleicht die weniger starke Verbundenheit mit ihrer Religion zur Folge gehabt haben. Es gibt dennoch gewisse Anzeichen dafür, dass auch Nachkommen der verschleppten Juden des Nordreiches gemeinsam mit den aus dem Babylonischen Exil Zurückkehrenden den Weg zurück in ihre Heimat fanden. Ein bedeutender Teil der nach der Zerstörung des ersten Tempels im Jahre 586 v. Chr. nach Babylonien gebrachten Juden blieb auch trotz Rückkehrerlaubnis dort. Im Nachfolgestaat Persien bildeten sich in mehreren Städten blühende Gemeinden, die sich zu Zentren jüdischer Gelehrsamkeit entwickelten. Hier entstand in den ersten fünf Jahrhunderten der christlichen Zeitrechnung der babylonische Talmud, der sich gegenüber dem palästinischen durchsetzen konnte.

Schon bald nach dem 6. Jahrhundert v. Chr. entstanden in Ägypten jüdische Gemeinden, die sehr schnell große Bedeutung erlangten. Fast überall in der griechisch-römischen Welt entwickelten sich blühende jüdische Zentren. Die Eroberung Jerusalems und die Zerstörung des Tempels im Jahre 70 n. Chr. lösten eine weitere Welle der Auswanderung aus.

Im Mittelalter gab es zwei große Zentren jüdischer Ansiedlungen: das aschkenasische Judentum im Rheinland, Nordfrankreich und England sowie das sephardische Judentum auf der Iberischen Halbinsel. Noch heute wird zwischen aschkenasischen Juden, so genannt nach dem hebräischen Wort für Deutschland, und sephardischen Juden, nach dem hebräischen Wort für Spanien, unterschieden. Die Aschkenasim entwickelten das Jiddische als ihre Sprache, und zwar aus dem Mittelhochdeutschen mit Anreicherung von hebräischen und slawischen Wörtern. Die Sprache der Sephardim ist Ladino, das aus dem Spanischen und dem Hebräischen entstanden ist und wie das Jiddische bis heute gesprochen wird. Die aschkenasische Kultur verbreitete sich in Europa, und hier besonders im Osten. Die sephardische Kultur hingegen fand, besonders durch die Vertreibung der Juden aus Spanien im Jahr 1492, in Nordafrika, im Nahen Osten, in Südfrankreich und in Italien eine neue Heimat.

Durch die unterschiedliche Umgebung sprechen diese Gruppen die hebräische Sprache verschieden aus. Die offizielle Sprache des Staates Israel folgt der sephardischen Aussprache. Abgesehen von einer anderen Art der Kleidung und etwas abweichendem Ritus verhielten sich die beiden Gruppen unterschiedlich zu ihrer Umgebung. Die Sephardim waren besser integriert und genossen daher auch eine umfassendere weltliche Erziehung, während sich die Aschkenasim von ihrer Umgebung eher absonderten. Trotzdem wurden beide Gruppen, wenn auch zu verschiedenen Zeiten, gleichermaßen verfolgt. Im 17.

und 18. Jahrhundert n. Chr. setzte in Spanien und Portugal eine Auswanderungswelle von Marranen[10] ein, die wegen ihrer häretischen Bräuche verfolgt wurden. Ein Teil dieser Marranen, die zum Judentum zurückgekehrt waren, gründete gemeinsam mit jüdischen Auswanderern aus Osteuropa die amerikanischen jüdischen Gemeinden.

In vielen Orten, wie in Venedig, kann man sephardische und aschkenasische Synagogen in unmittelbarer Nachbarschaft zueinander finden. Öfters entstanden – so wie heute in Israel – Streitigkeiten zwischen den beiden Gemeinden, vornehmlich aus wirtschaftlichen Gründen.

In Israel gibt es zwei getrennte Oberrabbinate, die für sephardische und für aschkenasische Juden zuständig sind. Die sephardischen Juden, die hauptsächlich aus Asien und Afrika nach Israel einwanderten, stammen in ihrer Mehrheit aus bildungsmäßig sowie sozial benachteiligten Schichten und sind durch Vermischung mit der Bevölkerung ihrer Gastländer dunkelhäutiger als die aschkenasischen Juden. Der israelischen Regierung gelang es, den Integrationsprozess zumindest einzuleiten, sodass aschkenasische Eltern heutzutage nicht mehr so unglücklich wie früher sind, wenn ihre Kinder einen sephardischen Partner heiraten.

Eine weitere Spaltung des Judentums in Israel ist durch den nationalen Charakter der zurückkehrenden Juden bedingt, die in den Ländern ihrer Herkunft die Eigenart ihrer Umgebung aufnahmen. Dies gilt besonders für die deutschen Juden, die sich zum Beispiel durch ihre überpünktliche und übergenaue Art vom mediterranen Charakter der anderen Israelis unterscheiden.

Bis in das 18. Jahrhundert waren die Juden in fast allen europäischen Staaten durch restriktive Gesetze von der vollberechtigten Teilnahme am Leben und an der Entwicklung ihrer Heimatländer ausgeschlossen. Durch die Aufklärung und in deren Folge durch die Gewährung der Gleichberechtigung änderte sich die Lage. Napoleon rief 1807 eine für das europäische Judentum repräsentative Versammlung nach Paris ein, an der aber fast ausschließlich französische Juden teilnahmen. Diese Versammlung wurde »Grand Sanhedrin« genannt, in Erinnerung an diese in den ersten Jahrhunderten vor und nach Christi Geburt hauptsächlich für religiöse Angelegenheiten zuständige Körperschaft. Es wurde festgelegt, dass jeder Jude bezüglich Ehe und Scheidung das Zivilrecht seines Landes als maßgebend anzuerkennen und seine Mitbürger unabhängig von der Religion als Brüder und das Land, in dem er lebt, als sein Vaterland zu betrachten hatte.

Juden nahmen Mitte des 19. Jahrhunderts sowohl in Österreich als auch in den anderen Ländern Europas an den national-liberalen Aufständen teil und identifizierten sich voll und ganz mit der Geschichte und der Kultur der einzelnen europäischen Länder.

Als diese Bestrebungen zur Assimilation nicht zuletzt aus wirtschaftlichen Gründen auf einen verstärkten Antisemitismus stießen, entstand der politische Zionismus im Gegensatz zum religiösen Zionismus, der im Grunde immer schon vorhanden gewesen war. Der Großteil der Juden Europas lehnte den politischen Zionismus vehement ab, da diese Bewegung die Verbundenheit des jüdischen Staatsbürgers mit dem Land, in dem er lebte, in Frage stellte. Außerdem gestaltete sich die Umsetzung dieser Idee in die Praxis wegen der Kosten der Übersiedlung und der in Palästina sehr eingeschränkten Erwerbsmöglichkeiten außerordentlich schwierig.

Erst durch die Verfolgungen durch die Nazis erkannten viele Überlebende ihre Zugehörigkeit zum jüdischen Volk und bekannten sich teilweise auch zum Staat Israel. So gibt es aber auch französische, englische oder amerikanische Juden, die keinerlei Beziehung zu Israel haben. Ein überwiegender Teil der Juden dieser Länder hat das Land ihrer Vorfahren noch nie besucht. Diese Juden fühlen sich durchaus als Teil der jüdischen Gemeinschaft – entweder wegen ihrer Religion oder weil sie von ihrer christlichen Umgebung in der einen oder anderen Form abgelehnt und so stets an ihre Herkunft erinnert werden. Neuerdings beginnen auch sie, ihre kulturellen Wurzeln zu entdecken.

Der Begriff des Weltjudentums ist nicht nur durch die unterschiedliche Herkunft der Juden, ihre unterschiedliche kulturelle Entwicklung und ihre unterschiedliche Einstellung zu Israel fragwürdig, sondern auch, wie schon angedeutet, durch die verschiedenen Glaubensauffassungen. Einen zusätzlichen Konfliktherd bilden die sich gegenseitig bekämpfenden diversen politischen Gruppierungen. Man findet Juden in jedem Teil des politischen Spektrums, von ganz rechts bis ganz links. Die weit reichenden ökonomischen und sozialen Unterschiede – es gibt sehr reiche und sehr arme Juden – steuern noch ein Übriges dazu bei, um die Idee der jüdischen Einheit zu einem nur mythischen Begriff werden zu lassen.

ANMERKUNGEN

Die Bezeichnung »Juden« kann richtig erst in der Zeit vom
1. Jahrhundert n. Chr. an angewendet werden.* Bis dahin
müsste es je nachdem »Hebräer«, »Judäer« oder »das Volk
Israels« heißen. Um dem Leser das Verständnis des Textes zu
erleichtern, wurde der Ausdruck »Juden« unabhängig von der
geschichtlichen Zeitperiode angewandt.

Bibelzitate wurden in den meisten Fällen der Einheitsübersetzung der Heiligen Schrift, Stuttgart 1981, entnommen. Dort,
wo es für den Zusammenhang unerlässlich war, wurde eine
wörtliche Übersetzung des hebräischen Textes vorgenommen.

Es wurde eine phonetische Umschrift des Hebräischen vorgenommen. Orts- und Personennamen wurden meist in verein-
fachter Schreibweise nach den »Loccumer Richtlinien« (Öku-
menisches Verzeichnis der biblischen Eigennamen, Stuttgart
1971) wiedergegeben.

Grundsätzlich wurden nur Bibelstellen zitiert. Zitate aus der
rabbinischen Literatur (Talmud etc.) wurden aus Gründen der
Übersichtlichkeit und Einfachheit nicht angegeben.

Kapitel I

[1] Dtn 8,3.
[2] Die fünf Bücher Mose,
Genesis, Exodus, Leviti-
kus, Numeri, Deuterono-
mium, werden hebräisch
»Tora« genannt. An sich
bedeutet »Tora« die ge-
samte schriftliche und
mündliche Überlieferung
des Judentums; im Folgen-
den wird der Ausdruck
»Tora« aber nur für die
fünf Bücher Mose ver-
wendet, die den Kern der
hebräischen Bibel und
somit der jüdischen Reli-
gion bilden. Inhaltlich
handelt es sich dabei um

* 2 Makk 2,21; 8,1; 14,38; Gal 1,13–14.

eine Erzählung, die von der Erschaffung der Welt über die Geschichte der Patriarchen, der Väter des jüdischen Volkes, Abraham, Isaak und Jakob, bis zur Befreiung der Israeliten aus der ägyptischen Gefangenschaft, der Wüstenwanderung und den Tod Moses' reicht.

3 Die zwölf »kleineren« Propheten sind in ihrer Bedeutung den anderen Propheten ebenbürtig, nur ist das von ihnen erhaltene Werk weniger umfangreich.

4 »Geniza« (hebr.) etwa »Versteck, Archiv, Schatzkammer«. So bezeichnet man Räume, in denen heilige Texte, Torarollen, Bibeln, Texte, in denen der Name Gottes vorkommt, aufbewahrt werden. Diese dürfen nicht vernichtet werden, sondern müssen aufbewahrt oder begraben werden. Meist ist in der Literatur unter »Geniza« nicht irgendeine Geniza, sondern die Dachbodenkammer der Synagoge von Alt-Kairo gemeint.

5 Dtn 34,5.

6 Dtn 31,24 ff.

7 Gen 23,18.

8 Num 16,28.

9 Lev 19,26.

10 Num 11,25 f.

11 1 Sam 9.

12 Apg 2,1–4.

13 Apg 10,44–46.

14 Apg 19,6.

15 Vgl. 1 Kor 14,1–11.

16 Gen 20,7.

17 Num 12,3.

18 Num 20,8.

19 Num 20,10.

20 Num 13 und 14.

21 Num 12,3.

22 Vgl. Jer 23,29.

23 Jer 28.

24 Jer 28,9.

25 Mt 9,34.

26 Mt 24,24.

27 Vgl. Dtn 13,6.

28 Vgl. 1 Joh 4,1–3.

29 Mt 7,16.

30 Dtn 30,11–14.

31 Ex 23,2.

32 Dtn 17,9.

33 Dtn 30,16.

34 Lev 27,34.

35 So erleidet Jesus etwa in der Unterwelt die Strafe eines Häretikers, weil er die Worte der Gelehrten verspottete.

36 Ex 19,8.

37 Num 25.

38 Lev 7,37f

39 Dtn 6,5.

40 Jer 31,3; Hos 3,1; 11,1.4.

41 Hld 2,4.

42 Jes 49,15.

43 Lev 19,18.

44 Mi 6,8.

45 Dtn 32,35.

46 Dtn 19,21.

47 Spr 24,29.

48 Ps 33,18–22.

49 Ex 20,4.
50 Gen 3,24.
51 Ex 25,18–21.
52 Gen 28,12.
53 Gen 18.
54 Gen 19.
55 Gen 14,19.
56 Gen 6,2.
57 Dan 10,13.21; 12,1 (Michael), 8,16; 9,21 (Gabriel).
58 Gen 2,7.
59 Gen 6,3.
60 Gen 3,19.
61 Gen 2,7.
62 Ex 20,5 f.
63 Gen 41.
64 Gen 41,32.
65 Dtn 22,8.
66 Laut rabbinischer Auffassung wurde die Tora entweder gleichzeitig mit der Schöpfung oder schon vorher von Gott verfasst, aber erst später Moses übergeben.
67 Gen 8,21.
68 Num 27; bes. 27,3.
69 Der Begriff »Ursünde« findet sich auch im Talmud und gibt eine Gelehrtenmeinung wieder, wonach die Schlange, als sie laut einer Legende Eva beiwohnte, ihr den Schmutz einimpfte, den Eva ihren Nachkommen weitergab. Dieser Schmutz wich erst vom Volk, als es am Berg Sinai die göttliche Offenbarung erhielt.
70 Röm 5, 12.
71 Lk 13,1–9.
72 Jona 3, 10.
73 Gen 32,29.
74 Num 16,32 f.
75 Ps 56,14.
76 Ps 115,17.
77 Vgl. Lev 18,5.
78 Dtn 15,11.
79 Jes 64,3.
80 Sach 4,6.
81 Jes 4,2–6; 61,1–11; 66,1–24, etc.
82 Hebr. 2,14 f.
83 Vgl. dazu Jes 11,6: »Dann wohnt der Wolf beim Lamm, der Panther liegt beim Böcklein. Kalb und Löwe weiden zusammen, ein kleiner Knabe kann sie hüten.«
84 Vgl. Jer 31,33.
85 Zef 3,9.
86 Ex 6,7.
87 Dtn 7,6.
88 Gen 18,19.
89 Lev 26,43 f.
90 Jes 53,11 f.
91 Vgl. Apg 10,9–16.44–48.
92 Röm 9,6.
93 Röm 9,8.
94 Röm 11,17.
95 1 Kor 10,1 f.

Kapitel II

1 Ex 20,2.
2 Dtn 5 und Ex 20.
3 Ex 32,15.
4 Gen 26,25.

[5] Gen Kap. 22.
[6] Gen 22,19.
[7] Gen 22,12.
[8] 2 Kön 3,26 f.
[9] Gen 32,10–13.
[10] Gen 1,26 f.
[11] Mk 12,29.
[12] Dtn 6,4.
[13] Dtn 6,5.
[14] Dtn 6,4–9; 11,18–21.
[15] In Nachahmung des christlichen Brauchs, ein Kreuz, an einem Halsband befestigt, zu tragen, ist es bei den Juden üblich, eine Mesusa, den Davidstern oder das hebräische Wort »Chaj«, deutsch »Leben«, zu tragen.
[16] Gen 24,27.
[17] Der Text wurde fast zur Gänze aus: »Jüdische Liturgie. Geschichte – Struktur – Wesen, hrsg. v. H. H. Henrix, Freiburg 1979 (Übersetzung von J. J. Petuchowski), Seite 77–80, genommen.
[18] Lev 15,5.
[19] Tit 1,15.
[20] Lev 27,2 ff.
[21] Gen 2,18.
[22] Gen 3,16.
[23] Gen 38,8 ff.
[24] Num 5,6.
[25] Ex 21,1.
[26] Ex 20,12.
[27] Lev 19,3.
[28] Num 27,8–11.
[29] Vgl. Ex 21,10.
[30] Gen 2,24.
[31] Vgl. Eph 5,24.
[32] Vgl. Mt 19,12.
[33] Gen 1,28.
[34] Dtn 22,13–22.
[35] Lev 21,13 f.
[36] Gen 2,23 f.
[37] Lev 20,10.
[38] Num 5,11–31.
[39] Ijob 31,10.
[40] Lev 18.
[41] Ex 22,30.
[42] Jos 2.
[43] 1 Kön 3,16 ff.
[44] Ri 16,1.
[45] Gen 1,31.
[46] Dtn 22,23–27.
[47] Spr 19,2.
[48] Gen 1,28.
[49] Lev 11,2.
[50] Gen 32,23 ff.
[51] Ex 23,19; 34,26; Dtn 14,21b.
[52] Num 22,32.
[53] Gen 1,26.
[54] Ex 21,28.
[55] Dtn 11,15.
[56] Dtn 25,4.
[57] Dtn 22,6 f.
[58] Ex 23,12.
[59] Ijob 35,11 (aus dem Hebräischen übersetzt).
[60] Num 22.
[61] Num 22,30.
[62] Gen 3,1–19.
[63] Jes 27,1.
[64] Gen 49,17.
[65] Ex 4,2–4.
[66] Num 21,6–9.
[67] Joh 3,14.
[68] Mt 10,16.
[69] Num 15,38.

70 Mi 6,8.

71 Lev 19,19; Dtn 22,11.

72 Gen 1,12. (aus dem Hebräischen übersetzt).

73 Lev 19,27.

74 Dtn 31,19.

75 Vgl. Dtn 6,7.

76 Jos 1,8.

77 Num 20,1 f.

78 Gen 21,29 f.

79 Gen 23,16.

80 Gen 24,22.

81 Ex 20,4.

82 Mt 21,12.

83 Jer 29,7.

84 In dem in der katholischen Bibel aufgenommenen Buch der Weisheit wird auf die Primärfrüchte, die hauptsächlich in der südlichen Jordansenke geerntet wurden, hingewiesen: »... und Pflanzen, die zur Unzeit Früchte tragen ...« (Weish 10,7). Das Buch der Weisheit wurde wohl im 1. Jahrhundert v. Chr. verfasst.

85 Dtn 23,20.

86 Gen 25,23.

87 Die Karlskirche und Schloss Schönbrunn wurden u. a. durch Geldanleihen von Hofjuden finanziert (siehe dazu Ausstellungskatalog 1000 Jahre Österreichisches Judentum, Eisenstadt 1982, Kat. Nr. 92 und 93).

88 Die bekanntesten waren: Jacob Bassevi von Treuenberg, Prag, 1590–1634, Familie Gomperz, Münster, in fünf Generationen von 1650 an, Israel Aaron Berlin, von 1655 an, sein Nachfolger Jost Liebmann 1640–1702, Leftmann Behrends, Hannover, 1634–1714, Berend Lehmann, Halberstadt, 1641–1730, Samuel Oppenheimer, Wien, 1630–1703, Samson Wertheimer, Wien, 1658–1704, die Familien Arnstein, Eskeles und Pereira in Wien im 18. und 19. Jahrhundert, Daniel Itzig, Berlin, 1723–1799, Josef Suess Oppenheimer, Stuttgart, 1699–1738.

89 Im 19. Jahrhundert gründeten einige jüdische Familien Bankgeschäfte. Die bekanntesten Namen sind: Rothschild, Goldschmid, Oppenheimer, Seligman, Warburg, Lehmann. Sie waren zum Großteil in Westeuropa tätig und hatten im Vergleich mit den heutigen Großbanken nur eine relativ geringe Bedeutung.

90 Num 30,3.

91 Ri 11,30–40.

92 Num 6,1–21.

93 Num 6,3.5.

94 Lk 1,15.

95 Apg 18,18; 21,24.

96 Ri 13–16.

97 Ri 16,4 ff.
98 Num 5,11–31.
99 Dtn 18, 10.11.
100 1 Sam 16,14.
101 Ex 19,4.
102 Dtn 7,3 f.
103 Rut 1,16.
104 Gen 12,3.
105 Jes 49,6.8 f.
106 Lev 25,17.
107 Lev 23,4.
108 Vgl. Dtn 5,33.
109 Vgl. Dtn 28,47.
110 Dtn 16,11.14.
111 Num 29,35.
112 Dtn 16,8.
113 Ex 35,2.
114 Gen 2,3.
115 Dtn 5,12–15.
116 Dies wird mit dem schon zitierten Toravers »... und ich gebe euch diese Lehre, damit ihr lebt« begründet.
117 Dtn 6,5.
118 Dtn 22,26.
119 Gen 1,5.
120 Dtn 6,7.
121 Lev 23,23.
122 Neh 8,1–8.
123 Gen 22,1–19.
124 Gen 8,21.
125 Num 29,7.
126 Ps 35,13; Jes 58,3.5.
127 1 Joh 1,9.
128 Lev 23,42.43.
129 Job 7,37.38.
130 Num 29,35.
131 2 Makk 7.
132 Ex 13,3.
133 Ex 12,34.
134 Ex 6 f.
135 Ex 12,46 f.
136 Ex 6,6
137 Mk 14,12 f; Lk 22,14 f.'
138 Mit »Synoptiker« werden wegen ihrer weitgehenden Übereinstimmung die drei ersten Evangelisten Matthäus, Markus und Lukas bezeichnet.
139 Joh 1,29.
140 Ex 12,46.
141 Num 28,26.
142 So die korrekte hebräische Umschrift; sprich: schawuot!
143 Dtn 16,9.
144 Ex 19,1.
145 Kremer J., Pfingstbericht und Pfingstgeschehen, Stuttgart o. J.
146 Lev 19,23 ff.
147 Num 10,10.
148 Gen 3,16.
149 Ex, 13,2, 15; 34,19; Num 3,13; Dtn 15,19. Sollte eine Frau schon vor der Geburt einen Abortus gehabt haben, dann wird die Geburt nicht als »Durchbrechung des Muttermundes« gewertet.
150 Für eine Agrargesellschaft war das Opfern von männlichen Tieren ein für den Tierbestand weniger ins Gewicht fallendes Vorgehen, da bei der Tierzucht weniger männliche als weibliche Tiere benötigt werden.

151 Gen 17,9 ff.
152 Jos 5,2.
153 2 Makk 6,10.
154 Lev 26,41.
155 Jer 9,25.
156 Röm 3.
157 Apg 15,1–31.
158 2 Kön 2.
159 Mal 3,23.
160 Mt 11,14.
161 Num 14,29.
162 Num 13.
163 U.a. Num 1,3.
164 Num 8,24.
165 Num 4,3.
166 Gen 24,8.
167 Gen 29,22.
168 Gen 29.
169 1 Makk 9,37–39.
170 Gen 22,17.
171 Jos 6, 11 ff.
172 Gen 24,67.
173 Gen 50,10.
174 Joh 11,17 ff.
175 Am 8,10.
176 Gen 23,2.
177 Dtn 21,1–9.
178 Dtn 21,8 in freier Übersetzung.
179 Hld 7,10 (beachte dazu
Einheitsübersetzung!).
180 Koh 5,15.
181 Apg 9,37
182 1 Kor 15,40.
183 Ijob 3,19.
184 Ijob 1,21.
185 Gen 3,19.
186 Dtn 14,1.
187 Gen 37,29.34.
188 Spr 20,27 (Übersetzung
aus dem Hebräischen).

Kapitel III

1 Ex 12,1.3.21.
2 Ex 23,25.
3 Jes 1,17.
4 Der Tempel besaß eine
große Sammlung religiöser
Schriften, von denen auf
Verlangen an jüdische
Gemeinden Abschriften
geschickt wurden.
5 Ps 137,2.
6 So drückt zum Beispiel
eine leer gelassene Stelle
in der Wohnung mancher
orthodoxer Juden die
Erinnerung an die Zer-
störung des Tempels aus.
7 Ex 15,22.
8 Jes 55,1.
9 Lev 22,32.
10 Num 16,21.
11 Num 14,27.
12 Num 13; 14.
13 Dtn 17,9–11.
14 Ex 18,17–23.
15 Num 11,16 f.
16 Dtn 1,17.
17 Lev 19,9–11.
18 Dtn 24,6.
19 Dtn 24,12.13.
20 Mt 20,8.
21 Mt 12,1; Mk 2,23.
22 Lev 25,35.
23 Jes 58,7; Ez. 16,49.
24 Lk 3,11.
25 Mt 19,27.
26 Spr 14,34.
27 Mt 6,2.
28 Ps 39,6.
29 Lk 14,12–14.

[30] Mt 25,35.
[31] Gen 17; 18.
[32] Dtn 28,59.
[33] Mk 2,1 ff; Mt 9,2 ff. u. a.
[34] Vg. 1 Kor 16,1–4.
[35] Num 9,14.
[36] 1 Kön 8,41–43.
[37] Dtn 17,15.
[38] Ex 12,38.
[39] Dtn 10,18 f.

Kapitel IV

[1] Num 1,27.
[2] Vgl. Lev 19,26; Dtn 18,10.
[3] Über die Entwicklung der Schriftzeichen informiert u.a. das Alphabetmuseum in Tel Aviv.
[4] Gen 14,14.
[5] Offb. 13,18.
[6] Über Gematria siehe: F. Weinreb, Der göttliche Bauplan der Welt, Bern 1978.
[7] Dtn 8,18.
[8] Num 28,14.
[9] Ex 31,3 f.
[10] Ex 20,4.
[11] Ex 25; 1K 6.
[12] Vgl. U. Schubert, Spätantikes Judentum und frühchristliche Kunst, Studia Judaica Austriaca II, Wien 1974.

[13] Jes 58,11.
[14] Ex 24,4.
[15] Dtn 13,8.
[16] Gen 1.
[17] Gen 2,4 ff.
[18] Ijob 38,15.
[19] Gen 50,24.
[20] Gen 37,13–17.
[21] Dan 9,21.
[22] Gen 45,5.7.8.
[23] Dtn 32,43.
[24] Dtn 30,5.8.

Kapitel V

[1] Dtn 28,65.
[2] Konrad Lorenz, Der Abbau des Menschlichen, München (Neuausgabe) 1986, Seite 186.
[3] A.a.O., Seite 103.
[4] A.a.O., Seite 186.
[5] Lev 7,26.
[6] Gen 9,4 f.
[7] Vgl. Lev 17,11.
[8] Galleria Nazionale, Urbino.
[9] Dtn 28,64.
[10] »Marranos«, wörtlich »Schweine«, sind Juden, die zwar zwangsweise getauft wurden, trotzdem aber ihre jüdische Identität oft für Generationen im Geheimen beibehielten.

Abkürzungen der biblischen Bücher

a) Die hebräische Bibel
bzw. das Alte Testament

Gen	Das Buch Genesis
Ex	Das Buch Exodus
Lev	Das Buch Levitikus
Num	Das Buch Numeri
Dtn	Das Buch Deuteronomium
Jos	Das Buch Josua
Ri	Das Buch der Richter
Rut	Das Buch Ruth
1 Sam	Das erste Buch Samuel
1 Kön	Das erste Buch der Könige
2 Kön	Das zweite Buch der Könige
Neh	Das Buch Nehemia
1 Makk	Das erste Buch der Makkabäer
2 Makk	Das zweite Buch der Makkabäer
Ijob	Das Buch Ijob
Ps	Die Psalmen
Spr	Das Buch der Sprichwörter
Koh	Das Buch Kohelet
Hld	Das Hohelied
Weish	Das Buch der Weisheit
Jes	Das Buch Jesaja
Jer	Das Buch Jeremia
Ez	Das Buch Ezechiel
Dan	Das Buch Daniel
Hos	Das Buch Hosea
Am	Das Buch Amos
Jona	Das Buch Jona
Mi	Das Buch Micha
Sach	Das Buch Sacharia
Mal	Das Buch Maleachi

b) Das Neue Testament

Mt	Das Evangelium nach Matthäus
Mk	Das Evangelium nach Markus
Lk	Das Evangelium nach Lukas
Joh	Das Evangelium nach Johannes
Apg	Die Apostelgeschichte
Röm	Der Brief an die Römer
1 Kor	Der erste Brief an die Korinther
Eph	Der Brief an die Epheser
Tit	Der Brief an Titus
Hebr	Der Brief an die Hebräer
1 Joh	Der erste Brief des Johannes
Offb	Die Offenbarung des Johannes

SACHREGISTER

Aberglaube 150, 202
Abtreibung 59, 114 f.
Alphabet 237 f., 244
Amida 94
Antisemitismus 146, 273 f.,
    283, 287, 289, 303
Apokalyptiker 42 f., 66, 69
apokalyptische Lehre 58, 70,
    254
aschkenasisch 91, 116, 145,
    195, 218, 301 f.
Askese 148, 159
Auferstehung 43, 47 f., 65 f.,
    68 ff., 205, 230
Aufruf zur Tora 198
auserwähltes Volk 73, 75,
    77

Balfour-Deklaration 277
Bann 211
Bar Mitzwa 195 ff.
Basler Konzil 40
Bat Mitzwa 195, 197
Bedecken der Kalle 200
Begierdetaufe 68
Begräbnis 202 ff.
Beschneidung 76, 189, 191 ff.,
    231, 231, 283
Betschal 126
Bilderverbot 52, 137, 251
Blut 50, 118, 156, 164, 183,
    204, 292 ff.
Böse, das 57 f., 70, 123
Brunnenvergiftung 285 f.
Bücherverbrennung 40
Buße 64 f., 161, 173

Chanukka 177 f., 180
Chanukka-Leuchter 178 f.
Chassidim 216, 245
Chibbat-Zion 273 f.
Chuppa 200

Davidstern 92 f.
Dualismus 58

Ehe 106 ff., 111, 154, 200 f.,
    279f, 303
Ehebruch 110, 121
Eigenschaften Gottes 51, 245
Empfängnisverhütung 104
Engel 55 ff., 90, 117, 122,
    244
Erbrecht 106
Essener 19, 43, 56, 107
Exil 17, 56, 69, 153, 167, 185,
    214, 221, 240, 248

Fegefeuer 66
Fremdenschutz 234

Gebet 52, 56, 79, 82, 87 ff.,
    93, 99, 105, 109, 149 f.,
    158, 169, 172 f., 175,
    206 f., 214 f., 217 ff., 234 f.,
    247, 263
Geburt 115, 189 f., 205
gelobtes Land 29, 65, 262, 271
Gelübde 102, 147 ff., 234
Gemara 35, 131, 240
Gematria 241 ff.
Gemeinde 112, 146, 155, 197,
    200 f., 209 ff., 215, 219 f.,

223, 225, 225, 230, 233,
262, 280, 285, 300
Gerichtsinstanz 223
Geschichtsbild 269, 271
Gesetze der Vergeltung 50
Ghetto 286
Glaubensgrundsätze 44, 66
Gott der Rache 49
Gottesdienst 41, 75, 88, 161,
176, 190, 195, 197, 203,
208, 216, 218 f., 234
Gottesfurcht 49, 61
Großer Sanhedrin 34, 221 ff.,
248, 258

Haggada 130, 183 f.
Hallel-Gebet 184 f.
Hamza 152 f.
Handel 138, 140 f.
Heiliger Geist 188
Heiratskontrakt 106, 199, 201
Heiratsverbot mit Nichtjuden
154
Hellenismus 42, 251 f., 283
Hochzeit 160, 187, 198 ff.
Hofjuden 145 f.
Homosexualität 111
Hoschanna Rabba 175
Hostienschändung 295 f.

Inzest 111

Jiskor 208
Judenregal 145

Kabbala 64, 72, 244 f., 256
Kaddischgebet 203
Kalender 247 f., 250
Kanonisierung 18, 254
katholische Kirche 53, 61,
107, 286, 297
Ketubba 199 f.
Klagemauer 54
kommende Welt 42, 66 f., 69,
134

konservatives Judentum 48,
59, 158, 166, 199 f., 208,
216
Konversion 155 f.
Kopfbedeckung 217
Körper 58 f., 79, 204 f.
koscher 116 ff., 281 f.
Krankenbesuch 231 f.
Kreuzfahrer 141, 259 f.

Lag ba-Omer 187
Landwirtschaft 135 f., 140,
281
Laterankonzil, IV. 127, 284,
295
Laubhüttenfest 158, 161, 173,
175 f., 214
Leib 58 f.
Literaturgeschichte 256

Matza 183, 293
Messias 43, 47 f., 65, 68 ff.,
90, 203, 272
Mesusa 91 f.
Mikwa 102
Mischna 34 f., 131, 240
Mitzwa 232
Mohel 191 f.
Monotheismus 53 f., 89
Mosaike 252
Münzen 137, 252
Mystik 42, 57, 243 f., 247

Namensgebung 194
Nasiräer 148 ff.
Neujahr 151, 161, 169, 172,
189, 248, 250
noachidische Gebote 66 f.

Omerzählung 186 f.
Opfer 82 ff., 87, 147 f., 203 f.,
213, 214
Opferung Isaaks 84 ff.
orthodox 33, 35, 46, 63, 89,
92, 109, 113, 115, 126 ff.,

151, 158, 166, 188, 191,
198 ff., 205, 208, 216, 241,
250, 279 ff.
Orthodoxie 28, 47 f., 59, 72 f.

Pessach 118, 158 f., 161, 175,
182 f., 185 f., 188, 214,
293 f.
Pfandleihgeschäft 143 f.
Pharisäer 43, 47, 66, 69, 164
Priester 33, 82, 110, 190, 213,
221 ff., 248
Purim 180, 182

Quadratschrift 239
Qumran 19, 25, 69
Qumranrollen 19, 254

Rabbi 32, 221
Rabbiner 34, 53, 88, 92,
110, 132, 185, 187 f., 196,
200 ff., 212, 219 f., 223 ff.,
245, 281
Rabbinen 32 f., 35, 38, 54,
71, 78, 108 ff., 113 f., 120,
140, 147 f., 155, 160 f.,172,
182, 187, 197, 203, 207, 222,
246, 250, 254, 266 f., 272
Rechtssystem 35 f., 67
reformierte Kirche 61, 216
Reformjudentum 47 f., 154,
158, 191, 199, 208
Reformrabbiner 46, 166, 200,
279
Reformrichtung 89
Reichskristallnacht 220
Religion der Liebe 48
Ritualmordlegende 292, 294 f.
rituelle Reinigung 101 f.,
285 f.

Sabbat 121, 158 f., 161 f.,
164 ff., 190
Sabbatruhe 47, 81, 121, 158,
164, 227, 280

Sadduzäer 43
Satan 55, 57, 68, 76
Schächten 117 f., 281
Schatnes 128
Schawu'ot 186 ff.
Scheidung 107, 200, 225, 280,
303
Scheitel 109
Schechina 54, 244
Schemini Atzeret 175 f.
Schläfenlocken 129
Schofar 151, 168
Schulchan Aruch 39 f., 127 f.,
134, 148, 160, 219, 231
Schuld 60, 74, 111, 173
Seele 54, 58 f., 65, 79
Segensspruch 93 f., 99 f., 126,
166 f., 197, 200, 233
Sekten 43, 56, 244
sephardisch 91, 116, 145, 195,
200, 301 f.
Septuaginta 21
siebenarmiger Leuchter 93,
251
Simchat tora 176
Speisegesetze 47, 75, 105,
115 f., 281 f., 283 ff.
Sterben 31, 62, 66, 90, 177,
179, 269
Sühne 60 f., 64, 148, 151, 161,
173, 204
Sünde 61 ff., 66, 72, 90, 104,
148, 151, 172 f., 232
Synagoge 52, 72, 88, 126,
158, 161, 166 f., 176, 182,
190 f., 194, 198 ff., 209 f.,
212, 214 ff., 224, 252 f.

Tallit 126
Tallit qatan 126
Talmudverbrennung 40
Taufe 28, 67 f., 102, 156,
296
Tefillin 91
Tempelkult 137

317

Tierschutz 117, 119
Tischa be-Av 188
Toralesung 176, 197 f., 219, 234
Tu be-Av 188
Tu bi-Schewat 189

Unreinheit 101

Vergewaltigung 113 f.
Versöhnungstag 90, 150 f., 158, 161, 172 f., 197, 208
Vulgata 22

Waisen 158, 160, 214, 229, 235
Weltbild 265
Weltjudentum 298, 304

Witwe 104, 106, 160, 214, 229, 235
Wochenfest 158, 175, 186 f., 214
Wohltätigkeit 226, 229, 233 ff.

Zahlensystem 237
Zahlungsmittel 136
Zehn Gebote 47, 79 f., 82, 161, 166
Zeloten 43
Zeltheiligtum 213
Zinssätze 138, 144
Zinsverbot 137 ff., 234
Zionismus 272, 276, 303 f.
Zizit 126
Zwangstaufe 296 f.

PERSONENREGISTER

Aaron 29, 55, 108
Abel 82
Abimelech 23, 136
Abraham 23, 25, 28, 55, 84 ff., 105, 136, 155, 168, 191, 203, 231, 242, 278
Achaschwerosch 180 f.
Adam 122, 152
Agobard von Lyon 284
Akiba, Rabbi 61, 187
Albertus Magnus 264
Antiochos IV. Epiphanes 177, 193
Artaxerxes 180
Augustinus 66 f., 144

Baal schem tow 245
Balfour, Arthur James 276

Bar-Kochba 70, 187, 193
Bernhard von Clairvaux 142
Bileam 30, 122
Buber, Martin 62, 245

Calvin, Johannes 65
Caro, Joseph 38
Clemens VI. 285
Clemens XIV. 294

David 138, 155, 213, 271, 299
Debora 105
Delila 149 f.

Elija 193 f.
Esau 87, 144
Ester 180 f.

Eva 122, 152
Ezechiel 55

Fackenheim, Emil 63
Flavius, Josephus 258
Friedrich der Streitbare 143
Friedrich II. 142, 293

Gerschom ben Jehuda 107,
259
Gregor I. 296
Gregor IX. 39

Hadrian, Kaiser 179, 193,
222
Haggai 69
Haman 180 ff.
Hammurabi 137
Hananja 31
Herodes 215
Herzl, Theodor 274 ff.
Hieronymus 22
Hillel, Rabbi 50, 177 f.
Hiskia 125
Hijja 80
Homer 130
Hosea 49
Hulda 105

Ibn Esra, Abraham 79, 262
Innozenz IV. 294
Isaak 23, 55, 84 ff., 105, 168,
202
Ismael 84
Isserles, Rabbi 39

Jakob 55, 87 f., 105, 144, 198
f., 207, 298
Jehuda Halevi 33, 245, 260 ff.
Jehuda ha-Nasi 34
Jeremia 30 f., 49
Jesaja 49, 55, 64, 75, 105, 123
Jesus 175, 186, 194, 228, 242,
253
Jiftach 147

Johannes, Evangelist 125, 186,
202, 243
Johannes der Täufer 43, 149,
194, 228
Josef 60, 207, 269 f., 299
Joseph II. 132
Judas Makkabäus 177 f.
Judit 105

Kain 82
Kierkegaard, Søren 86
Kiesler, Frederik John 20
Kook, Abraham Isaak 64
Korach 31, 62, 65
Kremer, Jakob 188
Kyros 69

Laban 198
Lazarus 202, 252
Lea 105, 198
Lilith 152
Lorenz, Konrad 289 ff.
Lot 55
Lueger, Karl 274
Lukas 64, 149, 230
Luria, Isaak 129, 246
Luther, Martin 49

Maimon 263
Maimonides 28, 34, 44, 51,
66 f., 83, 93, 101, 110, 129,
169, 229, 263 f.
Maleachi 194
Markl, Hubert 291
Masio, Andrea 40
Matthäus 32, 125, 227, 229 f.,
242
Mengenberg, Konrad von 286
Micha 49
Mirjam 105, 135
Mohammed 102
Mordechai 180 ff.
Moses 22 ff., 31, 33, 62, 65,
80, 112, 124, 184, 196
Moses ben Leon 246

Napoleon I. 303
Nathan 71
Nebukadnezzar 31, 138, 214,
    272
Noah 66, 292

Origenes 21

Paulus 28, 70, 76, 102, 149,
    205
Pharao 60
Philo von Alexandrien 85, 257
Pinchas 43
Ptolemaios II. Philadelphos 21

Rachel 105, 198 f.
Raschi 90, 129, 227, 232,
    260, 262, 270
Rebekka 23, 105, 202
Reuchlin, Johannes 40
Rothschild, Edmond 273
Rothschild, Mayer Amschel 194
Rufeisen, Oswald 157
Ruth 154

Sabbatai Zwi 70 ff.
Salomon 111 f., 138, 213,
    228, 271, 299
Samael 152
Samson 112, 149 f.
Samuel 27, 235
Sara 22, 105, 203
Sargon I. 242
Saul 27, 41, 151, 299
Schammai 177 f.
Schubert, Kurt 296
Schubert, Ursula 252

Tam, Rabbi 142
Theodosius II. 223
Thomas von Aquin 264
Titus 258 f.

Vespasian, Kaiser 258

Weizmann, Chaim 276

Zacharja 69 f.
Zelofhad 62